CHUANGYE QUNTI YU CHUANGYE XINGWEI:
JIYU ZHEJIANG DE YANJIU

创业群体与创业行为：基于浙江的研究

郑健壮 著

中国财经出版传媒集团
经济科学出版社
Economic Science Press

图书在版编目（CIP）数据

创业群体与创业行为：基于浙江的研究/郑健壮著.
--北京：经济科学出版社，2022.10
ISBN 978-7-5218-4172-5

Ⅰ.①创… Ⅱ.①郑… Ⅲ.①企业创新-研究-浙江
Ⅳ.①F279.275.5

中国版本图书馆 CIP 数据核字（2022）第 203100 号

责任编辑：刘　莎
责任校对：郑淑艳
责任印制：邱　天

创业群体与创业行为：基于浙江的研究
郑健壮　著
经济科学出版社出版、发行　新华书店经销
社址：北京市海淀区阜成路甲 28 号　邮编：100142
总编部电话：010-88191217　发行部电话：010-88191522
网址：www.esp.com.cn
电子邮箱：esp@esp.com.cn
天猫网店：经济科学出版社旗舰店
网址：http://jjkxcbs.tmall.com
固安华明印业有限公司印装
710×1000　16 开　20.75 印张　350000 字
2022 年 10 月第 1 版　2022 年 10 月第 1 次印刷
ISBN 978-7-5218-4172-5　定价：92.00 元

国家社会科学基金阶段性研究成果

项目名称：新形势下我国制造业集群数字化转型的典型路径与对策研究（编号：20BJY100）

教育部人文社会科学规划基金项目终期研究成果

项目名称：企业衍生、创业网络和创业行为：基于集群视角的研究（编号：17YJA630142）

浙江省一流学科（工商管理）建设资助

杭州市一流学科（工商管理·旅游休闲）建设资助

杭州市哲学社会科学重点研究基地（数字化转型与社会责任管理研究中心）建设资助

前言

PREFACE

综观国内外创业活跃地区的创业活动，存在着以下两个明显的特征：其一，新创企业在地理上具有“扎堆性”，即新创企业在特定时空上具有结网特征（networking）；其二，这种创业网络（创业群体或创业派系）对新创企业的创业行为会产生重要的影响。以浙江省为例，目前新创企业按照某种创业行为的特征已开始形成了创业四大派系（创业群体），即由“创二代”创业为代表的“浙商系”、以“千人计划”回国创业为代表的“海归系”、以阿里巴巴员工创业为代表的“阿里系”以及以浙大师生创业为代表的“浙大系”。上述四大派系的主要创业领域分别为传统产业、高新技术产业、电子商务和高新技术产业。从上述现象，我们可以发现，创业活动并不完全是单个企业独立的无规律的随机活动，往往是在“创业网络”（创业派系）情形下所呈现的有规律性的创业活动或创业行为。

在对国内外创业理论和创业派系理论综述的基础上，本专著对创业派系的概念和内涵进行了探索性的研究。在对浙江经济进行较为深入分析的基础上，提出了创新创业是浙江经济社会高质量发展的重要动因。通过对浙江创业四大派系的系统研究，分析了每个创业派系的形成基础、基本特征和创业行为。在研究过程中力求理论探索和实证研究相结合，除了典型案例的深入剖析外，对每个派系创业行为的研究均进行了较为深入的实证研究，如以浙江6个产业集群内184家企业为研究对象对浙商技术创业薄弱问题进行较为深入的实证研究，以杭州“海创园”的195家“非科技型海归”的创业企业为研究对象实证研究了“非科技型海归”创业活动的创新性，以淘宝网294家企业为对象探索电商平台上创业企业创业活动内在特殊规律以及以“阿里系”206家企业为对象探究一般创业网络以及由其演化而成的“创业派系”对企业创业行为的双重影响的内在机理，以及对“浙大系”145家企业为对象进行实证研究以解释大学衍生企业创业为何更具创新性的原因等。

研究发现：(1) 创业是创业者、机会和资源三者共同作用的结果。机会的识别和利用、资源的获取和组合是创业现象中两个最本质过程，创业者只是这两个过程得以实现的驱动者。从经济转型的视角来看，制度、市场、技术等环境因素的一个或多个发生变化，就可能使经济体产生非均衡状态，从而涌现不同的创业机会：市场型创业机会、技术型创业机会和全球化创业机会。从现实的创业世界来看，创业活动并不是创业者个体随机和独立的活动，而是呈现某种类似“派系”的特征。创业派系就是以特定关系为纽带所形成了具有相似或相同创业行为的创业者群体。创业派系的形成和发展一般遵循从初期的无组织性或呈现松散组织特征（成员之间更多的是平等关系）到后期呈现以内部核心企业和外部外围企业的特定组织架构（成员之间越多地呈现特殊的利益分配关系）的规律。创业派系所独特的资源、市场和影响力使得派系成员比非派系成员获得更多利益，这些利益将吸引更多创业个体加入派系，也使得派系成员更持久地维持派系，从而强化了派系的存在和发展。另外，创业派系的整体结构会影响派系成员整体的创业行为，而企业在创业派系内部所处的特定位置也会影响其创业行为。(2) 浙江经济之所以一直保持着高质量发展，从产业发展的角度而言，是由于浙江持续追求产业结构优化。从经济发展的动力来看，主要源于能够保证政府改革与宏观调控（看得见的手）和企业创新创业（看不见的手）两者的有机统一，即地方政府的锐意改革和企业家的持续创新。因此，改革开放以来浙江的持续创业是浙江经济长期保持快速发展的“密码”。经过40多年的发展，目前浙江已形成了具有典型特色的四支创业新创力量。(3) 综观中国经济发展历史，在一定程度上也是商帮发展历史。商帮一般是以地域为中心，以地缘或血缘为纽带，相互扶持帮助所以形成的一种亲密团结的商业群体。不同的商帮有着不同的特征。随着经济社会的变迁，中国逐渐由徽商和晋商为主导向由潮商与浙商为主导转变。所谓“浙商”，就是指富含“浙江精神”的在浙江或外地经商的所有商人，他不仅包括出生于浙江的商人还包括生于外地但有浙江生活或学习经历的商人。研究发现，两代浙商的差异主要体现在个体、机会、资源和行为四个方面的差异性。从浙商的创业行为来看，尽管“创二代”与“创一代”的创业行为有着一定的差异，但整体仍以市场型创业行为为主，缺乏技术型创业行为。（4）浙江依托蓬勃发展的民营经济和传统创业文化，为怀抱爱国心和创业梦的海归群体提供了梦想落地的丰沃土壤与平台。研究发现，海归创业人员中有较高比例进入战略性新兴产业领域，海归企业拥有着较高比例的自主知识产权。与其他派系创业行为不一样的是，海归创业普遍存在着基于国内/国外双重创业网络，取得本土与全球双重创业资源，进而开拓国内外双重市场，最终实现良好创业绩效的内在成长逻辑。但同时要注意的是，随着海归人数的不断增加，与高层次科技型海归不同，大量“非科技型海归”利用国外先进知识和科技资源作用并不明显，其创业仍主要依靠资产投入来实现。因此，并非所有类型的海归在其创业过程中都能实现“基于创新的创业”。（5）阿里巴巴已不仅是互联网的标杆企业，也是影响全国乃至世界的科技型公司。随着阿里巴巴的快速发展以及大量原来在阿里工作的员工离开阿里创业，目前已形成了以阿里集团和阿里四大板块（电子商务、生活服务、金融服务和社交娱乐等）为核心业务的创业派系。从对“蚂蚁金服”近八年的快速成长史、阿里的核心业务电商平台企业以及“阿里系”整个创业企业三类对象的递进研究后，我们发现以下四个重要结论：①新创企业的快速成长主要受到地方创业生态体系和平台企业的影响；②对电商平台上的创业企业而言，实践学习对机会能力的影响最大，而认知学习对运营管理能力的影响最大；③新创企业在创业过程中遵循“创业学习—创业能力—创业成功”的规律。机会能力和运营管理能力在创业学习和创业成功之间起到了部分中介作用，但机会能力对于创业成功的影响大于运营管理能力对于创业成功的影响。创业者的机会能力很大程度上是受创业者的先前经验及其创业学习能力影响的；④当创业派系形成后，“派系”对创业者创新的影响程度远大于网络规模的影响。（6）基于创新的创业是经济高质量发展的关键因素，也是大学创业的生命力所在。有别于以追求利润为首要目标的生存性创业，大学衍生企业创业普遍伴随着明显的科技创新，即更具有以创新为特征的创业。通过对近年来“浙大系”上市公司的相关数据分析，发现“浙大系”的创业特征主要有以下四个方面：其一，创业者为高学历者，硕士居多，但近年来本科生和博士生也逐渐增多；其二，主要从事高技术领域的创业；其三，创业所在地主要在浙江，尤其是杭州；其四，目前，“浙大系”创业平均年龄在44岁左右，但年轻化趋势明显。另外，通过对浙江大学衍生企业大样本的实证研究后，我们发现：大学衍生企业创业更具创新性的重要原因在于其特殊的创业能力，即具有强大的创新探索能力，而影响创新探索能力的主要原因在于其在认知学习所具有的优势。

每个创业派系的创业行为都存在其独特的优势和劣势，因此，就创业政策而言，就是在积极发挥其优势的基础上避免其劣势。对于未来“浙商系”而言，应该在继续优化创业环境降低创业成本的基础上，让“浙商系”的规模再上一个等级。另外，要大力发展科技型民营企业，实现从低技术行业的市场型创业向高技术行业的科技型创业转变。对于未来“海归系”而言，在继续优化创业环境和人才政策吸引大量高水平海归回国创业的基础上，更重要的是要针对创业项目而非海归身份出台相关优惠政策，助力基于创新的科技型创业。对于未来“阿里系”而言，要加快从数字产业化向产业数字化转型或融合，要积极打造新平台孵化新生态，要围绕中小城市、中小企业开拓新市场，发展新业务。对于未来“浙大系”而言，要重点鼓励博士生和教师进行创新创业。在强化和完善基于创新的创业教育体系基础上，围绕解决国家“卡脖子”工程积极孵化和培育以突破式重大创新为目标的创业项目。

目录
CONTENTS

第1章

绪　　论

1.1　研究的背景

不管是1982年家庭联产承包责任制的确立让中国的农民走上了一条新的创业之路，还是从1979年开始设立经济特区及1986年启动的国企改革而使中国城市居民开创了新的创业历程，回顾中国改革开放的经济发展历史，本质上也是一部中国人民的创业历史（毛小芳、杨剑飞，2006；毛祖棠，2015；李梦云等，2021）。

自2014年9月李克强总理在“达沃斯论坛”上提出“大众创业、万众创新”以来[①]，中华民族的创新基因及创业热情被进一步激发。2018年9月，国务院下发《关于推动创新创业高质量发展打造“双创”升级版的意见》，对促进全社会创新创业、扩大就业，进一步培育和促进社会经济发展的新动能起到了重要的促进作用。据《全球创业观察GEM2017～2018年中国报告》显示[②]，在国家创新创业政策的持续推动下，我国创业

① 资料来源：http：//www. gov. cn/xinwen/2015 -03/04/content_282567. htm。

② 资料来源：http：//www. sohu. com/a/276717944_609558。

者的创业水平在不断提升，其中一个重要的特征就是创业者受教育程度快速提升，中国创业者中初中及以下学历的占比从 2003 年的 14.2% 下降到 2017 年的 6.3%。

综观国内外创业活跃地区的创业活动，有两个明显的特征：其一，新创企业在地域上具有“扎堆性”，而这种“扎堆性”往往是由于区域创新创业环境及企业衍生等因素而形成的，其本质特征是新创企业在特定时空上的结网（networking）（诸如“硅谷”）；其二，这种创业网络（创业派系）对新创企业的创业行为产生重要影响。以浙江为例，新创企业按照某种创业行为的特征已形成了创业四大派系，即由“创二代”创业为代表的“浙商系”、以“千人计划”回国创业为代表的“海归系”、以阿里巴巴员工创业为代表的“阿里系”及以浙大师生创业为代表的“浙大系”。从上述现象，我们可以发现，创业活动并不完全是单个企业独立的无规律的随机活动，往往是在“创业网络”（创业派系）情形下呈现的有规律性的创业活动或创业行为（O'Donnell et al.，2001）。蔡莉和鲁喜凤（2016）研究也发现，不同环境下创业行为存在着明显的差异性。例如，在“浙商系”中，尤其观察第一代浙商的创业行为，他们总体以“市场创业”（marketing-based entrepreneurship，MBE）而非“技术创业”（technology-based entrepreneurship，TBE）为主（郑健壮，2015）。

目前对此领域的相关研究，多是从区域创业环境进行的。郑健壮和靳雨涵（2020）在其《师徒制企业网络：知识传导与创新绩效》一书中，基于 S-C-P 范式从企业衍生视角探索了“企业衍生—创业网络结构—企业创业行为—企业创业绩效”的内在规律，试图回答创业网络如何形成，企业衍生对创业网络形成的作用机理是什么，创业网络的特征如何刻画及它是如何影响企业的创业行为等问题。我们也发现，创业派系与企业衍生之间既存在某种内在的联系，但是两者在性质、范围等方面又存在显著的差异。也就是说，企业衍生只是创业派系形成的一种成因而言，企业衍生理论只能解释创业派系及其创业行为某个方面的现象。因此，对于创业派系及由创业派系而形成的创业行为的系统性研究具有重要的理论和现实意义。

1.2　核心概念

本书的核心概念和相关理论主要集中在创业现象、创业派系和创业行为三个方面。

1.2.1　创业现象

创业或创业现象，本质上是创业者、机会和资源三者共同作用的结果。机会的识别和利用、资源的获取和组合是创业现象中两个最本质过程，创业者只是这两个过程得以实现的驱动者。从经济转型的视角来看，制度、市场、技术等环境因素的一个或多个发生变化，就可能使经济体产生非均衡状态，从而产生创业机会。与发达经济体相比，由于转型经济体环境各要素的变化具有独特的特征，因此在转型过程中也将形成独特的创业机会。在经济转型过程中主要存在着以下三种类型的创业机会：市场型创业机会、技术型创业机会和全球化创业机会。随着社会经济的变迁，市场型创业机会将会逐渐衰减，而技术型创业机会和全球化创业机会将会越来越呈现出来。在经济转型过程中，如何抓住技术型创业机会和全球化创业机会，除了创业者（企业家）的个人创业能力以外，创新资源、人力和技术资源，以及组织和声誉资源将起到越来越重要的作用。

1.2.2　创业派系

从创业现象来看，不管是企业衍生还是创业网络，乃至创业的“时—空”分布特征，都使创业者或创业行为呈现某种类似“派系”的特征。在浙江的创业大军中，近年来越来越明显地形成了创业子网络——四大创业派系（如表1-1所示）。

表1-1　　浙江四大创业派系的简单分析

创业派系	主要形成原因	主要创业领域
浙商系	子承父业、女承父业 受到优质教育的子女有资本、产业的基础 地方创业文化 政府环境营造	传统制造业、房产酒店、汽车交通、金融服务、SNS社交
海归系	政策支持 千人人才计划 双重网络、双重资源和双重市场	高新技术、医疗健康、金融服务、游戏、文化娱乐、社交软件
阿里系	阿里内部的“赛马体系” 上市后期权变现使得有资本可投入创业 互联网领域的经验	电子商务、旅游户外、金融服务、企业服务、社交软件
浙大系	地方创业文化 学校创业教育 学校创业氛围和政策	高技术产业、电子软件硬件、电子商务、教育培训、医疗健康、文化娱乐

目前学术界对于创业派系的研究处于开创期。创业派系可理解为以特定关系（包括情感和理性）为纽带所形成的具有相似或相同创业行为的创业者群体。情感主要体现在共同的文化和经营习惯，它们是影响具体个体从事相似或相同创业行为的最初因素。当个体成员从事相似或相同创业行为时，他们就自然而然地成为派系的一员。创业派系所独特的资源、市场和影响力使得派系成员比非派系成员获得更多利益，这些利益将吸引更多个体加入派系，也使得派系成员共同地、更持久地维持派系，从而强化了派系的存在和发展。因此，决定派系发展的主要动力还是派系成员的风险规避和利益获得。随着创业派系的发展，派系将越来越深刻地影响其成员的创业行为。

1.2.3 创业行为

郑健壮和靳雨涵（2020）在其《师徒制企业网络：知识传导与创新绩效》一书中发现，非网络环境下企业创业的一般路径可表示为：感知市场机会—调整资源配置—利用市场机会—获得超额绩效。在网络环境下，网络（集群）内企业的创业行为，不一定都来源于对市场机会的感知，更多地受到网络（集群）内其他先发创业企业创业行为的引导，通过模仿等进行创业（闫华飞，2015，2016）。因此，在此情景下企业创业增加了一条新的创业路径：感知其他企业的创业行为—调整资源配置—模仿、跟随—获得超额绩效。

上述研究发现更多的是基于企业衍生或集群的情景下的。在创业派系存在的情景下，创业派系内部创业行为的差异性同样存在，而且受到了其他因素的影响。以浙江“创业新四军”而言，四者具有明显的创业行为差异。“浙大系”一般以技术创业为主，“阿里系”一般以互联网创业为主，“海归系”一般以高新技术创业为主，“浙商系”则更多地以传统产业创业为主。针对不同的创业派系，地方政府应该采取不同的政策予以支持和引导。

本书研究内容的逻辑关系如图1－1所示。

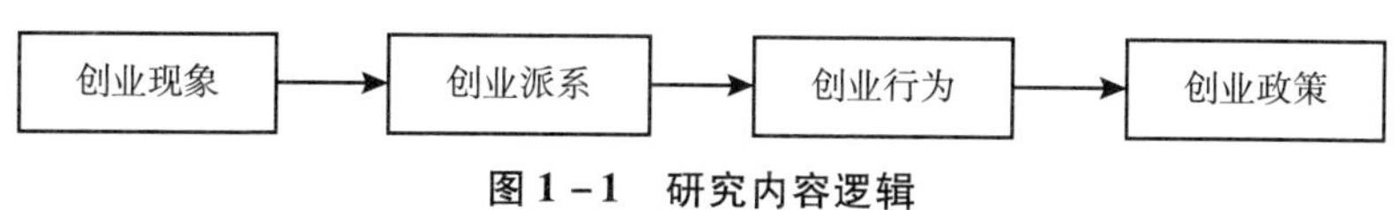

图1－1　研究内容逻辑

1.3 主要内容及创新点

1.3.1 主要内容

我们研究创业派系就是希望发现在创业派系情景下的创业行为特殊性

的来源并为解释社会的商业繁荣提供一种新的观点。与研究“数”与“量”的“抽象科学或演证科学”不同，休谟认为，“研究实际事情”的科学只能建立在经验观察的基础上，不能够通过逻辑演绎推理获得（徐志国，2017）。因此，牛顿的实验观察法同样可以应用到人文科学当中。他还认为，因果知识不可能通过思辨的方式获得，只能来自对现实生活的不断的观察与总结（徐志国，2017）。因此，在上述问题导向下，我们通过对浙江经济高质量发展事实的分析，探究其背后的主要成因。在基于创新创业对于浙江经济发展的重要性，我们试图借助理论分析和实证研究，探讨浙江创业“新四军”形成原因、基本特征和行为方式等。

本书的主要内容包括以下 8 章。

第 1 章绪论。主要阐述研究的背景、研究的核心概念和研究的基本思路，以及主要研究内容及其逻辑关系等。

第 2 章文献综述。主要围绕创业现象、创业派系和创业行为三个方面展开。首先，从个体、机会、资源和转型等视角研究创业现象和相关创业理论；其次，从社会网络理论和管理学等不同学科对派系的相关概念和理论进行总结和研究；最后，对创业派系的内涵进行界定并且研究创业派系与创业行为之间的内在逻辑关系。

第 3 章浙江经济高质量发展与成因。首先，简单介绍浙江经济的基本情况；其次，中华人民共和国成立以来，将浙江经济发展划分为萌芽期、探索期、完善期和成熟期四个阶段，并分析每个阶段的典型特征；再次，探讨形成浙江经济快速增长的一个重要特征——产业结构的不断优化；最后，分析浙江经济高质量发展的两个重要原因：地方政府的锐意改革和浙江企业家的创新创业。

第 4 章“浙商系”创业行为研究。首先，简单介绍徽商、晋商、潮商和浙商我国四大重要商帮的基本概况，分析浙商形成和发展的基本过程；其次，按照地理位置划分，将浙商“创一代”的基本派系划分为宁波帮、温商、杭商、婺商和湖商等，并对其的创业行为进行比较研究；再次，从二次创业和一次创业的特征比较出发，进行两代浙商的差异性比较，分析

“创二代”的创业行为和“代际传承”中的主要问题；最后，聚焦产业集群情景下，对浙商技术创业薄弱问题进行较为深入的实证研究并提出相关建议。

第5章“海归系”创业行为研究。首先，对“海归”的基本概念，度量标准及“海归”发展历史进行了简要阐述，让我们对于“海归”有个比较清晰和全面的认知。其次，对浙江“海归”的基本情况进行较为系统的梳理。另外，通过对海归创业的典型案例——信核数据公司及其创始人任永坚的分析，剖析海归创业企业基于国内与国外双重创业网络，取得本土与全球双重创业资源，进而开拓国内外双重市场，产生创业绩效的成长逻辑。最后，利用杭州“海创园”195家“海归”创业企业的数据进行实证研究，试图分析“非技术型海归”创业企业的创业行为的特殊性。

第6章“阿里系”创业行为研究。首先，对阿里巴巴集团的发展历史进行简要分析，简要勾勒阿里巴巴商业生态体系。其次，对“阿里系”进行刻画和分析。再次，研究创业生态系统对于创业活动的影响。重点研究阿里巴巴电子商务创业平台衍生企业创业行为的特殊性。最后，研究“阿里系”对其衍生企业创业行为的双重性影响机理。

第7章“浙大系”创业行为研究。首先，对浙江大学的创新创业情况进行简要的描述并对“浙大系”进行系统的刻画和分析；其次，从理论的视角对大学衍生企业创业行为进行了较为深入的分析；最后，从实证研究的角度对大学衍生企业的创业行为为什么更具创新性进行了较为深入的研究。

第8章结论与展望。首先，总结了本书的主要研究结论；其次，提出了针对不同创业派系的创业政策；再次，探索了未来数字经济时代的创业行为的特殊性；最后，提出了未来研究的展望。

本书的研究思路可用如下的技术路线（如图1-2所示）表示。

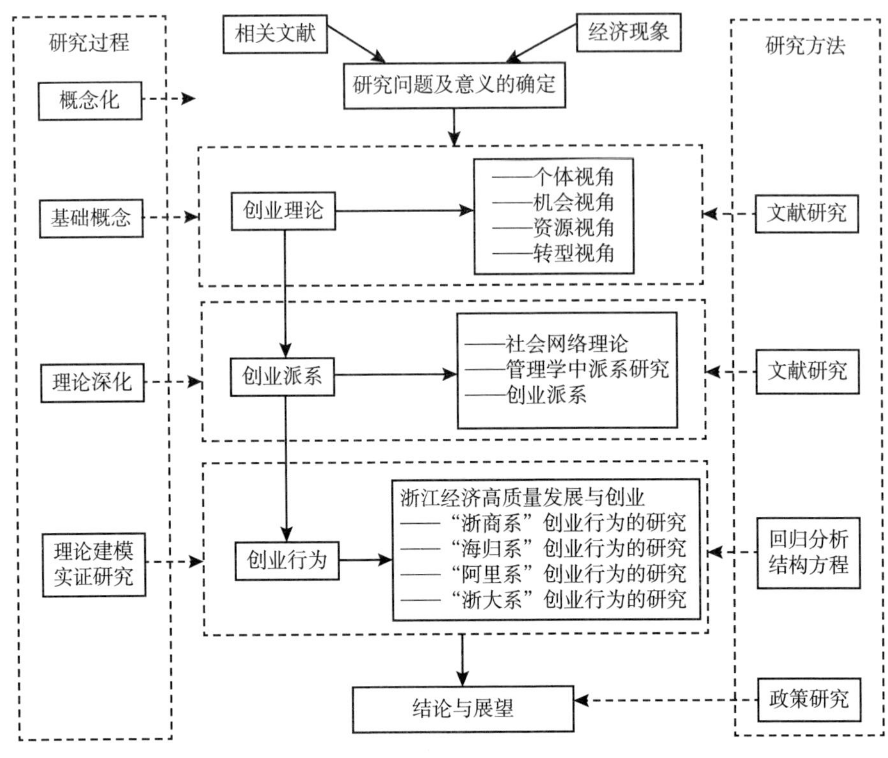

图 1－2　本书的技术路线

1.3.2　研究的创新点

本书的创新点主要可归纳为以下两个方面：

（1）研究视角的创新。一方面，关于浙商的研究已有许多，总结而言，大多基于浙江的文化、地理环境、产业特征进行展开；另一方面，关于浙江“创业新四军”的论述，更多地出现在新闻媒体和政府工作报告，即使有相关的学术研究，也主要分析这些创业群体的特征差异。因此，基于派系的视角，按照“创业派系—创业行为—创业政策”的逻辑，系统地研究不同的创业派系及其创业行为，探索“创业现象—创业派系—创业行为—创业政策”的内在机理，具有重要的理论和现实意义。

（2）研究方法的创新。一方面，目前对于派系的研究多见于现有政治学领域，就其研究范式而言，基本属于规范研究方式。因此，借鉴派系研究的成果并结合社会网络理论实证研究相关成果，运用到创业管理理论，创造性地提出创业派系的概念和相关特征，在整体研究方法上具有创新性。另一方面，以往对于创业行为的研究也多是理论的描述，本研究在构建“创业派系—创业行为”两者关系的基础上，运用多元回归和结构方程模型等统计研究方法，从实证研究的视角进行系统的研究，在具体的研究方法上同样具有创新性。

第2章
文献综述

2.1 创业理论的基本回顾

创业（entrepreneurship）不仅能够创造成千上万个新的工作岗位，而且能够增加税收、繁荣出口、提高整个国家的生产率（Low & MacMillan, 1988）。因此，人们广泛地关注于创业和创业者的研究。

由于创业现象的复杂性和创业研究的多学科性，创业研究犹如瞎子摸象（Gartner，1985，2001），每一学科又以自己独特的方式审视创业而得出各自的研究结论。因此，与战略管理、技术创新等相对成熟的管理学科相比，创业研究仍处于“青春期”（Low，2001）。目前研究者对创业本质、过程和机会等基本问题的研究还处在一个“多样性”的阶段。这种“多样性”的一个重要特征体现在对创业过程的本质理解。目前，大多数学者将创业定义为创业者通过识别和发现机会，在有限资源的情况下，开发产品和服务，以创造新价值的过程（斯晓夫等，2016）。因此，从本质上而言，创业现象是创业者、机会和资源三者的互动联结的过程（Gartner，2001）。机会的识别和利用（Shane & Venkataraman，2000）、资源的获取和组合（Foss & Klein，2007）是创业现象中两个最本质过程，而创业者

（包括创业团队）是这两个过程得以实现的驱动者（如图2-1所示）。综上所述，创业研究所应该寻求解释和预测的核心问题应该是：具有内在特质又嵌入于社会经济结构中的创业者，是如何识别和利用机会，如何获取和有效使用资源，并使创业活动产生预期的结果。

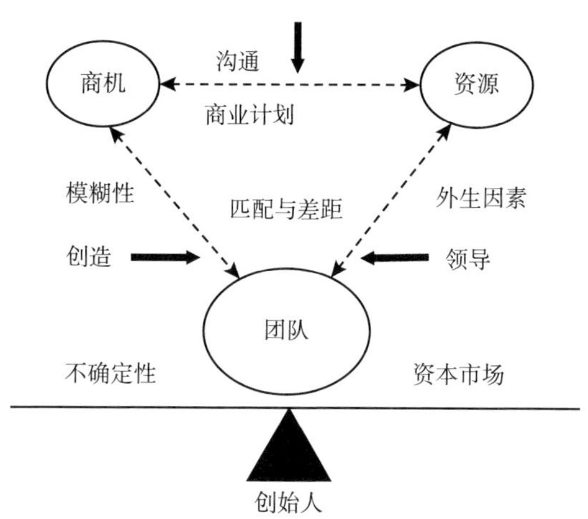

图2-1 创业过程的Timmons模型

资料来源：木志荣（2007）。

基于对创业本质所做的上述假设，我们在对创业研究领域重要文献综述的基础上，从个体、机会和资源三个维度，对创业本质（尤其是创业机会）做如下较为简单的综述。

2.1.1 个体视角的研究

心理学或人力资源理论多从个体视角来研究创业者和创业活动。早期心理学视角的创业研究主要聚焦于创业者的特质，试图获得创业者所具有的独特心理特征。他们致力于寻找可以将创业者与非创业者相分离的心理特质，其隐含的假设是“如果我们知道谁是创业者，那么我们就理解了什么是创业”（Gartner，1988），但是这种努力并不成功。因此，20世纪80年代以后，由于特质研究令人失望的研究结果，使研究者将研究焦点转向创业者的认知（Baron，2004），创业过程研究逐渐取代创业特质理论成为主流，其主要内容包括创业者的动机（Shane et al.，2003）和情感（Baron，2008）等。具体而言，从最初单一的特质研究，逐渐发展成为包括特质、认知、动机、情感在内的复杂研究体系。客观地说，创业特质论强调创业者对于创业成败的重要性并没有错误，其关键问题在于将创业者与创业过程和行为及情景割裂开来，片面强调创业者的人格心理特征（杨俊等，2015）。

综上所述，创业认知研究是起源于对创业特质论的反思。回顾其相关研究成果，总体经历了三个发展阶段（杨俊等，2015）。第一阶段（20 世纪 80 年代至 90 年代，创业认知研究开始受到关注的阶段）。与创业特质论关注“谁是创业者”不同，创业认知研究关注的是“为什么有人会选择成为创业者”（Shaver & Scott，1991）。所谓创业认知，就是创业者在机会评估、判断或决策时的知识结构（Mitchell et al.，2002）。当时研究的主要内容包括认知偏差和直觉、创造性认知、创业机敏和学习等。早期创业认知研究主要聚焦于探索创业意图的成因。研究者认为，创业意图的形成源于个体与环境互动条件下的主观认知过程所诱发的结果（Palich & Bagby，1995）。布岑特和刘忠明（Busenitz & Lau，1996）认为，创业意图形成是一系列独特认知因素组合的结果，包括成功概率感知、更强的行为控制力及直观推断等。他们将上述这些认知因素的集合概括为创业认知。他们首次指出创业认知不同于组织和管理的认知，它们更多地依赖于存在大量偏见和偏差的认知过程，如启发式等认知方式或过程。第二阶段（20 世纪 90 年代至 20 世纪末，创业认知独特性研究的阶段）。此阶段，学者们主要通过比较创业者和管理者两者的差异，并基于创业情境来概括和归纳创业认知独特性。巴伦（Baron，1998）认为，与非创业者相比较，创业者在风险偏好、创造性、成就欲望等人格心理特征方面并不存在差异，但他们之间在思维方式和认知风格等方面却存在着明显差异，这在很大程度上可归结为创业者所面临的是以高度不确定性、高度资源约束、高度时间压力等为主要特征的情境，而这些环境特征在客观上会诱发创业者的认知偏见。布岑特和巴尼（Busenitz & Barney，1997）的研究同样发现，与管理者相比较，创业者在其决策过程中使用直观判断和认知偏差，同时这种直观判断和认知偏差对于其发现并把握机会非常重要。阿林森和谢尔（Allinson & Chell，2000）的研究也证实了创业者比管理者表现出更多的直觉型思维。尽管在这一阶段，学者们论证了创业认知来源于创业情境独特性而非创业者，但是他们并没有将创业认知与创业行为和过程联系起来进行深入的研究。第三阶段（20 世纪末至今，形成“情境—思维—行为”研究范式阶段）。此阶段，学者们系统关注创业认知、创业决策与创业行为的内在联系，进而开始融合创业者外显化特征的整合性研究，形成了以“情境—思维—行为”为主线的研究框架。以机会识别为例，尽管创业者大多遵循“信息搜集和感知—信息分析和判断—形成目的—手段关系”的行为逻辑，但是因为创业者在行为背后所看不到的认知过程差异才导致了所识别机会质量和数量的差异（Gregoire & Shepherd，2012）。米歇尔等（Mitchell et al.，2002）在构建创业认知研究理论框架时，明确指出创业认知是“创业者在机会评价和创业企业成长过程中用于作出评价、判断和决策的知识结构”，旨在回答“情境如何影响创业者认知和决策过程特征进而导致行为结果差异”等更具有挑战性的深层次问题。这些研究以创业过程中的行为结果为对象，集中于识别创业者行为背后的认知和决策成因，更有助于我们理性认识创业者在创业过程中的角色和作用。

近年来，创业认知研究研究更多地围绕创业行为全过程（诸如创业激情、创业成长抱负和创业叛逃及退出等）进行。

由于创业者可分为个体创业者、创业团队及创业企业，因此创业激情也可分为个体层面的创业激情、团队层面的创业激情和组织层面的创业激情（张剑等，2017）。从个体层面而言，有别于早期鲍姆等（Baum et al.，2001）将创业激情视为创业者的静态特质，卡登等（Cardon et al.，2009）从动态的视角进行研究并将创业激情理解为一种情绪。他们认为，创业激情是在投入具有企业家身份含义和特点的活动中产生的有意识的强烈和积极情感。根据创业者在创业活动中的不同身份，可以将创业激情分为发现激情、创建激情和发展激情（Cardon et al. , 2009）。霍等（Ho et al. , 2014）和布鲁格斯等（Breugst et al. , 2012）认为，创业激情不仅包含情绪，而且包含认知。他们认为，创业激情是创业情景下的工作激情，并根据工作激情理论将其划分为和谐创业激情和强迫创业激情。所谓和谐创业激情，是指出于对创业活动本身热爱，它取决于创业活动本身的特征；而强迫创业激情并非出于对创业活动的兴趣，而是为了获得创业所带来的社会认可和尊重。从团队和组织层面而言，德尔诺夫舍克等（Drnovsek et al.）在2009年出版的《创业团队中的创业激情》中将团队激情定义为创业团队成员所体验到的创业激情的集合。如表2-1所示，由于团队成员所承担发现者、创建者和发展者的角色不同，将创业团队划分为专注激情的团队、混合激情的团队和平衡激情的团队，并从团队凝聚力、认知冲突和情感冲突三个方面进行研究（张剑等，2017）。张剑等（2017）综合国外相关学者的研究成果，将创业激情的来源归纳为身份认同、创业兴趣、创业努力和创业教育等因素，并认为将对创业者、员工、风险投资和企业发展产生积极的影响。

表2-1　　　　不同创业激情类型团队的三个维度

团队类型	团队凝聚力	认知冲突	情感冲突
专注激情的团队	高	高	低
混合激情的团队	低	中	高
平衡激情的团队	中	中	中

资料来源：张剑等（2017）。

创业成长抱负的研究。在创业领域，成长是作为衡量创业者创业成功的重要尺度，以及创造财富、增加就业和促进经济发展的关键推动力。自戴维森（Davidsson，1989）提出创业成长意愿（growth willingness）以来，相关研究层出不穷。2001年，甘德里和韦尔施（Gundry & Welsch）正式提出创业成长抱负（entrepreneurial growth ambition）这个概念。所谓创业成长抱负，是指创业者对创业成长追求的意愿、动机和效能，其本质可理解为从成长意愿（愿望）到成长意图再到成长预期的投射过程（陈建安，2019）。因此，研究创业成长抱负形成的影响因素可以分为“成长愿望形成的驱动因素”“从成长愿望到成长意图的驱动因素”“从成长意图到成长预期的驱动因素”。成长愿望形成的驱动因素分为与创业者成长愿望关联的个体因素和宏观因素，前者包括性别、年龄、内在动机和进取型。前三者的作用效果均存在正负两种情形；从成长愿望到成长意图的驱动因素可分为创业者拥有的资源禀赋和新创企业能提供的资源，创业者拥有的资源禀赋主要包括人力资本、积极情绪、家庭收入和社会资本；从成长意图到成长预期的驱动因素可分为正式制度环境和经济资源环境（创业资源禀赋和经济发展水平）。目前，对创业成长抱负的测量主要通过员工人数和企业销售额或利润等指标进行。

传统创业理论较少关注创业者的叛逃和退出这两个问题，但随着对创业行为的持续观察，上述现象越来越被关注。一般而言，创业者叛逃属于创业团队分裂范畴，而创业者退出属于创业活动的结束。创业叛逃可以按照不同维度进行分类。按照契约维度可分为违法叛逃和违情叛逃，按照去向维度可分为同业打工叛逃和同业创业叛逃，按照时间维度可分为在岗叛逃和离岗叛逃，按照数量维度可分为个人叛逃和群体叛逃。周育彬等（2021）从叛逃意向的前因变量、叛逃行为的过程变量及结果变量对创业叛逃进行了较为系统的梳理（如图2-2所示）。另外，周育彬等（2021）对创业叛逃、企业衍生和离职创业进行了比较研究（如表2-2所示）。

事实上，创业过程并不是以创造一个新企业而结束，而是应以创业者退出创业过程作为终点（Detienne，2010）。从个体层面而言，创业退出是指创始人离开其所创建的公司，从而从公司的主要所有权和决策结构中退出的过程。周瑛和朱玲（2021）从创业者的视角，总结性地提出了“创业者视角的创业退出研究模型”（如图2-3所示）。

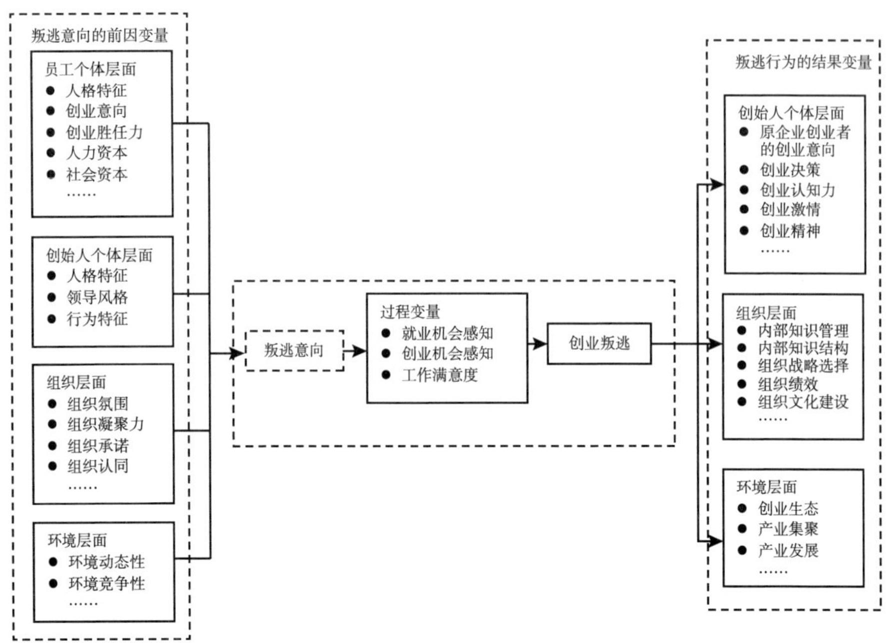

图 2-2 “创业叛逃”研究的理论框架

资料来源：周育彬等（2021）。

表 2-2 “衍生创业”“离职创业”“创业叛逃”的比较分析

研究对象	概念定义	概念特色	研究视角
衍生创业	“衍生创业”是指从一个稳定存在的母体组织（企业、大学、政府机构、科研院所等）中通过某种方式（知识、技术、管理经验的转移）创办新企业的行为	“衍生创业”本质上是指现有组织中的工作个体或团队发现市场机会，并通过已有资源的创新性组合来实现开发利用机会及创造市场价值的过程	行业
离职创业	“离职创业”是指员工辞去在既有企业的工作，创建新企业的行为	“离职创业”本质上是员工对现有企业中未被充分利用的机会的把握，是员工对机会识别和利用并转换成市场价值的过程	离职员工

续表

研究对象	概念定义	概念特色	研究视角
创业叛逃	“创业叛逃”是指在创业公司创始人眼中，员工因违反心理契约或法律契约，在岗期间或者离岗后创立同业公司或加入同业公司，利用其在原公司掌握的各种资源展开竞争，并给原公司带来损失的行为	“创业叛逃”本质上是一种对原创企业造成损害的“背叛”行为	创业公司创始人

资料来源：周育彬等（2021）。

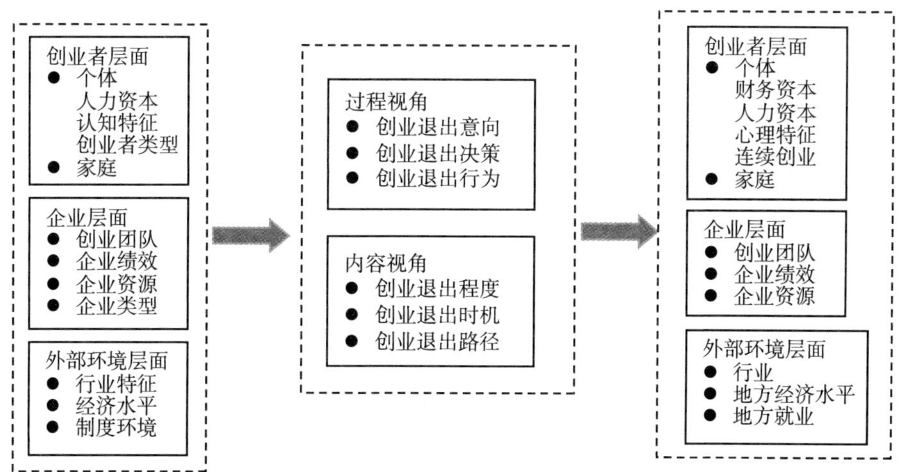

图2-3 创业者视角的创业退出研究模型

资料来源：周瑛、朱玲（2021）。

2.1.2 机会视角的研究

前文所述，传统心理学视角的创业研究主要关注的是创业者，而机会视角和资源视角则关注的是创业的本质过程。加特纳（Gartner，1985）认为，发现谁是创业者并不重要，重要的是研究创业者在做什么。尽管机会很早就受到了学者的关注（Timmons et al.，1987），但是只有到谢恩和文卡塔拉曼（Shane & Venkataraman, 2000）在 AMR 上发表“创业作为研究领域的前景”一文之后，机会才成为创业研究的焦点。我们以谢恩等（Shane et al.，2000）所提出的框架从机会视角的对创业机会的存在、机会的识别和机会开发的决策研究做一个简要综述。

机会的存在。熊彼特（Schumpeter）认为，创新改变了资源的均衡价值，它为创业者提供了重新组合资源的机会。同样，柯兹纳（Kirzner）认为，创业机会来源于非均衡状态下存在的“错误”，这些“错误”使资源得不到最佳使用，从而存在着优化的机会（Kirzner, 1999）。谢恩（2000）认为，机会的存在是一个客观现象（虽然机会的识别是一个主观现象），“信息不对称”和“信念不对称”是机会存在的原因。

机会的识别。熊彼特认为，创业者具有“特殊的能力”（special aptitudes）（Busenitz et al.，1997）。而柯兹纳（Kirzner）认为，创业者对机会具有不同寻常的“机敏”（Alertness），能注意到非均衡状态下存在的“错误”而识别机会（Kirzner, 1999）。谢恩认为，机会并非显而易见，仅有一些人能发现特定的机会，“信息通道”和“认知特点”是影响机会识别的两类重要因素（Shane et al.，2000）。

机会开发的决策。我们知道，并非每一次机会的发现都引发创业行为。谢恩等（2000）认为，机会性质与个体差异共同决定着人们开发机会的决策。因此，现实社会存在两种开发机会的制度安排——创立新企业和向现存企业出售机会。这隐含地将现存企业识别和开发机会的行为排除在外。事实上，现存企业的机会识别与开发过程本质上也是一种创业（Stevenson & Jarillo, 1990），我们将这种由现存企业发起的机会开发模式看作第三种制度安排，即内创业（intrapreneurs）。

尽管创业机会是创业研究的核心，但是如果没有创业者的实际行为，创业机会就不可能被开发，新企业就不可能产生。因此，创业者行为研究就显得尤为重要。王秀峰（2016）在此领域，就国内外相关研究做了较为系统的梳理。他认为，创业行为是指个体（或团队）为了开创或成长新组织需要实施的具体任务或活动组合。目前，创业者行为研究主要涉及创业者行为的测量和创业者行为的效应、前置因素与过程等的方面。

2.1.3 资源视角的研究

创业不仅需要创业者发现的创业机会，更需要其获取和组合必要的资源去开发所发现的创业机会。因此，理解创业者如何获取和组织资源必然是创业研究的重要内容（Alvarez et al.，2001）。从理论起源看，资源视角的创业研究包括两个相对独立的研究支流：基于资源观的创业理论和基于社会资本的创业理论，前者试图将创业理论与资源观理论相融合，后者研究创业者的社会资本对创业过程的影响。其实，社会资本观可以理解为是对资源观的一种延伸。

基于资源观理论的创业理论。20世纪80年代末以前，资源观方面的研究是非常零散的。张伯伦（Chamberlin）和罗宾逊（Robinson）是最早研究企业特有资源重要性的两位经济学家。他们认为，特有的资产或能力使企业处在不完全竞争状态并获得经济租金。对于资源观理论（resource-based view of the firm，RBV），许多学者都认为起源于彭罗斯（Penrose）在1959年出版的《企业成长理论》（The Theory of the Growth of the Firm）一书。她认为竞争优势的核心是“生产系统”的效率，即竞争优势不是来源于市场中产品的竞争而是来源于生产系统（Vicente A. López，2001）。沃纳菲尔特（Wernerfelt，1984）是第一个从战略的角度研究和发展彭罗斯思想的著名学者。他首先提出了“资源为基础理论”的概念（resource-based theory）并提出了相对于“进入壁垒”（entry barriers）的“资源定位壁垒”（resource position barriers）的概念。他认为战略涉及某种平衡——现有资源的利用和新资源的创造。而在RBV理论的进一步发展中，巴尼（Barney）作出了巨大的贡献。巴尼对于RBV理论中的关键概念进行了系统的研究和总结。巴尼（1991）认为有价值的（valuable）、稀缺的（rare），不可模仿的（imitation）和不可替代的（insubstitution）的资源，才能产生持续竞争优势（SCA），即VRIS模型。而后，RBV理论相继衍生了知识和学习相联系的“知识基础观”和“动态能力观”（Prahalad & Hamel, 1990；Teece et al.，1997）等不同的支流。在RBV中，事实上存在两个假设：一是资源是“不对称分布”地分布于企业之间的；二是资源与“不可移动性”相关。资源的“不对称分布”和“不可移动性”是企业具有持续竞争优势（能力）的函数。所以企业为了追求竞争优势大多采用把已有的独特资源“封闭”起来。但是，从企业发展的动态角度来看，随着对资源“封闭”起来，既有可能产生了“路径惯性”而产生的对外部学习的困难，从而产生企业学习能力的退化，也有可能由于采用和加强“孤立机制”而导致企业创新的“退化”。上述两者的实质是企业“整合机制”的退化。因此，有必要使企业在保持已有独特资源的基础上，不断吸收外部资源，或者对于企业内部资源的创新组合，即通过“社会资本”来解决企业的“孤立机制”，最终使企业内外部通过协调/整合（coordination/integration）实现重构（reconfiguration），这也导致产生了有区别于传统的“封闭式创新”（closing innovation）的“开放性创新”（opening innovation）理论。综观创业理论，其实已深深地被资源观理论所渗透和影响。以创业能力研究为例，不管是聚焦于个体特质还是聚焦于创业过程，只有同时具备以下三个特点才能成为创业能力（Mitchelmore & Rowley, 2010）：具有个体差异性、体现不同情景下的行为和成为衡量企业绩效的准则。当前，创业能力形成的研究主要是从以下三个视角进行的（赵文红等，2016）：人力资源（如创业者先前经验等）、网络关系（如网络关系的种类、异质度等）和创业学习（如创业者先前经验等和学习方式等）。赵文红等（2016）认为，创业者先前经验等和网络联系对创业能力的影响，很大程度上取决于创业能力的强弱。创业学习可能既调节又中介了先前经验、网络联系与创业能力间的关系。

基于社会资本理论的创业理论。法国社会学家布迪厄（Bourdieu, 1985）首次正式提出“社会资本”的概念并将之定义为“实际或潜在的资源集合体，这些资源与占有，往往是和人们共同熟悉或认可的制度化关系的持久网络联系在一起”。纳哈佩特和戈沙尔（Nahapiet & Ghoshal,

1997）首次明确地将企业层面的社会资本定义为：嵌入于企业的、可利用的、源于个体或社会单元所拥有的关系网络中的、实际的和潜在的资源。在上述这个定义中，社会资本理解为是由网络或可通过网络流动的资产组成。此后，伦德斯和加贝（Leenders & Gabbay，1999）认为，社会资本是根植于关系网络，可通过关系网络利用的资产，并将企业社会资本界定为：企业拥有的有形或虚拟的资源，它们往往是可通过促进目标所达成的社会关系而增加。同时，他们总结了社会资本的三个特征：第一，社会资本具有目标特殊性（goal-specific）。社会网络和社会资本是不同的，如果社会网络或社会联系有益于目标的达成，那么社会网络仅仅是转移社会资本；第二，个体未必知道它所拥有的社会资本，个体所根植的社会结构会将优势转移给它，而个体可能并未意识到这一点；第三，社会资本通常是其他社会活动的副产品。总之，企业社会资本作为资本的一种新形式，具有资本的特征，它本质上属于资源的范畴。企业社会资本可替代或补充其他资源。作为一种替代，企业有时可通过紧密的联系弥补人力或金融资本的缺乏。因此，在更多的情况下，企业社会资本可补充其他形式的资本。格鲁特尔特和巴斯拉赫（Grootaert & Bastelaer，2004）认为，社会资本对企业发展的影响都是通过结构型社会资本（structural social capital）和认知型社会资本（cognitive social capital）这两类完全不同类型的社会资本的相互作用来实现的。结构型社会资本一般是通过规则、程序和先例建立起社会网络并确定其社会角色，进而促进分享信息、采取集体行动和制定政策制度。因此，结构型社会资本相对客观并且易于观察。而认知型社会资本是指共享的规范、价值观、信任、态度和信仰，它是一个更主观、更难以触摸的概念。其实，我们可以理解为结构型社会资本是基础，而认知型社会资本是在结构型社会资本之上发生作用的。伊利 - 连科（Yli - Renko，2001）则认为，企业社会资本可分为三部分：企业间社会交互作用的水平、以信任和互惠描述的关系质量及通过关系所建立的网络联系的水平。兰德里等（Landry et al.，2002）认为，社会资本不能由单一指标来测度，它的测量应该从不同的形式来考虑。他们在研究中以社会资本结构维度的五种形式（商业网络资产、信息网络资产、研究网络资产、参与资产和关系资产）和社会资本认知维的一种形式（相互信任）来测量。纳哈佩特和戈沙尔（Nahapiet & Ghoshal，1997）在研究社会资本、智力资本与企业价值创造之间的关系时，创造性地将社会资本分为结构维（structural dimension）、关系维（relational dimension）和认知维（cognitive dimension）三个维度。社会资本的结构维度指个体之间联结的模式，包括网络联系、网络配置形式（network configuration，以密度、连通性和层次等描述联结形式）和专门组织（appropriable organization）。关系维度指通过关系创造和利用的资产，包括如信任、规范和认可、义务和期望及识别等属性。认知维度指表征双方之间可通过通用语言、编码和叙述进行沟通的通用理解、解释和含义系统的资源。蔡文彬和戈沙尔（Tsai & Ghoshal，1998）在对基于企业内部网络的社会资本与价值创造之间的关系研究中，运用了社会资本的结构、关系和认知三个维度划分来进行实证研究。近年来，全球众多学者亦将企业社会资本划分为结构性社会资本、关系性社会资本和认知性社会资本等，对社会资本结构与中小企业创新创业进行研究并得到实证支持。

综上所述，兼顾内外部视角，我们可以将企业社会资本分为结构维、关系维和认知维三个维度进行测量。首先，企业社会资本由内、外两个部分构成。即社会资本不仅体现在企业与外部的关系上，同样体现在企业内部各个部门之间。其次，企业社会资本的结构维度是指行为个体之间联系的整体模式，这一维度主要关注网络联系存在与否、网络结构及联系强弱。关系维度是指通过创造关系或者经由关系途径获得的资产，包括信任与可信度、规范与惩罚、义务与期望以及可辨识的身份。认知维度是指提供不同行为主体间共同理解的表达、解释与意义系统等资源，如语言、符号和文化习惯，在组织内还包括缄默知识等。

创业不仅是创业者利用创业资源，发现创业机会，实现创业目标的个体行为，同样也是在一定的创业环境和生态下的集体活动。因此，后文从创业者个体和创业生态两个视角，研究社会资本对其的影响和作用。

基于创业者个体视角有关社会资本对创业活动影响的研究。一个成功的创业行为，其实质就是创业者获取并利用资源来撬动机会价值，进而促进创业构想转化为新企业的过程。因此，创业资源和创业机会是决定创业成功的两个核心。从创业资源而言，现实中却存在这样一个窘境：创业者最需资源但是自身往往又是非常缺乏资源的。对于这种状态，可以通过社会资本予以解决。创业者可以通过一定联结模式（结构维度）、一定关系（关系维度）和特定的理解方式（认知维度）来获取外部资源以补充自身资源的不足。在这个过程中，即建构连接关键资源的渠道上，有一个因素是非常重要的，即创业者先前经验。这是因为，创业者社会网络是创业者先前社会关系的延续，这种延续折射出社会网络可能是来自创业者先前经验所蕴含的社会关系，如创业者先前工作单位的同事、熟人，他们都是创业者社会网络的主要构成。另外，也包括来自社会关系人以引荐、推介等方式建立的间接联结，如经由先前工作同事介绍客户、供应商等。因此，创业者先前经验地位属性会对创业者高质量网络的建构产生积极影响。简言之，影响创业者社会资本发挥作用中，有一个重要的影响变量是创业者先前的工作经验。这个研究表明：创业成功者往往也是先前工作成功者，而不是当今社会上所说的，工作失败了才去创业。就创业机会而言，创业者同样可以通过一定联结模式（结构维度）、一定关系（关系维度）和特定的理解方式（认知维度）来获取。在这个过程中，创业者先前经验同样也是非常重要的。首先，创业者在先前工作单位所处的地位特征，在很大程度上影响着其在创业过程中所能发现和利用的创业机会。先前经验高地位属性为创业者提供了相对于低地位创业者所没有的权力与资源优势，使其能与高地位外部相关者进行交流的筹码并产生新的商业机会。因为，洞察商业机会往往取决于个体对于经济形势和技术变迁的判断，只有高水平的人才才能有更好的判断能力和判断正确性。其次，创业者在先前工作单位所处的地位特征，在很大程度上影响着其在创业过程中所能理解创业机会的涌现。这是因为，创业者所具有的多样化职能经验，有助于他们认知能力的提升。最后，创业者在先前工作单位所处的地位特征，在很大程度上影响着其在创业过程中所能把握创业机会的出现。与高地位属性相匹配的复杂、不确定任务也培养了创业者应对不确定性的能力与自信态度，这对于创业机会的把握是非常重要的。

基于创业生态视角有关社会资本对创业活动影响的研究。目前对创业环境的认知存在着两种观点：一是“战略适应观”，即认为创业者的决策是创业成败的最关键因素；二是“种群生态观”，即认为环境选择过程是创业成败最强大的决定因素（Gartner，1985；Low et al.，1988）。在此，我们更倾向于后者。也就是说，从大量创业者的情况来看，整体创业成功与否，将受到创业生态系统的深刻影响：一个好的创业生态系统更容易让创业者成功。具体而言，创业生态系统作为网络组织的高级形态，其在推动科技成果转化、促进创业企业成长方面具有独特优势。创业生态系统属于有机网络组织形态，其源头是科技创新群落，中间是技术开发群落，终点是商业应用群落，三大群落互为依存，形成人才、资本及技术等创新要素持续流动的有机组织。创业生态系统降低了初创企业市场进入门槛，提高了初创企业存活率及存活企业的成长性。创业生态系统的形成依赖于三类社会资本的交替演进。其中，关系资本促成种群的形成，认知资本促成群落的形成，结构资本促成系统的形成。社会资本成为创业生态系统个体、种群、群落及系统的黏合剂，有效地解释了结构层面的嵌套隶属关系及功能层面的涌现现象。因此，我们认为创业环境在很大程度上决定着创业机会、创业资源和创业者群体的性质。简言之，创业就是在一定的创业环境下，创业者识别创业机会利用创业资源进而开发创业机会的过程，这也是在转型经济环境下所存在的创业机会往往多于其他经济发展阶段的创业机会。

综上所述，不论是创业者个体还是创业生态系统，社会资本对他们都有积极的影响和促进作用。就创业者个体的创业行为而言，良好的社会资本，往往有助于创业者对于创业资源的获取和创业机会的开发；对于创业生态而言，创业生态系统的形成依赖于三类社会资本的交替演进。具体而言，利用社会资本的结构资本、关系资本和认知资本有助于科技创新群落、技术开发群落和商业应用群落的形成，进而促进创业生态系统的发展。

因此，创业者、创业机会和创业资源三者是互动的，而这种互动是基于一定的创业环境下的（如图2－4所示）。

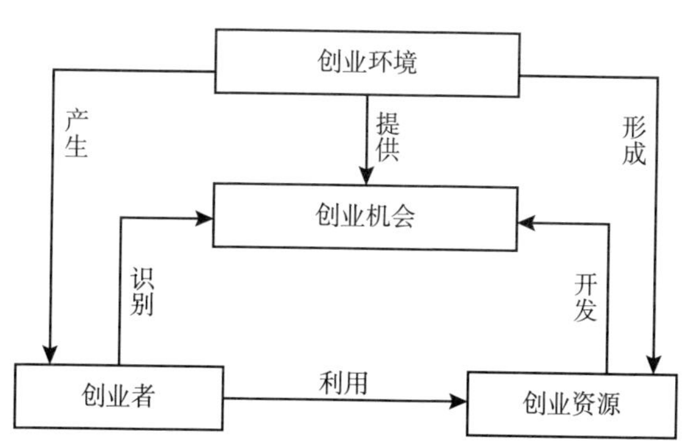

图2－4 创业者、创业机会和创业资源的互动关系

2.1.4 经济转型环境下的创业机会的研究

前文围绕个体、机会和资源三个维度，对于创业本质（尤其是创业机会）做了较为简单的回顾和梳理。但是上述研究整体上是静态和微观层面的，这种范式可能比较适合于稳定和相对成熟经济体的创业行为研究。但是，以上述范式去研究正处于经济转型的创业行为，恐怕有许多创业行为无法得到有效的科学解释。

“经济转型”或“经济转轨”是指经济系统的类型、功能及其运行机制发生根本性变动的过程（林跃勤，2007）。“转型”不仅包括经济的转型，而且包括生活方式、文化、政治和法律等方面的转型。就经济领域而言，“转型”主要体现在：经济体制的转型、经济增长方式的转型、发展路径的转型、经济结构的转型及经济形态的转型等（贾国雄，2006）。毛小芳等（2006）从制度变迁的视角将我国“经济转型”划分为三个阶段：第一阶段（1978～1989年），这个阶段以农村制度变迁为主，农村乡镇企业发展迅速；

第二阶段（1989～1992年），这个阶段以城市制度变迁为主，非国有经济迅猛发展；第三阶段（1992年至今），这个阶段是制度创新阶段，中国工业进入制度和知识互动增长的状态。我们认为，上述划分总体是正确的，但是考虑到中国经济的整体改革，我们将“经济转型”过程划分为以下三个阶段：改革开放初期（1978～1992年）、全面改革开放时期（1992～2001年）、WTO时期（2001年至今）。划分上述三个阶段的历史事件分别是“十一届三中全会”“邓小平南方谈话”“中国加入WTO”。

目前大部分学者是基于环境的静态考虑而提出机会存在的一般模式。朱燕空等（2008）将创业环境系统分为内部创业环境系统（包括精神、制度和物质等层面）和外部创业环境系统（包括宏观环境子系统、市场环境子系统和自然环境子系统等）。我们认为，在上述两个子系统中，能够引起较大变动的是外部创业环境系统，而引起外部环境变化的主要因素主要包括制度、市场和技术。当然，制度环境的变化也会影响市场环境（包括需求和竞争等）和技术环境的变化。因此，我们认为，从宏观层面来看，制度、市场、技术等环境因素的一个或多个发生变化，就可能使经济体产生非均衡状态，从而产生创业机会。由此，我们提出由制度（institute）、市场（market）、技术（technology）三要素构成的机会形成模型，即IMT模型（如图2－5所示）。与发达经济体相比，由于转型经济体环境各要素的变化具有独特性，因此在经济转型过程中也将形成许多独特的创业机会。例如，1978年改革开放之后，市场逐步开放，将潜在的企业家从制度的禁锢中释放出来从而产生了大量的创业机会。另外，产业政策环境对企业创业与成长也具有重要影响，典型的例子是20世纪90年代初期电网改造中电力设备尽量采购国产电力设备产生了大量电力设备制造商。因此，特殊制度环境（主要包括经济体制环境和产业政策环境）可能形成新的创业机会；在经济转型过程中，人们某些被压抑的需求在制度变迁中会突然被释放，形成独特的需求环境。一个典型的例子是1987年以后由于以商品房替代福利分房为主体的住房体制改革所形成的独特房地产市场。因此，特殊市场环境（主要包括特殊需求环境和竞争环境）同样可能形成新的创业机会；在改革开放过程中，出现了大量向发达国家引进先进技术的IT企业。另外，随着全球化时代的来临，技术的快速变化加快侵蚀着现存企业的竞争优势，从而为掌握新技术的人提供技术创业的机会。因此，特殊技术环境（主要包括技术发展方式和技术变迁速度）也可能形成新的创业机会。

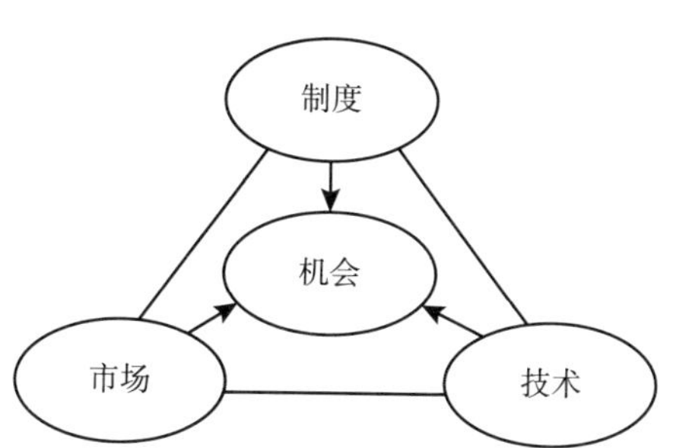

图2-5 创业机会形成的IMT模型

当然，IMT模型只是提供了动态的和相对宏观视角下创业机会形成的一个思考视角，而创业机会类型的分析将进一步提供一个操作性的分析工具。基于制度直接影响市场和技术的变迁，而市场中最重要的变量是需求以及分析问题的可操作性，在上述IMT模型的基础上，我们从机会的性质（需求、技术）和机会范围（地方、全球）两个维度归纳出以下三种类型的创业机会：市场型创业机会、技术型创业机会和全球化创业机会（又可分为全球化市场机会和全球化技术机会）。这三种类型的创业机会之间关系如图2-6所示。

所谓市场型创业机会，是指基于未被充分满足的市场需求的创业机会。这些未被充分满足的市场需求是客观存在，并不是企业家所创造；所谓技术型创业机会，是指技术商业化的创业机会。市场型创业机会和技术型创业机会一般是针对某个特定的区域或一个国家范围以内而言的。尽管上述两者有时候或许难以区分，但是仍存在着一个显著差异：市场型创业机会是指创业者或企业家首先感知到未被满足的市场需求，然后整合资源

（包括整合技术资源）去满足这些市场需求。技术型创业机会则是指企业家首先拥有技术资源，然后为这些技术资源寻找市场。学术界所争论的“创业机会发现理论”和“创业机会创造理论”（唐鹏程、朱方明，2009）①，究其原因是没有分析创业机会的类型所致。所谓全球化创业机会，是指由全球化带来的市场型和技术型的创业机会（见表2－3）。

图2－6　创业机会的类型

表2－3　机会类型、定义与典型案例

机会类型	定义	典型案例
市场型创业机会	环境中存在的未被充分满足的市场需求	改革开放初期的家电行业 小灵通
技术型创业机会	技术商业化的机会	Windows 操作系统的商业化 王选激光照排系统的商业化
全球化创业机会	由全球化带来的市场型和技术型创业机会	联想通过并购 IMB PC 事业部进入全球市场

① 前者认为外生冲击创造了创业机会，即创业机会是由市场派生出来的，创业者的作用在于“寻找”这些已经存在的机会；而后者认为创业机会是创业者搜寻机会的行为过程的内生现象，机会不能脱离创业者的创造行为而独立存在，即机会只因创业者对其开发而存在。

上述三种类型的创业机会随着创业环境的变迁，在数量上发生变化。随着经济转型、“短缺经济”的结束、市场需求的逐渐满足、均衡状态的逐渐形成和信息透明度及对称性的进一步提高，以及人们对资源的价值认识的一致化等都将导致市场型创业机会的逐渐减少。另外，随着世界经济逐渐由以资本为基础的经济向以知识和技术为基础的经济转变。知识和技术作为经济发展的“新引擎”，其存在着整体的“短缺性”、分布的“非均衡”、信息的“不对称性”和理解的“差异性”，所有这些都将导致技术型创业机会的持续增加。随着全球经济格局的急剧变化、区域市场需求的变动和不同国家（大学、研究机构和企业）所拥有知识和技术的巨大落差、技术创新程度差异的加剧，全球化创业机会将急剧增加。正如有些学者总结的，中国已经经历了三次“造富机会”（20 世纪 70～80 年代的下海经商，2000 年前后的房地产和 21 世纪前 20 年的互联网），下一个“造富机会”将集中在科技领域。因此，在经济转型过程中，上述三种类型创业机会总体变化趋势可以描述为如图 2－7 所示。

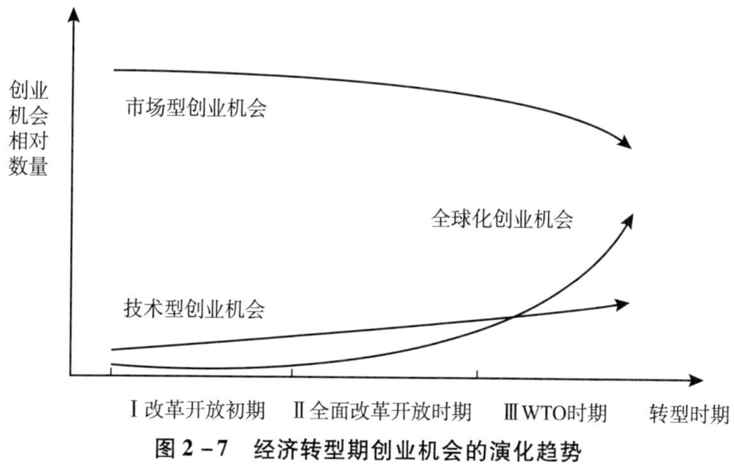

图 2－7　经济转型期创业机会的演化趋势

前文所述，机会的识别和开发是创业机会研究的一个重要领域。基于“创业者、创业机会和创业资源三者互动的关系”以及“机会发现和机会创造两者的区别”，后文我们从创业资源的整合视角来简单分析经济转型环境下三种类型创业机会的识别和开发。

巴尼（Barney，1991）和霍尔（Hall，1992）将企业资源界定为有形资源（包括财务资源、组织资源、实物资源和技术资源等）和无形资源（包括人力资源、创新资源和声誉资源等）两大类。尽管这种分类为创业资源的研究提供了一定的基础却很难直接为创业机会的识别和开发提供建设性的帮助。在此我们将创业资源定义为创业者个体和组织所拥有的所有有助于创业机会识别和开发的资源。我们在对格林（Greene）、柯兹纳（Kirzner）、谢恩（Shane）、文卡塔拉曼（Venkataraman）、贝克（Baker）等学者关于创业意愿、创业警觉性等相关文献研读的基础上并结合上述资源分类，将创业资源划分为：个体拥有的资源（即创业者个人能力，包括创业意愿、创业自我效能、创业警觉性和开发机会的积极性等）和组织拥有的资源（包括财务和实物资源、组织和声誉资源、人力和技术资源和创新资源等）（如表2-4所示）。前者主要是发现（识别）机会，后者主要是开发机会。

表2-4　　创业资源的主要分类

个体拥有的资源（创业者个人能力）	创业意愿	追求创业目标并投入大量注意力、精力和其他资源等的一种心理状态
	创业自我效能	创业者相信自己能够信任创业角色和任务的信念
	创业警觉性	搜寻被忽视的机会的能力
	开发机会的积极性	由心理和非心理因素所决定的创业者实际开发机会的行为强度
组织拥有的资源	财务和实物资源	资金、实物（设备）
	组织和声誉资源	管理能力、资源整合能力
	人力和技术资源	知识、人才、技术能力
	创新资源	创意、创新能力

在经济转型过程中，创业资源配置方式、创业资源特性和创业资源利用效率都具有动态性。在资源配置方式方面，资源配置方式由计划配置向市场配置转变。在资源特性方面，创业资源特性由流动性低、同质性高向流动性高、同质性低转变；在资源利用效率方面，将产生资源利用的非效率性向高效率性转变。

基于转型期三种创业机会的变迁和创业资源的三个特征的变化，上述各类创业资源在机会识别和开发中的作用将会动态的变化。创业者个人能力的重要性将保持一定的稳定递减态势。究其原因，是因为创业机会识别和开发的难度增加程度大大超过人们创业意愿、创业自我效能、创业警觉性和开发机会的积极性等的提高程度。在组织拥有的资源方面，财务和实物资源将呈现递减趋势，其原因在于这种资源对于市场型创业机会比技术型创业机会更具有促进作用而市场型创业机会整体发展趋势却呈现为下降的趋势。组织和声誉资源、人力和技术资源以及创新资源这三类资源（尤其是后面两种）对于三种类型（尤其是技术型和全球化创业机会）的创业机会的开发都非常重要，而考虑到技术型创业机会和全球化创业机会的进一步提升，因此其重要性将保持快速的递增态势。我们将上述思想表示为如图 2－8 所示。

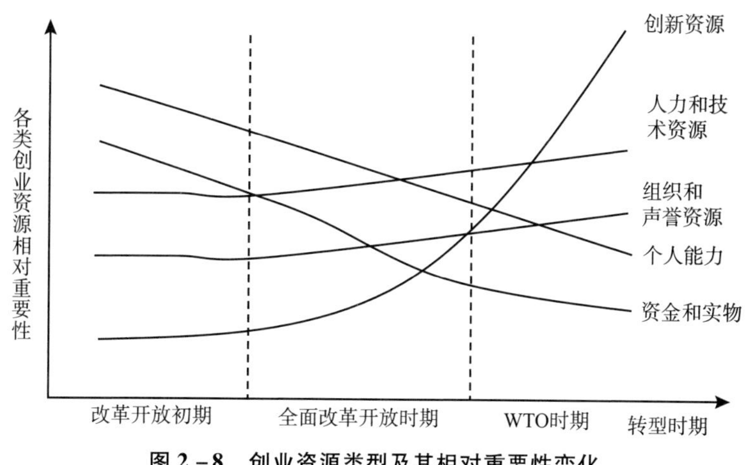

图 2－8 创业资源类型及其相对重要性变化

中国经济转型过程的事实也证明了上述分析。在改革开放初期，由于识别的机会一般属于市场型机会，技术型机会很少，全球化机会更少，因此当时创业者个人能力、财务和实物资源相对比较重要，从而出现了大量年龄过三十、学历没本科、关系能力和个人胆量较强的企业家。万向节厂、新希望集团等是典型的代表企业。在全面改革开放时期，创业者个人能力、财务和实物资源的重要性开始下降，而人力和技术资源、组织和声誉资源和创新资源的重要性开始逐渐上升。在这个阶段，一大批来自政府机关、国有大型企业、高等院校、科研院所的大学生，受南方谈话精神感召，主动性地创业。形成了一大批具有一定的技术优势、客户资源甚至团队管理经验的企业家。托普、中国国际期货等是典型的代表企业。在WTO时期，创新资源、人力和技术资源及组织和声誉资源的重要性得到空前提高。此时期出现了大量“学历高、技术高、管理起点高”的高学历和海归留学生创业者，这些创业者往往在创业前掌握着高技术，拥有较强的创新精神。网易、搜狐等是典型代表企业。

2.2 派系理论的基本梳理

从现实的情景来看，不管是企业衍生还是创业网络，乃至创业的“时—空”分布特征，都使创业者或创业行为呈现某种类似“派系”（clique，faction）的特征，如最近在浙江形成的创业四大派系，即以“创二代”为代表的浙商系、以“千人计划”回国创业为代表的海归系、以阿里巴巴员工创业为代表的阿里系及以浙江大学师生创业为代表的高校系。因此，对于“派系”的研究就显得尤为必要。

2.2.1 管理学中的派系研究

创业网络就是创业社会网络中的一个子网络。因此，如果从派系的视角来看，我们可以理解其是派系的一种形式。基于此，有必要对近年来创业派系的已有的相关研究做进一步的梳理和总结。另外，从理论的演进来看，基于管理学领域对于派系的研究是由社会网络理论的发展而成的，因此我们有必要首先来简要回顾社会网络的相关理论，再深入梳理管理学中具体的派系研究。

2.2.1.1 社会网络的相关理论

（1）社会网络理论的相关研究。管理学领域对“派系”的研究起源于网络的研究。综观学术界众多网络分析法，主要存在两种不同的范式：其一是以林顿·弗里曼等为代表的社会计量学方法所进行的社会心理学的小群体研究；其二是以格拉诺维特、科尔曼、林南和伯特等为代表的社会网络分析视角，他们以网络作为社会结构来研究社会网络对企业或个体行为的影响。相比较而言，后者在学术界影响更大。

社会网络分析视角有助于社会关系与结构的研究，使得分析对象从独立的个体转变为内部成员相互作用的网络层面（赵炎、王燕妮，2017）。该流派兴起于20世纪80年代，以格兰诺维特（Granovetter，1983，2015）的“弱连带优势理论”，科尔曼（Coleman，1988，1990）和林南（Lin Nan）的“社会资本理论”及伯特（Burt，1992）的“结构洞理论”等为代表。传统的“强联结优势理论”，或称为“强连带优势理论”认为，建立在人们彼此相互信任基础上的强连带，有利于人们适应环境的变化，降低不确定性风险，增加知识交流和扩散，并促成组织的变迁。顺着“强联结优势理论”，社会资本理论开创者科尔曼（Coleman）强调网络（可理解为强联系或联系）对于获取资源和竞争优势的重要性。他认为，社会资本由构成社会结构的要素组成，主要存在于社会团体和社会关系网中，只有通过成员资格和网络联系才能获得回报。也就是说，社会资本并不为个人占有，个人必须通过关系网络获取它。如科尔曼（Coleman，1988）研究发现，密集网络能够促进信任与合作，进而便于企业获得更多精练、高质量的信息和默认知识。乌齐（Uzzi，1997）发现，网络规模的扩大对信息与资源的获取有着正向的影响，网络范围的扩大有助于异质性信息资源的获取。奥伯斯特菲尔（Obstfell，2005）认为，网络密度对创新的影响表现为：联结密度高的创新网络有助于促进企业间达成合作共识与相互信任，从而利于企业之间的合作创新。因此，科尔曼（Coleman）、乌齐（Uzzi）和奥伯斯特菲尔（Obstfell）等学者的研究基本遵循“强联结优势理论”和社会资本理论，从整体而非真正从网络结构的内在特征进行研究。与上述理论不同的是，斯坦福大学教授格兰诺维特（Granovetter）在1973年提出了“弱连带优势理论”或称为“弱关系力量假设”。“弱联结的力量理论”创造性地提出了“弱联系”的重要性。格兰诺维特认为，由于拥有强关系的个体之间的同质性较高，他们拥有的资源也十分接近，因此个体不容易从强联系中获得自己稀缺的资源。而弱联系则恰恰相反，由于彼此之间的异质性较大，双方更可能拥有彼此稀缺的资源。所以，个体能从弱联系中获得更多。与人们关注网络成员间联系强弱不同的是，社会资本理论创始人科尔曼的学生——伯特（Burt），一方面受到科尔曼社会资本理论的深刻影响，他认为，竞争是一个关系问题；另一方面，他并没有完全顺着科尔曼和格兰诺维特的研究足迹，而是从联系强弱转向联系的方式，创造性地提出了“结构洞理论”。伯特（Burt，1992）认为，个人在网络的位置比关系的强弱更为重要，因为其在网络中的位置决定了个人的信息、资源与权力。因此，不管关系强弱，如果存在结构洞，那么将没有直接联系的两个行动者联系起来的第三者拥有信息优势和控制优势，这将能够为其提供更多的服务和回报。因此，个人或组织要想在竞争中保持优势，就必须建立广泛的联系，同时占据更多的结构洞，掌握更多信息（赵炎、王燕妮，2017）。

所谓结构洞（structural hole，SH），指的是组织与网络成员之间的非冗余连接。伯特（Burt，1992）提出了有效规模（effective size）、效率（efficiency）、限制度（constraint）和等级度（hierarchy）四个指标来测量计算结构洞。在目前的大多数研究中，一般选用有效规模来测量结构洞，其计算方法如式（2－1）所示（赵炎、王燕妮，2017）。

$$SH_i = [\sum_j (1 - \sum_q p_{iq} m_{jq})]/N_i,\ j \neq q \qquad (2-1)$$

式（2－1）中，j 指与企业 i 点相连的所有企业点；q 指除了 i 或 j 之外的每个第三者；p_{iq} 表示企业 i 点投入到 q 的关系所占比例；m_{jq} 表示企业点 j 到 q 的关系的边际强度，在二值网络中，企业 j 与企业 q 存在连接时 $m_{jq}=1$，否则 $m_{jq}=0$；$p_{iq}m_{jq}$ 则表示企业 i 点与企业 j 点之间的冗余度，测量的是企业 i 点与 j 的关系相对于企业 i 点与其他企业点关系的比例；N_i 是指与企业 i 点相联系的联盟伙伴的数量。

"结构洞理论"的重要学术贡献主要体现在两个方面：第一，有别于林顿·弗里曼为代表的社会心理学的小群体研究，作为社会网络分析视角中重要的理论之一，"结构洞理论"有助于社会关系与结构的研究，使得分析对象从独立的个体转变为内部成员相互作用的网络层面（赵炎、王燕妮，2017）；第二，"结构洞理论"，与社会网络分析视角中其他两个理论（格兰诺维特的"弱连带优势理论"和科尔曼的"社会资本理论"）也存在重要的区别，其研究重点从联系强度转变为联系方式。

"结构洞理论"也存在一个致命的问题仍需要进一步的研究和解释。从逻辑上来看，之所以存在结构洞，是因为存在着弱联系，即由于某种客观或主观的原因使弱联系中的双方存在着某种隔阂。因此，弱联系力量可以看作是"结构洞理论"的根基。在真实的网络世界中，真正的弱联系又会影响结构洞的形成和作用。因为，一个组织（企业）要占据结构洞必须具有丰富的内部资源或优势，而具有丰富的内部资源或优势的企业是否真愿意成为网络中的"领导者"？他们是否通过成为网络中的"领导者"而去充分利用外部资源和优势呢？进一步而言，作为弱联系的双方是否会一直不会坐以待毙，而不去加强相互联系的呢？因此，强关系力量假设无时无刻不在动摇着这种根基，这也是结构洞理论受到的攻击的一个重要来源。针对上述问题，赵炎、王燕妮（2017）进行了一定的探索。研究发现，一方面，结构洞形成是与强联系相关的。具体而言，网络中心性高的企业才能发挥出其信息控制枢纽的作用。另一方面，企业实力越强、资源越丰富，反而越没有积极性来发挥这种网络中的“领导力”。也就是说，在现实的情景中，许多具有丰富的内部资源或优势的企业并不愿意承担网络中的“领导力”而去充分利用外部资源和优势研究。

（2）社会网络理论的相关实证研究。当前，基于复杂网络视角对企业之间创新网络动态演化进行研究，有纯理论模拟和实证研究两种情况（赵炎、姚芳，2014）。纯理论模拟包括广义、非正式、集群等在内的各种创新网络的演化模型；实证研究倾向于采用社会网络分析方法，每隔3年或5年做时间截面窗口，获得某个创新网络随着时间变化的“快照”。从实证研究的研究内容来看，主要包括网络结构对创新和网络分布的影响及网络邻近性和地理邻近性对企业创新影响三个方面。

第一，网络结构对创新的影响。网络结构（network structure）一般是指企业所处整体网络所表现出的关系模式（赵炎、姚芳，2014）。网络结构一般可用网络规模、网络密度和中介中心性三个维度表示其特征。网络规模（network size）是指网络中包含的所有行动者的数目。网络规模越大，则整体网络结构越复杂，网络中的异质性资源也越丰富。网络密度（network density，ND）是衡量网络中各个行为者之间连接紧密程度的指标，它描述网络中实际存在的联系数量占到理论联系数量的比例，它反映了网络的连通性与传递性。网络密度越大，则网络中主体之间的联系越紧密和越频繁。其计算公式如式（2－2）所示（赵炎等，2016）。网络密度的值介于0～1之间，越接近1，说明网络密度越大；越接近0，说明网络密度越小。因此，网络密度决定着网络中知识扩散的速率和范围。

$$ND = 2m/n(n-1) \tag{2-2}$$

式（2－2）中，m代表网络中实际的连接边的数量，n代表网络中总的节点数量。

表征网络结构的变量，除了网络规模、网络密度以外，还有一个重要的变量是中介中心性（betweenness centrality，BC）。中介中心性（BC）是指网络中包含节点i的所有最短路的条数占所有最短路条数的百分比（Freeman，1979），它表示一个节点（即企业）在多大程度上位于网络中其他点的“中间”。较高的中介中心性说明该节点作为知识在网络中传播的媒介作用较为明显（Galambos & Sturchio，1996）。其计算公式如式（2-3）所示（赵炎等，2016）。

$$BC_{it} = \frac{\sum_{j<k} g_{jk}(n_i)}{g_{jk}} \tag{2-3}$$

式（2-3）中，g_{jk}指点j和k之间最短路径的数目，$g_{jk}(n_i)$则是点j和k之间经过点i的最短路径的数目。

已有的研究一般都证实了网络规模的扩大对信息与资源的获取有着正向的影响，网络范围的扩大有助于异质性信息资源的获取，而网络密集的提升能促进信任与合作，进而便于企业获得更多高质量的默认知识，从而利于企业之间的合作创新。

第二，网络结构对网络分布的影响。网络中节点（企业）间的联系结构不仅会对企业的创新产生影响，也会对网络的演化产生重大的影响。一般而言，在网络演化过程中，网络以节点和节点之间连接的形式不断拓展。因此，节点和度分布的演变规律表示了整体网络的演变形式。网络中节点i的度分布k_i定义为与该节点连接的其他节点的数目，即表示位于网络中的企业伙伴数目的多少。一个节点的度越大，就意味着这个节点在网络中拥有较多的伙伴，节点的重要性越大，节点的接近度越大，该节点越居于网络中心，在网络中就越重要；节点在其邻域中的关键度越大，该节点对其邻域越重要。节点度越大，节点就有可能成为“核心节点”。因此，度分布从整体上反映了网络中每个节点与其他节点联系数量的分布情况。赵炎、姚芳（2014）的研究发现，网络规模对于企业的结盟行为具有正向显著的影响，而网络密度对企业的结盟行为没有显著的影响，中介中心性对于企业结盟的影响呈倒“U”型，创新能力对企业的结盟行为有正向显著的影响，创新网络中自主品牌的企业更易于与其他企业结成联盟伙伴。

第三，网络邻近性和地理邻近性对企业创新影响。若考虑网络中企业的空间分布，就存在网络邻近性问题。网络邻近性是指处于同一网络中的企业在网络结构中的距离。目前，国内外对网络邻近性的研究表明，网络中联盟成员间的路径长度对企业创新（一般用专利产出数量表示）有负向显著影响，即较短的路径长度会带来更多的创新。因为较短的平均路径长度，可以使发明者较方便地接触到其他研究团体和研究领域的人员，获取更新和更丰富的信息和知识，获得更多的创新产出。网络邻近可以促使企业较方便地从其他联盟成员中获得新知识，提升知识转移绩效。因此，有充分的证据表明，在企业战略联盟网络中，地理邻近和网络关系在企业知识转移和创新过程中扮演着重要的角色（赵炎等，2016）。

对于网络邻近性的度量，一般有两种方法（赵炎等，2016）：其一是将网络节点均质化处理，它主要适用于对地理维度并无特殊要求的情景，一般称为网络邻近性；其二是将网络节点放置于现实的地理空间进行测量，以研究诸如特殊网络，如产业集群演化及其集群企业的创新问题，一般称为地理邻近性。从严格的科学意义上讲两者都应属于网络邻近性。

①网络邻近性度量。一般使用平均路径长度（path length，PL）来测度网络邻近性。*PL* 是网络中所有节点对之间的平均最短距离，也就是从一个节点到达另一个节点要经历的边的最小数目，其中所有节点对之间的最大距离称为网络的直径。平均路径长度和直径用来衡量网络的传输性能与效率。*PL* 值越小，说明网络越邻近，*PL* 值越大，网络距离越远。*PL* 的计算公式如式（2－4）所示。

$$PL = \frac{1}{n(n-1)}\sum_{i \neq j \in V} d_{ij} \qquad (2-4)$$

式（2－4）中，n 代表网络节点的总数量；i、j 代表网络中的两个不同节点；d_{ij}代表链接 i 点与 j 点之间的最短路径长度，即如果 i 点与 j 点可以直接链接，则长度为 1，如果 i 点与 j 点至少要通过 1 个中间企业链接，则长度为 2，以此类推。

②地理邻近性度量。地理邻近性，也称空间邻近性、地域邻近性。地理邻近性一般使用地区密度（local density，LD）进行测度。地区密度是一个持续的、测量企业地理距离的年度指标，一般可用索伦森和奥迪亚

(Sorenson & Audia，2000）提出的地理空间密度公式进行网络成员平均距离的测量。地区密度计算公式如式（2-5）所示。

$$LD_{it} = \sum_{j} \frac{x_i}{(1 + d_{ij})} \tag{2-5}$$

式（2-5）中，j 表示除企业 i 之外的所有网络成员，x_i 表示权重变量，在计算密度时设值为1，d_{ij}表示公式 i 与公司 j 的距离，在不知道公司具体位置时 $d_{ij}=0$，该情况下密度为 t 年联盟成员的个数，精确的应该是成员数减1。

如果有企业地理位置的经纬度数据，可以利用经纬度与球面几何学的方法来计算网络成员的实际空间距离，企业 i 与 j 之间的距离计算公式如式（2-6）所示。

$$d_{ij} = C\{\arccos[\sin(lat_i)\sin(lat_j) + \cos(lat_i)\cos(lat_j)\cos(|long_i - long_j|)]\} \tag{2-6}$$

式（2-6）中，纬度（lat）与经度（long）是以弧度来测量的；$C=$ 3 437，是将弧度转换为地球表面上英里的系数。

相关研究表明，网络中企业间的地理邻近性与知识转移绩效呈倒"U"型关系（赵炎等，2016）。因为，企业之间地理距离越近，越有利于组织间资源的良好交流，也有利于企业间知识（尤其是隐性知识）转移。但地理上过分的邻近也会对知识转移产生负面的影响，主要是因为地理过于邻近容易形成稳定、紧密但是封闭的关系网络，影响联盟成员吸收知识的能力。另外，在现实的企业网络中，地理邻近性比一般的网络邻近性对于知识转移能发挥更大的作用，尤其是当企业之间联系紧密的前提下，地理邻近性的作用将愈发明显。

2.2.1.2 管理学领域的派系研究

（1）研究的起因及其内涵。就前所述，管理学对于派系的研究，是由社会网络理论的研究而衍生的且往往是将派系视为创新网络中的一种特殊现象（赵炎、栗铮，2019）。其研究的核心问题主要聚焦在派系或派系网络对企业创新的影响。所谓创新网络，是由创新主体企业、机构或群体一起推动创新活动的实现和扩散，各主体间的交互作用形成了直接或间接的合作关系（Lisa Harris et al.，2000）。

万炜是国内较早从创新网络视角研究“派系”的学者之一。他认为，“派系式”技术合作是创新网络中一种独特的合作模式（万炜等，2013）。赵炎是国内研究创新网络中“派系”的主要学者。在他的系列研究中，往往将“派系”和“结派”联系起来，即将子群（“派系”）概念表示创新网络中的企业结派行为（赵炎、孟庆时，2014）。在此，我们综合相关研究成果，将派系（cliques）概念特征归纳为如下：首先，从性质上而言，派系是创新网络中的一种特殊现象（赵炎、栗铮，2019），它是基于互惠关系的网络成员之间相互选择而形成紧密结合的群体（赵炎等，2019），是创新网络演化过程中的局部网络集聚现象，即基于互惠关系的网络成员之间相互选择而形成紧密结合的群体（郑向杰，2017）。从企业参与合作的程度不同，由低到高可以把派系分为非正式派系、契约式派系和股权式派系；从价值链的角度，可将派系划分为研发优势派系、营销优势派系、生产优势派系；从合作关系的参与方不同，可将派系划分为政府牵头型派系、产学研型派系、纯商业型派系（赵炎等，2019）。其次，从图论而言，派系是指至少包含三个节点的最大完备子图（万炜等，2013）。派系是完备的，即其任何两节点间都直接相连。派系是最大的，即无法向其添加新的节点（赵炎等，2019）。派系的拓扑结构特征可以表示为：网络密度为1。任何一个成员与其他成员邻接且距离为1；组内关系到组外关系比例达到最大。因此，从管理学视角来看，派系特有的高密度、高聚集及成员间全连通的网络特征（万炜等，2013）。

上述只是对于派系的概念性的阐述。在科学研究中，还必须了解如何度量派系。为此，下面我们先简单介绍结派（派系）、“k—派系—团体”和派系度三个基本概念。

①结派和结派行为。在管理学领域，大多数学者的研究都是基于帕拉等（Palla et al.，2005）的科学定义并进行不断深化。帕拉等（2005）在

《自然》杂志上提出派系普遍存在于复杂的网络中，并首次从图论上对派系进行了科学的定义。帕拉等认为，派系是由 3 个或 3 个以上的节点组成的全耦合网络，并于 2007 年开发了派系提取软件 CFinder 供研究者使用。基于帕拉等的定义，即派系是由 3 个或 3 个以上的节点组成的全耦合网络，以及大多派系的规模都集中在 3—派系到 5—派系之间。赵炎、栗铮（2019）给最基础的 3 类派系进行了定义：企业在 3—派系规模下的结派行为，记为初级结派行为；在 4—派系规模下的结派行为，记为中级结派行为；在 5—派系规模下的结派行为，记为高级结派行为（如图 2－9 所示）。假如一个企业在 3—派系规模下结派一次，则说明该企业属于一个 3—派系；假如一个企业在 3—派系规模下结派 2 次，则说明该企业同时属于 2 个 3—派系。

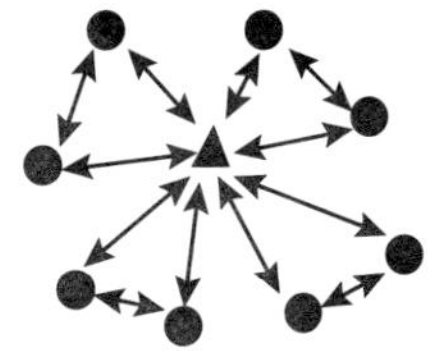

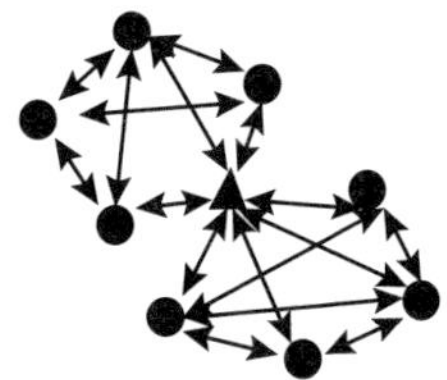

a）初级结派(junior clique)　　b）中级结派(middle clique)　　c）高级结派(senior clique)

图 2－9　初级结派、中级结派和高级结派

资料来源：赵炎、栗铮（2019）。

②k—派系—团体。“k—派系—团队”的概念，是由德雷尼等（Derényi et al.，2005）和亚当斯等（Adamcsek et al.，2006）首先提出来的。所谓团队（community，也称社团），是指网络中节点组成的节点子集合，子集合内的节点间连接比较紧密，各子集合间节点连接比较稀疏。换言之，派系是指一种特殊的节点子集合，子集合内的各节点间均两两相连，即一个全耦合的网络。团体可以看作是一系列相互连通的“派系”的集合。基于派系过滤挖掘算法，一般可将派系节点之间均有直接联系的完备子图称为“k—派系—团队”，即一个 k—派系—团队是由若干个彼此联通的 k—

派系构成的集合。如图 2－10 所示，ABCD 既是规模为 4 的派系，即 4—派系—团队。BDE 为规模为 3 的 3—派系—团队。当然，ABCD 也视为由规模为 3 的派系 ABC 和 BCD 所邻接形成的。

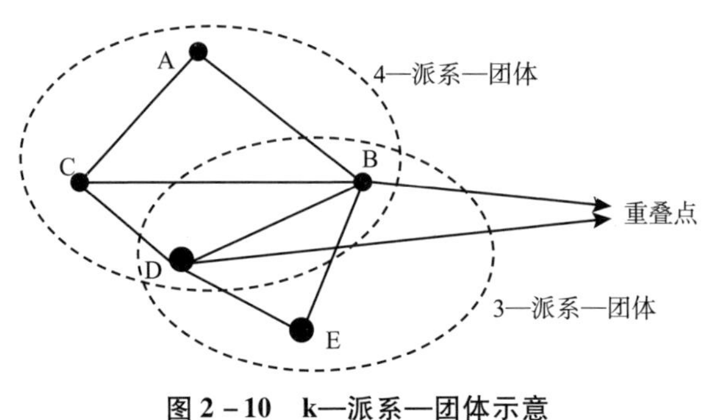

图 2－10　k—派系—团体示意

资料来源：赵炎、孟庆时（2014）。

派系团体结构。企业在与某一方结成网络后，又通过网络的形式连接了更多的企业，从而形成了一个相互之间有直接或间接联系关系的团体。很多实际的网络都具有团体结构。不同的重叠团体相互交织形成了复杂网络。团体结构如图 2－11 所示，每一个虚线框内均为一个团体。

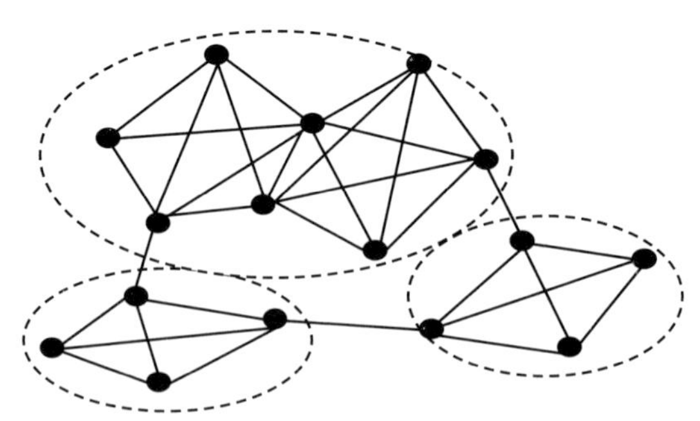

图 2－11　一个具有团体结构的网络示意

资料来源：赵炎、徐悦蕾（2018）。

针对重叠的团体结构。当“派系”内的总节点数为 k，即为“k—派系”。若两个k—派系共享k—1个节点，则称为k—派系相邻。若一个k—派系可以通过一系列相邻的k—派系而到达另一个k—派系，则称这两个k—派系彼此连通。综上所述，一个k—派系—团体是由若干个彼此连通的k—派系构成的集合。其中，某些节点可能属多个k—派系，但各个k—派系不连通，则这些节点就是不同k—派系—团体的重叠点。随着k的增大，结构会越来越紧凑（如图2-12所示）。

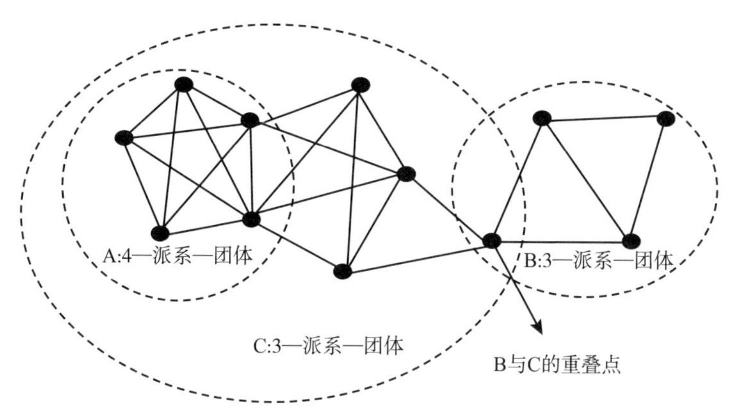

图2-12　一个具有k—派系—团体结构的网络示意

资料来源：赵炎、徐悦蕾（2018）。

③派系度。社会网络的一些度量方式，如中心度、集聚系数、结构洞等只能从普通的网络视角来研究派系团体。基于此，赵炎、徐悦蕾（2018）提出了一种新的度量方式——派系度，即从派系增长的角度，提出一个派系度U值，来描述结派的复杂度，公式如式（2-7）和式（2-8）所示。

$$U_n = U_{n-1} + F_n^2 \tag{2-7}$$

$$F_n = Q_{n-1} \times \frac{l_n}{L_n}$$
$$U_2 = 0 \tag{2-8}$$

式（2-7）是基于派系增长的角度所提出的累加公式：U_n 表示由 n 个企业节点组成的3—派系—团体的派系度；U_{n-1} 表示由 $n-1$ 个企业节点

组成的3—派系—团体的派系度；F_n^2 表示在 $n-1$ 个企业节点组成的3—派系—团体的基础上，第 n 个企业节点介入时的影响度。

式（2-8）中，Q_{n-1}表示 $n-1$ 个企业节点所形成的3—派系—团体的网络密度；l_n 表示第 n 个企业介入时新生成的连接数，即第 n 点的度；L_n 表示 n 个企业节点所形成的3—派系—团体的网络连接线总数。由于派系团体是中观层次的网络关系，在中观层次上一般不考虑节点数为2时所构成的简单二元关系，故设 $U_2=0$。

（2）派系对创新的影响。派系形成对于创新的影响，学者们有着不同的理解。也就是说，派系特有的高密度、高聚集及成员间全连通的网络特征对创新网络整体绩效的影响仍存在着争议（万炜等，2013）。我们将主要研究观点归纳为以下三类。

第一，派系有助于网络整体和网络中企业的创新。高密度、高聚集及成员间全连通的网络，有利于减少网络中企业间信息不对称性，增加彼此的信任（Zaheer et al.，2000）。因此，它比不具有这些网络特征的创新网络更具有创新产出能力（Melissa & Corey，2007）。但是在中国的情景下，上述创新产出能力主要表现为创新数量而非创新质量（万炜等，2013）。

第二，派系会抑制企业创新。格兰诺维特（Granovetter，1983）认为，强联结造成网络成员的知识冗余，而弱联结的网络成员之间联系不密切，知识差异化显著，更有利于知识、信息的传播和网络创新。伯特（Burt，1992）认为网络结构洞加强了企业的知识创造，断开的节点使企业能及时接触到多样化的信息，有利于企业的创新。因此，派系的封闭性及强联系的特性限制了群内企业获取的知识和信息的边界，降低了企业获取独特知识的能力。另外，派系内部创新源的一致性使企业创新所需的异质信息缺乏，不利于企业创新活动的开展，最终导致网络内部成员竞相模仿而不是追求创新。

第三，存在动态复杂的权变情况。整个网络中派系数量、每个派系的规模、派系内部企业间的联系密度及派系结构（派系度）均对企业创新能力有着重要的影响作用（Salazar et al.，2016）。首先，整个网络中的子群（派系）数量越多，即企业结派行为越频繁或越多派系的存在，对网络中企业创新能力的促进作用越大。但是影响具有明显的滞后性（赵炎、孟庆时，2014）。其次，合适派系规模才能促进企业创新绩效的提升。具体而言，企业在不同子群网络规模下的结派行为及其发生的频繁程度均与企业创新绩效有着倒“U”型的关系（赵炎、栗铮，2019）。最后，一方面，网络中的派系结构会随着资源禀赋及环境不确定性的强弱而变化（万炜等，2013）；另一方面，派系结构又会影响其内部企业的创新能力。首先，派系度与派系团体的创新能力之间以及企业的核心度对企业创新能力的影响均呈倒“U”型关系（赵炎、徐悦蕾，2018）。当企业的核心度小于某一特定值时，企业的创新能力随着核心度的增加而增强；当核心度大于这一特定值时，企业的创新能力随着核心度的增加而下降。其次，派系内部联系密度对网络内部企业创新能力有着不同的影响。企业自身初级、中级和高级的结派行为发生的次数均与企业创新呈倒“U”型关系（赵炎、栗铮，2019）。

2.3 本章小结

通过本章的研究，我们可以得到以下四个重要结论。

第一，创业现象是创业者、机会和资源三者共同作用的结果。机会的识别和利用、资源的获取和组合是创业现象中两个最本质过程，创业者只是这两个过程得以实现的驱动者。从经济转型的视角来看，制度、市场、技术等环境因素的一个或多个发生变化，就可能使经济体产生非均衡状态，从而产生创业机会。与发达经济体相比，由于转型经济体环境各要素的变化具有独特的特征，因此在转型过程中也将形成独特的创业机会。在经济转型过程中存在着三种类型创业机会：市场型创业机会、技术型创业机会和全球化创业机会。随着社会经济的变迁，市场型创业机会将会逐渐衰减，而技术型创业机会和全球化创业机会将会越来越呈现出来。在经济转型过程中，如何抓住技术型创业机会和全球化创业机会，除了创业者（企业家）的个人创业能力以外，创新资源、人力和技术资源、组织和声誉资源将起到越来越重要的作用。

第二，从创业现象来看，不管是企业衍生还是创业网络，乃至创业的“时—空”分布特征，都使创业者或创业行为呈现某种类似“派系”的特征。派系是创新网络中的一种特殊现象，它是基于互惠关系的网络成员之间相互选择而形成紧密结合的群体，它是网络子群体的典型表现形式，是创新网络演化过程中的局部网络集聚现象，即基于互惠关系的网络成员之间相互选择而形成紧密结合的群体，它是创新网络演化过程中的局部网络集聚现象。从企业参与合作的程度不同，由低到高可以把派系分为非正式派系、契约式派系和股权式派系；从价值链的角度，可将派系划分为研发优势派系、营销优势派系、生产优势派系；从合作关系的参与方不同，可将派系划分为政府牵头型派系、产学研型派系、纯商业型派系。

第三，整个网络中派系数量、每个派系的规模、派系内部企业的联系密度及派系度均对企业创新能力有着重要的影响作用。具体而言，整个网络中的子群数量越多，即网络中派系数量越多，对网络中企业创新能力的促进作用越大。网络中派系数对企业的创新能力的影响具有明显的滞后性。这说明，派系的存在或企业的结派行为有助于企业的创新行为，但是这种影响并非立即显现。每个派系的规模、派系内部企业的联系密度及派系度均与企业创新绩效存在倒“U”型关系。这说明，每个派系的合适规模、派系内部企业的合适联系密度及合适派系结构对企业创新能力有着重要的影响作用。总之，“拉帮结派”能够促进企业创业，但是企业嵌入派系时要考虑派系的适度规模。另外，在派系中，派系的结构和企业间联系强度也会影响企业创业的绩效。

第四，上述研究成果对于创业派系理论的建构有着重要的启发意义。

（1）创业派系的定义。从派系的角度来看，创业派系一般是指以特定关系为纽带所形成了具有相似或相同创业行为的创业者群体。

（2）创业派系的形成。从派系的角度来看，创业派系的形成一般也是由情感（先）和理性（后）共同决定的。这种情感主要是共同的文化和经营习惯，它们是影响具体个体从事相似或相同创业行为的最初因素；当个体成员从事相似或相同创业行为时，他们就自然而然地成为派系的一员时，创业派系所独特的资源、市场和影响力使得派系成员比非派系成员获得更多利益，这些利益将吸引更多个体加入派系，也使得派系成员更持久地维持派系，从而强化了派系的存在和发展。因此，决定派系的发展主要还是派系成员的风险规避和利益分配。所以，尽管创业派系形成很难一开始就可以通过政府设计来完成，但是对于创业派系的管理，政府政策仍具有一定的作用。

（3）创业派系的特征。从派系的角度来看，创业派系具有三个重要特征：其一，按照建立纽带的不同，创业派系内部存在着垂直和水平关系。前者主要是派系内部核心（平台）企业与一般企业的关系，后者主要是派系内部平等企业之间的关系。其二，派系形成初期往往是无组织或松散组织，成员之间更多的是相互帮助。后期往往呈现以内部核心企业和外部外围企业的特定组织架构，成员之间出现越来越多的是利益分配关系。其三，派系结构（派系规模、派系密度和中介中心性等）会影响派系整体的创业行为。另外，具体企业在派系内部所处的特定位置也会影响其创业行为。

第 3 章 浙江经济高质量发展与成因

3.1 浙江经济的基本概况

浙江地处中国东南沿海长江三角洲南翼，东临东海，南接福建，西与江西、安徽相连，北与上海、江苏接壤。境内最大的河流钱塘江，因江流曲折，称“之江”，又称“浙江”，省以江名，简称“浙”。浙江，省会杭州，现设杭州、宁波 2 个副省级城市，另有温州、嘉兴、湖州、绍兴、金华、衢州、舟山、台州、丽水 9 个地级市，37 个市辖区、20 个县级市、33 个县（其中一个自治县），619 个镇、259 个乡、482 个街道。根据 2020 年 11 月 1 日零时为标准时点进行的第七次全国人口普查数据显示，全省常住人口为 6 456. 7588 万人，与 2010 年第六次全国人口普查的 5 442. 6891 万人相比，10 年共增加 1 014. 0697 万人，增长 18. 63%，年均增长 1. 72%。全省常住人口中，居住在城镇的人口为 46 598 465 人，占 72. 17%；居住在乡村的人口为 17 969 123 人，占 27. 83%[①]。

① 资料来源：浙江省第七次人口普查主要数据公报 . https：//tjj. zj. gov. cn/art/2021/5/13/art_1229129205_4632764. html.

浙江是我国高产综合性农业区，茶叶、蚕丝、水产品、柑橘、竹制品等在全国占有重要地位。非金属矿产资源丰富，东海大陆架盆地有良好的石油和天然气开发前景。浙江位于我国东部沿海，处于欧亚大陆与西北太平洋的过渡地带，属典型的亚热带季风气候区。

据《2020年浙江省国民经济和社会发展统计公报》，2020年浙江省生产总值为64 613亿元，比2019年增长3.6%。分产业来看，第一产业增加值2 169亿元，比上年增长1.3%；第二产业增加值26 413亿元，比上年增长3.1%；第三产业增加值36 031亿元，比上年增长4.1%。2020年三次产业增加值结构为3.3∶40.9∶55.8。

浙江一直聚焦经济高质量发展。从纵向来看，近十年来一直保持着高质量的发展态势（如图3－1所示）。从横向来看，经济总量一直位居全国第四（如表3－1所示），人均GDP位居全国31个省区市中的第五（如表3－2所示）。

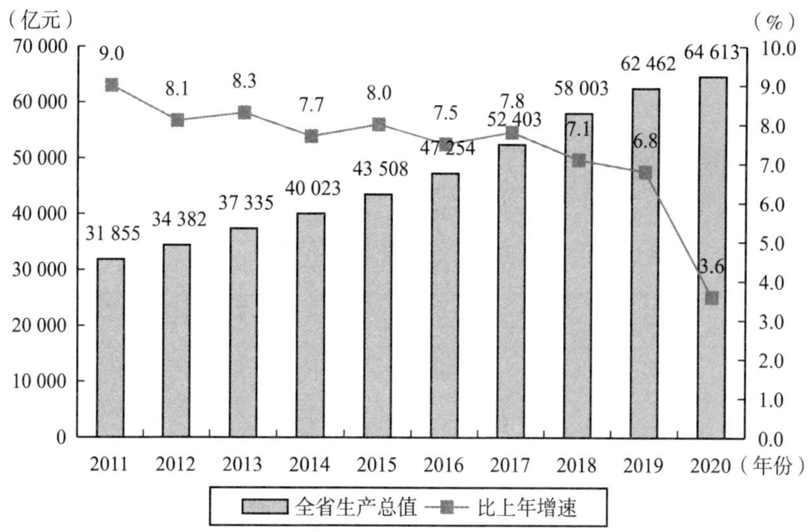

图3－1　2011～2020年浙江生产总值及其增长速度

表3－1　　2019年和2020年31个省区市GDP总量排名及增速

序号	区域	2020年GDP（亿元）	增长率（%）	2019年GDP（亿元）	增长率（%）
1	广东省	110 760.94	2.3	107 671.07	6.15
2	江苏省	102 719.00	3.7	99 631.52	6.10
3	山东省	73 129.00	3.6	71 067.50	5.50
4	浙江省	64 613.00	3.6	62 352.00	6.80
5	河南省	54 997.07	1.3	53 717.75	7.00
6	四川省	48 598.80	3.8	46 363.75	7.40
7	福建省	43 903.89	3.3	42 395.00	7.60
8	湖北省	43 443.46	－5.0	45 828.31	7.50
9	湖南省	41 781.49	3.8	39 894.14	7.60
10	上海市	38 700.58	1.7	38 155.32	6.00
11	安徽省	38 680.60	3.9	37 114.00	7.50
12	河北省	36 207.00	3.9	35 104.50	6.80
13	北京市	36 102.60	1.2	35 371.30	6.10
14	陕西省	26 181.86	2.2	25 793.17	6.00
15	江西省	25 691.50	3.8	24 757.50	8.00
16	辽宁省	25 115.00	0.6	24 909.50	5.50
17	重庆市	25 002.79	3.9	23 605.77	6.30
18	云南省	24 500.00	4.0	23 223.75	8.05
19	广西壮族自治区	22 156.69	3.7	21 237.14	6.00
20	贵州省	17 826.56	4.5	16 769.34	8.30
21	山西省	17 650.00	3.6	17 026.68	6.20
22	内蒙古自治区	17 360.00	0.2	17 212.50	5.20
23	天津市	14 083.73	1.5	14 055.46	4.80

续表

序号	区域	2020 年 GDP（亿元）	增长率（%）	2019 年 GDP（亿元）	增长率（%）
24	新疆维吾尔自治区	13 798.00	3.4	13 597.11	6.20
25	黑龙江省	13 698.50	1.0	13 544.40	4.00
26	吉林省	12 311.32	2.4	11 726.80	3.00
27	甘肃省	9 016.70	3.9	8 718.30	6.20
28	海南省	5 532.39	3.5	5 308.94	5.80
29	宁夏回族自治区	3 920.55	3.9	3 748.48	6.50
30	青海省	3 005.92	1.5	2 965.95	6.30
31	西藏自治区	1 902.74	7.8	1 697.82	8.10

资料来源：各省区市统计局数据；增长率按照不变价格计算。

表 3-2　　2020 年 31 个省区市人均 GDP 排名

排名	区域	2020 年 GDP（亿元）	2019 年常住人口（万人）	人均 GDP（元）
	全国	1 015 986	140 384.89	72 371
1	北京市	36 103	2 153.60	167 640
2	上海市	38 701	2 428.14	159 385
3	江苏省	102 719	8 070.00	127 285
4	福建省	43 904	3 973.00	110 506
5	浙江省	64 613	5 850.00	110 450
6	广东省	110 761	11 521.00	96 138
7	天津市	14 084	1 561.83	90 176
8	重庆市	25 003	3 124.32	80 027
9	湖北省	43 443	5 927.00	73 297

续表

排名	区域	2020 年 GDP（亿元）	2019 年常住人口（万人）	人均 GDP（元）
10	山东省	73 129	10 070. 21	72 619
11	内蒙古自治区	17 360	2 539. 60	68 357
12	陕西省	26 182	3 876. 21	67 545
13	安徽省	38 681	6 365. 90	60 763
14	湖南省	41 781	6 918. 40	60 391
15	海南省	5 532	944. 72	58 557
16	四川省	48 599	8 375. 00	58 029
17	辽宁省	25 115	4 351. 70	57 713
18	河南省	54 997	9 640. 00	57 051
19	宁夏回族自治区	3 921	694. 66	56 445
20	江西省	25 692	4 666. 10	55 061
21	新疆维吾尔自治区	13 798	2 523. 22	54 684
22	西藏自治区	1 903	350. 56	54 285
23	云南省	24 522	4 858. 30	50 474
24	青海省	3 006	607. 82	49 455
25	贵州省	17 827	3 622. 95	49 206
26	河北省	36 207	7 591. 97	47 691
27	山西省	17 652	3 729. 22	47 334
28	吉林省	12 311	2 690. 73	45 753
29	广西壮族自治区	22 157	4 960. 00	44 671
30	黑龙江省	13 699	3 751. 30	36 518
31	甘肃省	9 017	2 647. 43	34 059

资料来源：各省区市统计局数据。

经济高质量发展最终体现在人民生活水平的提高。从2021年全国31个省市区（不包含港澳台地区）全体城乡居民人均可支配收入50强市来看，除丽水市（人均可支配收入42 042元，估计排名在50~60位）外，浙江省11个城市中其余10个城市全部进入全国前50强（如表3－3所示），而且9个城市进入全国前25强。从2021年全国全体城市居民人均可支配收入50强市来看，浙江省11个城市全部进入全国前50强（如表3－4所示），而且9个城市进入全国前20强。从2021年全国全体农村居民人均可支配收入50强市来看，浙江省11个城市全部进入全国前50强（如表3－5所示），且所有城市进入全国前40强。从2021年全国全体城乡居民人均可支配收入50强县（市）来看，浙江30个县（市）进入全国前50强，占60%（如表3－6所示），且浙江14个县（市）进入全国前20强，23个县（市）进入全国前30强。

表3－3　2021年全国31个省区市全体城乡居民人均可支配收入50强市

排序	地区	城市	人均可支配收入（元）	排序	地区	城市	人均可支配收入（元）
1	上海市	上海市	78 027	12	广东省	东莞市	62 126
2	北京市	北京市	75 002	13	广东省	佛山市	61 700
3	广东省	深圳市	70 847	14	广东省	珠海市	61 530
4	广东省	广州市	68 808	15	浙江省	舟山市	60 848
5	江苏省	苏州市	68 191	16	浙江省	嘉兴市	60 048
6	浙江省	杭州市	67 709	17	浙江省	温州市	59 588
7	江苏省	南京市	66 140	18	广东省	中山市	57 901
8	浙江省	宁波市	65 436	19	浙江省	湖州市	57 497
9	福建省	厦门市	64 362	20	江苏省	常州市	56 897
10	江苏省	无锡市	63 014	21	浙江省	金华市	55 880
11	浙江省	绍兴市	62 509	22	湖南省	长沙市	55 587

续表

排序	地区	城市	人均可支配收入（元）	排序	地区	城市	人均可支配收入（元）
23	浙江省	台州市	55 499	37	山东省	东营市	45 808
24	新疆维吾尔自治区	克拉玛依市	51 751	38	四川省	成都市	45 755
25	山东省	青岛市	51 223	39	内蒙古自治区	鄂尔多斯市	45 638
26	湖北省	武汉市	50 890	40	辽宁省	沈阳市	44 914
27	江苏省	镇江市	50 360	41	辽宁省	大连市	44 853
28	内蒙古自治区	包头市	49 353	42	新疆维吾尔自治区	乌鲁木齐市	44 777
29	内蒙古自治区	乌海市	48 280	43	山东省	威海市	44 612
30	河北省	天津市	47 449	44	福建省	泉州市	44 331
31	海南省	三沙市	47 500	45	福建省	福州市	44 249
32	江苏省	南通市	46 882	46	江苏省	泰州市	43 777
33	山东省	济南市	46 725	47	广东省	惠州市	43 351
34	甘肃省	嘉峪关市	46 599	48	江西省	南昌市	42 965
35	安徽省	马鞍山市	46 557	49	浙江省	衢州市	42 658
36	安徽省	合肥市	46 009	50	内蒙古自治区	阿拉善盟	42 517

资料来源：各地（市）统计年鉴。

表 3－4　2021 年全国 31 个省区市全体城市居民人均可支配收入 50 强市

排序	地区	城市	人均可支配收入（元）	排序	地区	城市	人均可支配收入（元）
1	上海市	上海市	82 429	4	浙江省	杭州市	74 700
2	北京市	北京市	81 518	5	广东省	广州市	74 416
3	江苏省	苏州市	76 888	6	浙江省	宁波市	73 869

续表

排序	地区	城市	人均可支配收入（元）	排序	地区	城市	人均可支配收入（元）
7	江苏省	南京市	73 593	29	安徽省	马鞍山市	56 440
8	浙江省	绍兴市	73 101	30	湖北省	武汉市	55 297
9	广东省	深圳市	70 847	31	福建省	泉州市	55 011
10	江苏省	无锡市	70 483	32	浙江省	衢州市	54 577
11	浙江省	嘉兴市	69 839	33	内蒙古自治区	包头市	54 448
12	浙江省	温州市	69 678	34	山东省	威海市	54 264
13	浙江省	舟山市	69 193	35	江苏省	泰州市	53 818
14	浙江省	台州市	68 053	36	内蒙古自治区	鄂尔多斯市	53 676
15	浙江省	湖州市	67 983	37	福建省	福州市	53 421
16	浙江省	金华市	67 374	38	浙江省	丽水市	53 259
17	福建省	厦门市	67 197	39	安徽省	合肥市	53 208
18	江苏省	常州市	65 822	40	山东省	烟台市	53 169
19	广东省	珠海市	64 234	41	内蒙古自治区	呼和浩特市	53 026
20	湖南省	长沙市	62 145	42	四川省	成都市	52 633
21	广东省	东莞市	62 126	43	云南省	昆明市	52 523
22	广东省	佛山市	61 700	44	湖南省	株洲市	52 399
23	广东省	中山市	60 323	45	新疆维吾尔自治区	克拉玛依市	51 736
24	山东省	青岛市	60 239	46	天津市	天津市	51 486
25	江苏省	镇江市	59 204	47	江苏省	扬州市	50 947
26	山东省	济南市	57 449	48	辽宁省	沈阳市	50 566
27	江苏省	南通市	57 289	49	辽宁省	大连市	50 531
28	山东省	东营市	56 625	50	江西省	南昌市	50 447

资料来源：各地（市）统计年鉴。

表3-5　2021年全国31个省区市全体农村居民人均可支配收入50强市

排序	地区	城市	人均可支配收入（元）	排序	地区	城市	人均可支配收入（元）
1	浙江省	嘉兴市	43 598	26	江苏省	南通市	29 134
2	广东省	东莞市	43 188	27	四川省	成都市	29 126
3	浙江省	宁波市	42 946	28	安徽省	马鞍山市	28 331
4	浙江省	舟山市	42 945	29	河北省	天津市	27 955
5	浙江省	杭州市	42 692	30	广东省	惠州市	27 580
6	浙江省	绍兴市	42 636	31	江苏省	泰州市	27 401
7	广东省	中山市	41 750	32	江苏省	扬州市	27 354
8	江苏省	苏州市	41 487	33	湖北省	武汉市	27 209
9	浙江省	湖州市	41 303	34	安徽省	芜湖市	27 202
10	江苏省	无锡市	39 623	35	安徽省	合肥市	26 856
11	上海市	上海市	38 521	36	河南省	郑州市	26 790
12	湖南省	长沙市	38 195	37	浙江省	丽水市	26 386
13	广东省	佛山市	37 067	38	山东省	青岛市	26 125
14	浙江省	温州市	35 844	39	江苏省	盐城市	26 049
15	江苏省	常州市	35 822	40	福建省	泉州市	25 911
16	浙江省	台州市	35 419	41	山东省	威海市	25 692
17	广东省	广州市	34 533	42	湖南省	株洲市	25 657
18	广东省	珠海市	34 394	43	新疆维吾尔自治区	乌鲁木齐市	25 110
19	新疆维吾尔自治区	克拉玛依市	34 043	44	内蒙古自治区	阿拉善盟	25 204
20	浙江省	金华市	33 709	45	福建省	福州市	25 201
21	北京市	北京市	33 303	46	湖南省	湘潭市	25 036
22	江苏省	南京市	32 701	47	甘肃省	嘉峪关市	24 726
23	江苏省	镇江市	31 354	48	山东省	烟台市	24 574
24	福建省	厦门市	29 894	49	山东省	潍坊市	24 007
25	浙江省	衢州市	29 266	50	内蒙古自治区	乌海市	23 797

资料来源：各地（市）统计年鉴。

表3-6　2021年全国31个省区市全体城乡居民人均可支配收入50强县（市）

排序	地区	县（市）	人均可支配收入（元）	排序	地区	县（市）	人均可支配收入（元）
1	浙1	义乌市	77 468	26	浙19	新昌县	55 543
2	浙2	玉环市	68 138	27	浙20	岱山县	55 378
3	苏1	昆山市	67 871	28	浙21	嵊泗县	54 791
4	苏2	江阴市	67 555	29	浙22	东阳市	54 431
5	苏3	张家港市	66 101	30	浙23	永康市	54 213
6	苏4	常熟市	65 755	31	浙24	安吉县	54 069
7	苏5	太仓市	64 890	32	苏7	扬中市	53 720
8	浙3	诸暨市	64 766	33	浙25	桐庐县	52 970
9	浙4	慈溪市	63 951	34	浙26	宁海县	50 329
10	浙5	余姚市	63 381	35	湘1	长沙县	50 267
11	浙6	瑞安市	63 229	36	蒙1	霍林郭勒市	49 700
12	浙7	乐清市	62 942	37	湘2	浏阳市	49 503
13	浙8	海宁市	61 593	38	蒙2	二连浩特市	49 307
14	闽1	石狮市	61 590	39	苏8	溧阳市	49 521
15	浙9	海盐县	60 930	40	闽2	晋江市	48 849
16	浙10	平湖市	60 808	41	苏9	丹阳市	48 075
17	浙11	嘉善县	59 256	42	蒙3	锡林浩特市	47 847
18	浙12	温岭市	58 982	43	苏10	靖江市	47 400
19	浙13	宁海县	58 225	44	甘1	阿克塞县	46 890
20	浙14	德清县	57 837	45	浙27	平阳县	46 326
21	浙15	桐乡市	57 677	46	浙28	建德市	46 282
22	浙16	长兴县	57 202	47	蒙4	伊金霍洛市	46 089
23	浙17	象山县	56 312	48	鲁1	龙口市	46 000
24	浙18	嵊州市	56 242	49	浙29	永嘉县	45 953
25	苏6	宜兴市	55 852	50	浙30	江山市	45 133

资料来源：各地（市）统计年鉴。

3.2 浙江经济发展的主要阶段

从1949年中华人民共和国成立以来，我们根据市场经济体制的发展和改革进程，将浙江经济发展划分为萌芽期、探索期、完善期和成熟期四个阶段。

3.2.1 萌芽期

萌芽期：1949～1978年。中华人民共和国成立初期，我国农业、工业、国际国内贸易等国民经济各个方面整体处于复苏状态。但自1953年起，受多种因素的影响，基本上采取了以牺牲当前消费而重点发展重工业的政策。而后，又受到“大跃进”和“文化大革命”等的冲击，全国经济发展和人们生活水平提速缓慢。

在此阶段，浙江经济发展和全国情况类似，基本上体现计划经济和封闭经济。国民经济主要体现在以粮食种植为主的农业和以农副产品加工为主的轻纺工业（如表3－7和表3－8所示）。这段时间，农业的比重一直

表3－7　1949～1978年浙江的农、林、牧、副、渔业产值之比　单位:%

年份	农业	林业	牧业	副业	渔业	合计
1949	70.9	7.0	12.6	7.6	1.9	100
1952	74.3	4.8	11.8	5.2	3.9	100
1957	65.7	8.0	14.2	5.9	6.2	100
1965	65.3	4.6	16.9	6.4	6.8	100
1978	62.0	3.4	14.9	13.1	6.6	100

资料来源：浙江省经济研究中心．浙江省情1949～1984［M］. 杭州：浙江人民出版社，1986.

占据60%以上，其他林业、牧业、副业和渔业的比重较低，上述四业相加总和不到40%。在工业方面，主要以轻工业为主。这种产业结构的不均衡性和计划经济的影响，在某种程度上抑制了浙江经济的发展。

表3-8　　1949~1978年浙江轻重工业产值及比重

年份	绝对数（亿元）			比重（%）		
	合计	轻工业	重工业	合计	轻工业	重工业
1949	5.56	5.02	0.54	100	90.29	9.71
1952	10.39	9.28	1.11	100	89.32	10.68
1957	20.25	17.20	3.05	100	84.94	15.06
1965	39.55	29.63	9.92	100	74.92	25.08
1970	60.50	37.74	22.76	100	62.38	37.62
1975	74.52	47.76	26.76	100	64.09	35.91
1978	126.66	75.36	51.30	100	59.50	40.50

注：1949年、1952年按1952年不变价格计算；1957年、1970年按1957年不变价格计算；1975年、1978年按1970年不变价格计算。指数按可比价格计算。

资料来源：刘桂菊（2005）。

3.2.2 探索期

探索期：1978~1992年。1978年12月召开了党的十一届三中全会。会议提出把全党工作的着重点转移到社会主义现代化建设上来。这一时期是国家经济体制改革的关键期，逐步向社会主义市场经济体制转变，国家生产力得到了大力发展。1978年，我国国内生产总值为3 678.7亿元，到1991年，国内生产总值为22 005.6亿元①，是1978年的近6倍。

在此阶段，浙江全省生产总值从1978年的123.72亿元迅速增长至

① 国家统计局．中国统计年鉴2020［M］．北京：中国统计出版社，2020.

1991 年的 1 089.33 亿元，三次产业均呈上升趋势，其中第一产业比重下降逐渐，第二产业快速发展，第三产业开始发力并在 20 世纪 80 年代后期反超第一产业（如图 3－2 所示）。在人均生产总值方面，从 1978 年的 331 元，增长至 1991 年的 2 558 元，增幅明显。

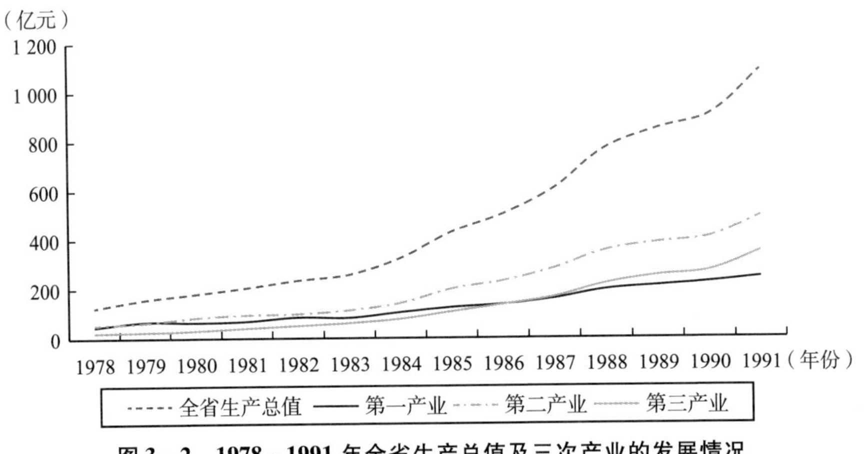

图 3－2　1978～1991 年全省生产总值及三次产业的发展情况

资料来源：根据《2020 年浙江统计年鉴》（http：//tjj. zj. gov. cn/col/col1525563/index. html）整理而成。

3.2.3　完善期

完善期：1992～2012 年。1992 年初，当时中国特色社会主义发展处于关键时刻，邓小平同志及时发表了南方谈话，科学地回答了中国社会主义实践中所面临的关于发展的系列核心问题，为我国接下来的发展擘画蓝图并提出正确的方向。1992 年我国国内生产总值为 27 194.5 亿元，而到了 2011 年，国内生产总值达到 487 940.2 亿元①，是 1992 年的近 18 倍。

在此阶段，浙江全省生产总值从 1992 年的 1 375.7 亿元增长至 2012 年

① 国家统计局．中国统计年鉴 2020［M］．北京：中国统计出版社，2020.

的34 739.13亿元，10年间全省生产总值增长了近25倍。人均生产总值，从1992年的3 212元，增长至2012年的63 508元，10年间增长了18倍以上。该阶段，浙江民营经济发展活跃，第一产业发展较为平稳，第二产业、第三产业持续保持快速上升态势且两者产值逐渐接近（如图3-3所示）。

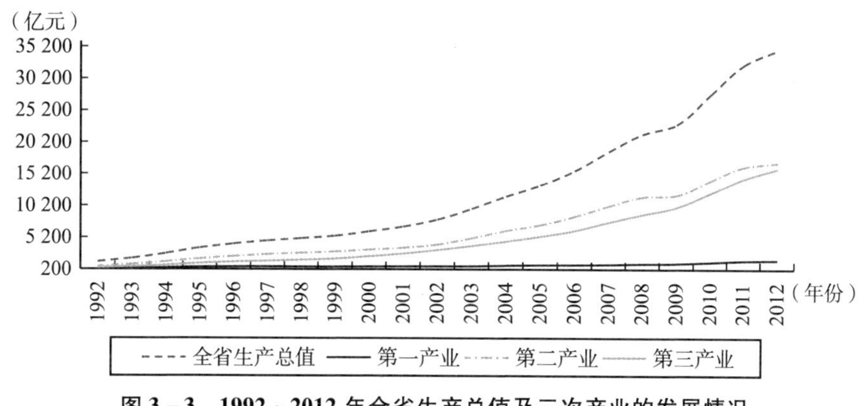

图3-3 1992~2012年全省生产总值及三次产业的发展情况

资料来源：根据《2020年浙江统计年鉴》（http：//tjj.zj.gov.cn/col/col1525563/index.html）数据整理而成。

3.2.4 成熟期

成熟期：2012年至今。自2012年召开中共第十八次全国代表大会以来，我国不断深化经济体制改革，推进经济结构战略性调整，全面提高开放型经济水平，中国特色社会主义进入了新时代。2012年，国内生产总值为538 580.0亿元，到了2019年，国内生产总值为990 865.1亿元①，是2012年的近2倍。

在此阶段，浙江全省生产总值从34 739.13亿元增长至62 352亿元，增长近一番。第一产业继续平稳发展。从2014年开始，第三产业产值开

① 国家统计局．中国统计年鉴2020［M］．北京：中国统计出版社，2020.

始超越第二产业，一直处于领先地位（如图 3－4 所示）。在人均生产总值方面，从 2012 年的 63 508 元，增长至 2019 年的 107 625 元。

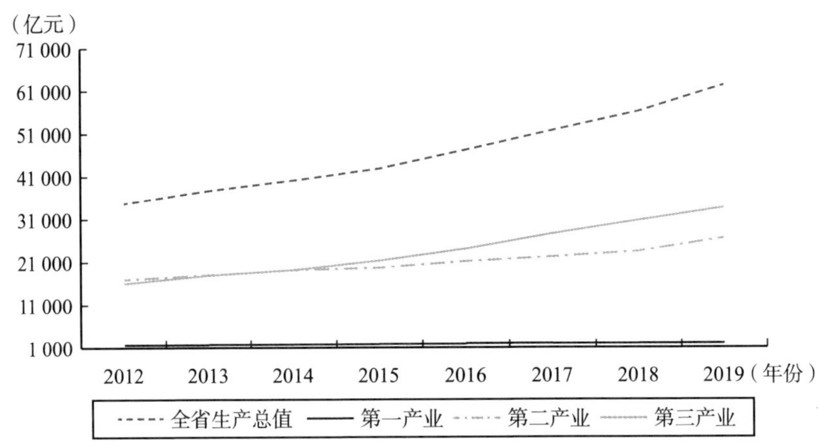

图 3－4　2012～2019 年全省生产总值及三次产业的发展情况

资料来源：根据《2020 年浙江统计年鉴》（https：//tjj. zj. gov. cn/col/col1525563/index. html）数据整理而成。

浙江经济之所以能够保持经济高质量发展，从产业发展的角度而言，浙江一直追求产业结构优化，大力发展高新技术产业、新兴产业和现代服务业。从经济发展的动力来看，浙江很好地处理政府改革和宏观调控（看得见的手）和民营企业创新创业（看不见的手）两者的有机统一，即地方政府的锐意改革和企业家的持续创新。民营经济的快速成长已成为浙江经济高质量发展的“密码”。

3.3　浙江经济高质量发展与产业结构优化

2003 年以来，在“八八战略”的指引下，浙江产业结构不断优化，经济发展质量不断提升，已跨入高质量发展新阶段[①]。“十三五”期间，浙江创新型省份建设走在全国前列，数字经济领跑全国，对外开放能级不断提升。2020年，习近平总书记亲临浙江视察，赋予浙江建设“重要窗口”的新目标新定位，为浙江高质量发展指明了战略方向。但与此同时，我们仍要清醒地看到，浙江经济高质量发展的基础尚不稳固，还存在着战略性新兴产业还未形成有力支撑、传统产业改造提升不够快、科技创新能力还不够强、关键核心技术“卡脖子”比较突出等诸多问题[②]，其主要特征在于产业结构不合理、缺乏结构优势（康达、王积建，2020）。在此，我们希望通过基于浙江经济的实证的研究来回答产业结构优化与经济高质量发展的内在关系。

3.3.1 理论回顾与研究假设

尽管学者们从不同视角对经济高质量发展进行了大量的探讨，但对其内涵的界定仍没有形成一致的观点，不过以下两点已达成基本共识。其一，高质量发展是更可持续的经济增长；其二，更可持续的经济增长是由产业结构优化和技术进步共同推动实现的（王桂军等，2020）。因此，由产业结构优化促进的经济增长是经济高质量发展的一条重要特征。

经济增长常被用来比较国家间或地区间的相对经济发展程度。考察经济增长的最常用指标是GDP及其增长速度。因此，我们参考高洋（2018）和王智毓（2020）等的研究，选取生产总值GDP及其增长速度作为衡量浙江省经济增长或经济高质量发展的指标。

由于不同的产业结构将产生不同的经济增长。因此，我们从以下两个层面来分析产业结构优化的度量。

① 浙江省统计局．新中国成立70年浙江经济结构持续优化升级［J］. https：//tjj. zj. gov. cn/art/2019/8/29/art_1562012_37345537. html.

② 郑栅洁．2021年浙江省政府工作报告（全文）［J］. https：//baijiahao. baidu. com/s? id = 1690445581167096466&wfr = spider&for = pc.

从相对中短期而言，产业结构优化主要体现在产业结构的合理化和高级化程度这两个维度。产业结构合理化指的是产业间的聚合质量，是要素投入结构和产出结构耦合程度的一种衡量。干春晖等（2011）建议使用泰尔指数（Theil Index，TI）作为其衡量指标，如式（3－1）所示。其中，Y 表示产值，L 表示就业人数，i 表示产业，n 表示产业部门数。当经济处于均衡状态时，$Y_i/L_i = Y/L$。因此，TI 值越趋向于 0 表示产业结构越趋合理。

$$TI = \sum_{i=1}^{n}\left(\frac{Y_i}{Y}\right)\ln\left(\frac{Y_i}{L_i}\Big/\frac{Y}{L}\right) \tag{3-1}$$

产业结构高级化是指要素和资源从劳动生产率较低的产业部门向劳动生产率较高的产业部门转移，使得不同产业部门的劳动生产率共同提高的过程，其实质是技术创新带来的生产效率在不同产业部门的不同表现。产业结构高级化（TS）可用公式（3－2）表示，其中，Y 表示产值，L 表示就业人数，i 表示产业，n 表示产业部门数。该指标越大，意味着产业结构高级化程度越高。具体而言，它不仅表示产业结构比例关系的演进方向，同时也反映劳动生产率的不断提高过程（周阳敏、王前前，2020）。

$$TS = \sum_{i=1}^{n}\left(\frac{Y_i}{Y}\right)(Y_i/L_i) \tag{3-2}$$

从相对较长时期来看，随着上述产业结构合理化和高级化程度的不断推进，逐渐表现为以三次产业比重变化为主要特征的产业结构优化（Zhang，2015），即产业结构调整。地区产业结构调整之所以能持续促进经济增长，不仅是因为区域经济发展需要拥有比较完善的产业结构体系（车维汉，2004），更是由于随着由各产业间要素收益差异引发的供给结构变化而适应需求结构变化，进而促进经济增长（Pasinetti，1981；Chenery，1989）。从现实的情况来看，一方面，由于制造业技术创新程度较高导致其劳动生产率快速提升，出现了在工业化阶段普遍表现出来的以工业化为主导的产业结构演化趋势，而这种态势保证了经济的快速增长（刘春济等，2014）；另一方面，在工业化后期和后工业化阶段，又显著呈现了以第二产业占比快速下降而第三产业占比快速提升的现象。有学者认为上述现象存在某种“悖论”，因为传统的第三产业（生活性服务业）技术创新带来的生产效率提升普遍低于制造业技术创新导致的劳动生产率提升，所以他们认为上述产业结构变动在一定程度上抑制了经济增长，即如果第三产业处于主导位置将减缓整体生产力的增长（刘文利，2006）。

以浙江省为例，2010～2019 年的 10 年中三次产业结构呈现第一产业占比逐渐下降，第三产业占比逐渐上升的趋势，从 2015 年开始第三产业占比已明显超过第二产业占比（如图 3－5 所示）。其实，形成上述经济现象和理论中所存在的看似矛盾的观点，可能是由于缺乏深入研究第三产业内部深层次演化的结果。以浙江省为例，2004～2018 年的 15 年中第三产业内部结构呈现生活性服务业占比逐渐下降，而生产性服务业占比逐渐上升并最终占主体的趋势（如图 3－6 所示）。相较于提供解决居民日常生活所需要的产品和服务的生活性服务业，格林菲尔德（Greenfield）就将生产性服务业定义那些最终为商业企业和制造企业服务的行业（刘书瀚、于化龙，2020）。生产性服务业对知识外溢及技术进步的推进作用将有力地推动区域的技术创新，进而推动经济增长（温婷，2020）。另外，在生产性服务业中，其内部的细分行业也在发生深刻的演化（如图 3－7 所示）。由图 3－7 可知，一方面，在细分的六个行业的共同拉动下，生产性服务业的表现明显增长；另一方面，为企业服务的批发和零售业发展速度最快。

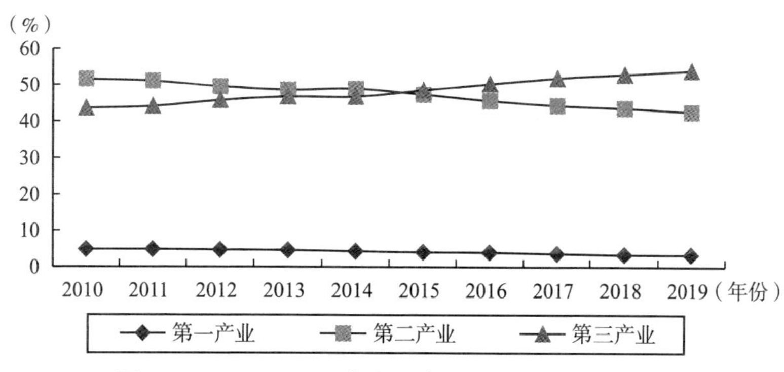

图 3－5　2010～2019 年浙江省三大产业占 GDP 比重

资料来源：《浙江统计年鉴》（2011～2020）。

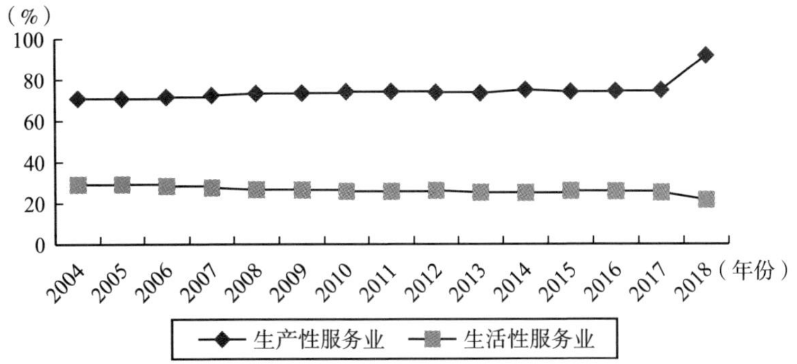

图 3-6　2004~2018 年浙江省第三产业细分行业占第三产业产值比重

资料来源：《浙江统计年鉴》（2005~2019）。

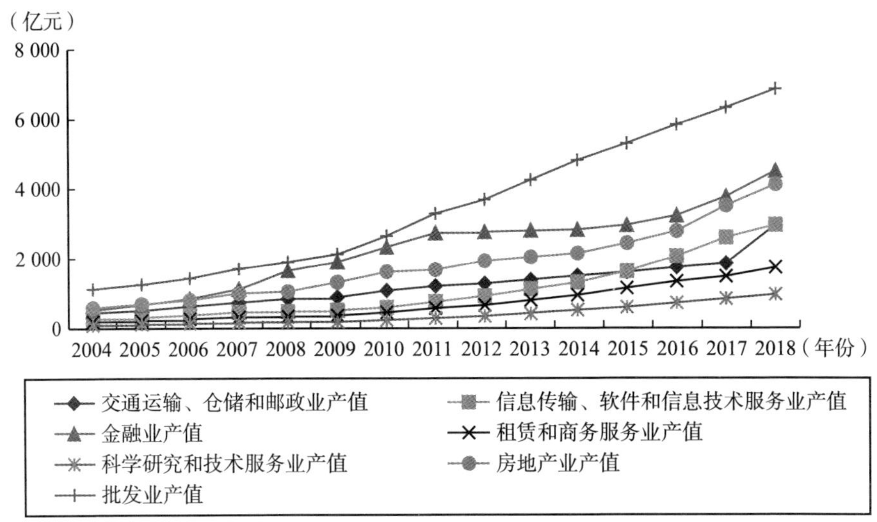

图 3-7　2004~2018 年浙江省主要生产性服务业细分行业产值变化

资料来源：《浙江统计年鉴》（2005~2019）。

综上所述，我们初步可以得出两个研究结论：一是经济高质量发展是由于技术创新导致劳动生产率提升的过程。在产业优化上表现为产业结构的合理化和高级化，并最终引起三次产业结构的演化；二是随着经济高质量发展的推进，将总体呈现“三二一”产业结构的趋势。“三二一”产业结构的出现并没有抑制了劳动生产率提升和经济增长，这是由于这里的第三产业往往是以生产性服务业为主体。基于此，我们提出：

假设1：产业结构合理化促进经济增长；

假设2：产业结构高级化促进经济增长；

假设3：第三产业对经济增长具有更显著的拉动作用；

假设4：生产性服务业发展促进第三产业增长作用更为显著。

3.3.2 数据来源和变量设计

为分析浙江省产业结构优化对经济增长的影响，我们选择2010～2019年10年间浙江省内73个市（县）的相关经济指标作为研究对象。数据来源于历年的《浙江统计年鉴》。在研究变量的设计上，主要根据《国民经济行业分类（GB/T4754—2011）》《生活性服务业统计分类（2019）》及参考白雪（2019）对生活性服务业细分行业分类的标准，变量分类如表3－9所示。

表3－9　变量的分类及符号

类型	度量类别	符号
被解释变量（经济增长）	生产总值—GDP总量	GDP
解释变量（产业结构）	第一产业产值	Pi
	第二产业产值	Si
	第三产业产值	Ti
第三产业分类	生产性服务业产值	Pro_ser
	生活性服务业产值	Life_ser
生产性服务业细分行业	交通运输、仓储和邮政业产值	Tra_
	金融业产值	Fin_
	信息传输、软件和信息技术服务业产值	Tech_
	租赁和商务服务业产值	Lea_

续表

类型	度量类别	符号
生产性服务业细分行业	科学研究和技术服务业产值	Sci_
	房地产业产值	Esta_
	批发和零售业产值	Sales
生活性服务业细分行业	居民服务、修理和其他服务业产值	Res_
	住宿和餐饮业产值	Lodg_
	水利、环境和公共设施管理业产值	Pub_
	教育产值	Educ_
	卫生和社会工作产值	Wel_
	文化、体育和娱乐业产值	Cul_
	公共管理、社会保障和社会组织产值	Sec_

资料来源：《浙江统计年鉴》。

3.3.3 实证研究

3.3.3.1 产业结构合理化与经济高质量发展

通过相关数据，我们计算了 2010 ~ 2019 年浙江省产业结构合理化指标，即泰尔指数（如图 3 – 8 所示）。由图 3 – 8 可知，尽管泰尔指数存在一定波动起伏，但是总的趋势是在不断下降的。这说明，虽然浙江省产业结构还存在不合理、不均衡的情况，但是其整体发展趋势正日趋合理。

为证明产业结构合理化对于浙江省经济高质量发展的影响，我们将产业结构合理化与 GDP 进行回归分析。由于产业结构合理化程度为相对数值，因此我们借鉴王弟海（2021）的研究方法，使用 GDP 增长率衡量地区经济增长。两者回归结果如表 3 – 10 所示。尽管检验结果并不显著，但是随着产业结构合理化程度每提高1%，将拉动浙江省GDP增长速度增加0.475%。这说明产业结构合理化程度对区域经济增长仍有一定作用。之所以存在两者不显著性（即假设1并没有通过检验），可能的原因是没有考虑控制变量或浙江省产业结构长期本身比较合理（波动较小）所致。

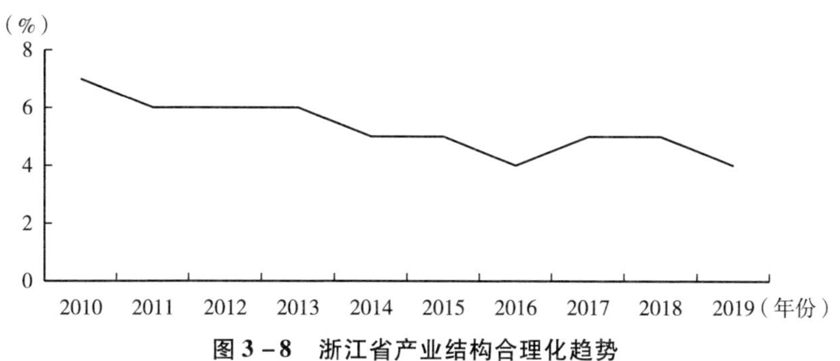

图3-8 浙江省产业结构合理化趋势

表3-10 产业结构合理化和GDP增长率的回归结果

变量	系数	标准差	t检验	p值	显著性
TI	0.475	1.217	0.39	0.707	
Constant	0.079	0.062	1.27	0.239	
R^2	0.025		F检验	0.152	

3.3.3.2 产业结构高级化与经济高质量发展

运用公式（3-2），我们计算2010~2019年10年间浙江省产业结构高级化程度（如图3-9所示）。我们可以发现浙江省产业结构高级化程度呈现逐年不断增高的明显趋势。

考虑到指标产业结构高级化程度为绝对数值，因此将其与浙江省GDP进行回归，结果如表3-11所示。该结果显示产业结构高级化程度与浙江省生产总值的增加呈正相关关系，且在1%水平上显著。这说明，随着产业结构高级化程度每提高1%，将带动浙江省GDP增长0.09%。这说明假设2（产业结构高级化促进经济增长）通过了检验。

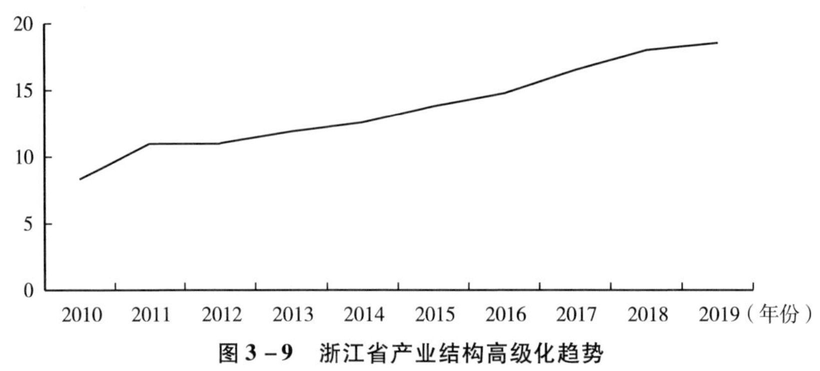

图3-9　浙江省产业结构高级化趋势

表3-11　　产业结构高级化与GDP回归结果

lnGDP	系数	标准差	t检验	p值	显著性
TS	0.09	0.004	23.74	0	***
Constant	9.523	0.051	188.14	0	***
R^2	0.9914		F检验	563.551	

注：*** 表示在10%水平上显著。

3.3.3.3　三次产业结构与经济高质量发展

（1）三大产业与生产总值的回归。OLS回归模型衡量产业结构对经济增长影响是一种常用方法，使用标准误差检查回归的 R^2 以及适用性，有显著的公正性和可靠性。公式为 $GDP_i = \beta_0 + \beta_1 \times P + \beta_2 \times S + \beta_3 \times T + \mu_i$。其中：$P$ 代表第一产业产值，S 代表第二产业产值，T 代表第三产业产值，μ_i 为误差项，代表除该三个变量以外所遗漏的变量。

本研究使用多元回归方法，以每一年为时间区间，自变量为三大产业产值数据，因变量为该年的生产总值，以发现产业结构对经济增长的影响程度及变动趋势（如表3-12所示）。从表3-12可知，综合来看模型通过了显著性检验：从全部因素的总体影响看，在5%显著性水平上拟合优

度 R^2 接近于1，回归方程的拟合优度相当好；另外，三个变量在大部分情况下都显示显著，说明浙江省三大产业对 GDP 的共同影响是显著的。另外，我们也能明显看出，在浙江经济发展中，第三产业的贡献程度远比第二产业和第一产业大。这说明假设3（第三产业对经济增长具有更显著的拉动作用）通过了检验。

表 3－12　　　　三大产业产值与 GDP 的回归结果

系数（显著性）	2010 年	2011 年	2012 年	2013 年	2014 年	2015 年	2016 年	2017 年	2018 年	2019 年
第一产业	0. 0583***	0. 0806***	0. 0729***	0. 0706***	0. 0683***	0. 182*	0. 183*	0. 190*	0. 169*	0. 146*
第二产业	0. 495***	0. 417***	0. 421***	0. 412***	0. 413***	0. 304	0. 269	0. 289*	0. 282*	0. 257*
第三产业	0. 442***	0. 503***	0. 504***	0. 514***	0. 517***	0. 401*	0. 428**	0. 407**	0. 423**	0. 464***
R^2	0. 999	0. 999	0. 999	0. 999	0. 999	0. 913	0. 907	0. 905	0. 902	0. 900

注：*、** 和 *** 分别表示在1%、5% 和10% 水平上显著。

（2）生产性服务业、生活性服务业与第三产业生产总值的回归。由图3－5可知，随着浙江经济的高质量发展，第三产业对经济的拉动作用日益显著。但是从图3－6中我们发现，第三产业内部的生产性服务业和生活性服务业两者增长却存在显著差异。因此，在此我们想探究这两个细分行业对于第三产业发展的影响程度。由于2013年数据缺失及2019年部分数据缺失，本书只能选用浙江省2004～2018年的相关数据进行实证分析。

回归结果如表3－13所示，生产性服务业和生活性服务业都在10%水平上显著，该模型拟合优度等于1，说明回归方程的解释能力很好，表明生产性服务业和生活性服务业产值的增加有助于提升浙江省第三产业的产值。其中，生产性服务业产值每增加1个单位，第三产业产值增加0. 709个单位，但是生活性服务业产值每增加1个单位仅引起第三产业产值增加

0.296 个单位。因此生产性服务业对于第三产业产值的拉动作用更为显著。这说明假设 4（生产性服务业发展促进第三产业增长作用更为显著）通过了检验。

表 3－13　　生产性服务业、生活性服务业与第三产业的线性回归结果

变量	系数	标准差	t 检验	p 值	显著性
lnPro_ser	0.709	0.012	57.55	0	***
lnLife_ser	0.296	0.014	21.55	0	***
Constant	0.566	0.005	104.73	0	***
R^2	1.000		F 检验	1 379 702.219	

注：*** 表示在 10% 水平上显著。

（3）生产性服务业细分行业与第三产业的回归。由图 3－7 可知，随着浙江经济的发展，第三产业内部不同细分行业增长呈现明显的差异性。因此，本节将对生产性服务业细分行业对第三产业增长的促进作用进行实证研究，实证结果如表 3－14 所示。

表 3－14　　第三产业细分行业与第三产业产值的回归结果

变量	(1)	(2)	(3)	(4)	(5)
	ols_	ols_1	ols_2	ols_3	ols_4
lnTra_	0.0787 (0.0799)				
lnTech_	0.106 ** (0.0396)				0.170 *** (0.0143)
lnFin_	0.198 *** (0.0259)			0.106 *** (0.0285)	0.218 *** (0.00960)

续表

变量	(1)	(2)	(3)	(4)	(5)
	ols_	ols_1	ols_2	ols_3	ols_4
lnLea_	0.198*** (0.0661)				
lnSci_	-0.0423 (0.0715)				
lnEsta_	0.181*** (0.0174)		0.498*** (0.0481)	0.376*** (0.0437)	0.173*** (0.0226)
lnSales	0.271*** (0.0412)	0.973*** (0.0256)	0.505*** (0.0395)	0.513*** (0.0378)	0.380*** (0.0244)
_cons	2.359*** (0.193)	1.674*** (0.205)	1.747*** (0.0893)	1.780*** (0.0505)	2.340*** (0.0506)
N	14	14	14	14	14
R^2	1.000	0.992	0.999	1.000	1.000

注：** 和 *** 分别表示在5%和10%水平上显著。

ols_模型是将第三产业生产总值与所有细分行业进行回归。研究发现，科学研究和技术服务业对于第三产业的产值结果负相关影响，其可能的情况是该行业对第三产业的增长存在滞后效应，即研发投入在滞后期约为3年的情况下促进第三产业的增长（辛璐、罗守贵，2020）。ols_1模型是将批发和零售业单独作为变量进行回归，发现在该模型中拟合优度 R^2 下降明显。因此，再加入产值略大的房地产业作为变量，即 ols_2，该回归结果显示所有变量在5%显著性水平上都是显著的，且 R^2 提高到0.998。而后，再逐步加入细分行业产值大于第三产业产值占比超过10%的金融业及科学研究和技术服务业作为变量进行研究，分别得到 ols_3 和 ols_4 两模型。实证发现，在 ols_4 模型中，变量间的统计关联度较为合理，且拟合优度为1。由于所有变量均处于显著水平，且拟合优度与参考回归并无太大变化，因此 ols_4 模型最为合适。

通过 ols_4 回归模型发现：就生产性服务业细分行业而言，按促进浙江第三产业增长贡献率来看，依次是批发和零售业、金融业、房地产业和信息传输、软件和信息技术服务业。

通过上述研究，我们得到以下三个重要结论和启示。

第一，高质量发展是更可持续的经济增长，更可持续的经济增长是由技术进步和劳动生产率提升共同实现的，并自然而然地导致三次产业结构的变迁。由技术进步和劳动生产率提升的产业结构优化所促进的经济增长是经济高质量发展的重要路径。因此，要避免将经济增长与经济高质量发展对立化的倾向。没有增长不可能有质量，当然，没有质量的增长也不是高质量发展。

第二，三次产业结构演化的基础力量是产业结构高级化。离开产业结构高级化而人为地强制干预三次产业结构将是本末倒置，它很难实现区域经济的高质量发展。由于我国国土辽阔，区域间经济差异性较大，不同地区处于工业化的不同阶段，大部分地区仍处于工业化中期或中后期。因此，制造业仍应成为当前乃至以后一段时间我国绝大部分地区重点发展的产业。离开制造业片面追求服务业将会带来地区经济的停滞。

第三，随着经济高质量发展，出现“三二一”产业结构有其必然性。在经济发展水平较高的地区或国家出现的“第三产业为主体”现象，其关键是形成了技术含量更高的生产性服务业为主体的第三产业。对于经济较发达地区而言，积极发展现代服务业是合理的，但是应该以生产性服务业为主体。

3.4 浙江经济高质量发展与地方政府锐意改革

自改革开放以来，我国区域经济发展主要存在以下两种主导模式：以市场力量为主导的产业集群发展模式和以行政力量为主导的开发区发展模式。综观浙江经济发展整体历程，基本上是以第一条道路为主。因此，本节将通过对浙江产业集群演化和发展过程的简单回顾，分析地方政府在产业集群发展每个阶段出台的主要政策，以此阐述政府改革对于推动区域经济发展的重要作用。

回顾浙江产业集群的发展历史，基本可总结为以下五个阶段。在这五个阶段中，政府政策起到了重要的推动作用。

第一阶段：浙江产业集群雏形的形成（1978～1991 年）。从本章 3.2 节可知，作为以农业经济为主的浙江，面临土地资源的严重缺乏，“七山二水一分田”是浙江农业资源的形象概括，加上浙江其他自然资源的匮乏及当时城市工业经济的薄弱基础，农村工业化是浙江经济发展的唯一出路。随着党的十一届三中全会的召开，浙江农村改革拉开序幕。20 世纪 80 年代初，浙江开始了“村村点火、户户冒烟”的农村工业化进程，形成大量劳动密集型产业。为解决产品出路，浙江推进了以小商品市场和各级各类专业批发市场建设为核心的“市场化”工程。当时，浙江省各类专业村、专业镇、专业市场不断涌现，带动形成了一批各具特色的“块状经济”。因此，浙江省“块状经济”起源于农村工业化，家庭工业、专业市场是其形成的重要经济基础。此阶段“块状经济”的主要特征是产业集聚。从浙江经济的发展过程来看，此阶段可称为浙江经济的第一次转型，即从传统农业经济向农村工业经济转型。此阶段，政府的改革主要集中在鼓励农民创业，提供生产经营的场所并提供宽松的政策环境。义乌县委老书记谢高华为了满足义乌老百姓摆摊的强烈需求，专门划了一条街，从义乌湖清门到火车站，让老百姓集中摆摊。后面逐步演变成举世闻名的义乌小商品城。正如浙江省委原书记李泽民所言：浙江改革发展取得的成功经验是人民群众创造的，发展过程中的思想禁锢也首先是人民群众和基层干部突破的。对于改革发展过程中人民群众的探索，省委省政府和各级领导班子采取了宽容的态度，创造了宽松的发展环境[①]。

第二阶段：浙江产业集群的基本形成（1992～2001年）。随着邓小平同志的南方谈话，党中央在对我国过去经济社会发展进行系统总结的基础上，科学地回答了中国社会主义实践中所面临的关于发展的系列核心问题，为我国接下来的发展提供了正确的方向。浙江干部和群众思想进一步解放，也受到极大的鼓舞。1992年12月15日至1993年1月邓小平同志到浙江视察，他提出一定要把经济搞上去，坚持以经济建设为中心不能动摇[②]。邓小平的南方谈话和对浙江考察中的讲话对于浙江解放思想、转变观念、抓住机遇和加快发展具有重大的历史意义。此阶段，一方面，浙江推进以市场化改革为导向的国企改革，释放体制活力；另一方面，浙江丝绸、轻工、食品和建材四大传统产业和机械、电子、化工和医药四大新兴产业初具雏形，并形成了以外向型经济为特色的浙江“块状经济”。与此同时，浙江加快发展专业市场建设。到“八五”期末，全省有各类市场4 480多个，年成交总额达近2 800亿元，浙江成为名副其实的“市场大省”（徐梦周等，2015）。另外，第二产业与第三产业保持持续同步快速上升态势，浙江初步工业化进程基本完成。到1996年，浙江经济总量已名列全国第四。因此，从浙江经济的发展过程来看，此阶段可称为浙江经济的第二次转型，即从农村工业经济向整体工业经济转型。此阶段，政府的改革主要集中在三个方面：第一，面对国内外经济和社会动荡，尤其20世纪90年代初东欧剧变，浙江政府努力做到稳定政策、稳定经济、稳定人心和稳定大局；第二，浙江政府肯定和鼓励“温州模式”，放手大胆鼓励非公有制经济发展，使之成为浙江经济发展的一个重要增长点；第三，积极推进乡镇企业和国有企业的产权制度改革，既促进了乡镇工业的大发展又探索了现代企业制度和混合所有制的建设；第四，实施强县战略，积极促进县域积极发展。县域经济的发展对于以工助农，城乡统筹和

---

① 柴燕菲．浙江改革开放40年口述历史［M］．杭州：浙江科学技术出版社，2018：2.

② 柴燕菲．浙江改革开放40年口述历史［M］．杭州：浙江科学技术出版社，2018：6.

产业集群发展起到了积极的促进作用。

第三阶段：浙江产业集群竞争优势的形成（2002~2008年）。到1996年，浙江经济总量尽管已名列全国第四，但是由于浙江经济的主体是由农村发展起来的乡镇工业。这种模式发展起来的乡镇工业，天然存在企业规模较小，产业技术含量较低的特征。因此，此阶段浙江产业集群发展主要聚焦于推进由要素和投资驱动向创新驱动转变，实施以“两化融合”为主的新型工业化。具体来讲，一方面，从存量方面而言，重点解决占经济比重60%左右的劳动密集型块状经济的低端化问题；另一方面，从增量方面而言，提出在全省建设“10个左右全国性制造中心、20个左右国内重要的产业基地”目标，努力实现块状经济向产业集群转变。此阶段可称为浙江经济的第三次转型，即从整体工业化向新型工业化转型。此阶段，政府的改革主要集中在三个方面：第一，对于乡镇工业产品质量的提升。针对温州等地出现的大量假冒伪劣产品，政府提出了“整顿、杜绝、打击、扶持”的工作方针。重点在“扶持”。通过这些工作，浙江产品质量大幅度提升。第二，经过20多年的持续高速增长，21世纪初浙江遇到了“成长的烦恼”。主要表现为资源要素短缺、环境承载制约和低成本优势下降等三个方面。浙江政府加大电力设施建设努力解决“用电荒”，通过实施“保护、保障、挖潜、集约”的方针努力解决“用地荒”。第三，提出了“八八战略”2003年，时任浙江省委书记的习近平作出了“发挥八个方面的优势”“推进八个方面的举措”的决策部署，简称“八八战略”。“八八战略”开辟了中国特色社会主义在浙江生动实践的新境界，成为引领浙江发展的总纲领。

第四阶段：浙江产业集群的转型升级（2009~2015年）。此阶段，针对低成本优势不断下降的严峻形势，浙江通过制造业和服务业两轮驱动实现集群的高水平发展。在推进42个产业集群转型升级的基础上，建设14个省级产业集聚区作为经济发展的新增长点、产业发展的新制高点。积极发展服务业，特别是电子商务，积极培育发展生态型组织（黄勇，2015）。2013年，浙江服务业增加值占GDP的比重已达到46.1%，服务业对GDP

增长的贡献率达到47.2%（盛世豪，2008）。

第五阶段：浙江产业集群的更新换代（2016年至今）。从2016年以来，浙江的战略重点是建设“两富”“两美”的现代化浙江。在产业发展方面，重点发展特色小镇和以电子商务、大数据云计算等为代表的信息（数字）经济。目前，浙江的网络零售额约占全国的1/5，电商主体约占全国的1/4。近年来，浙江产业集群加快转型升级，正在向先进制造业集群迈进。2020年，工信部先进制造业集群初赛（评标）结果显示，在全国20个入选集群中，浙江就有5个入选，它们分别是杭州数字安防、宁波新材料、温州乐清电气、绍兴现代纺织、金华现代五金，数量位居全国第一。目前，浙江的绿色石化、节能与新能源汽车、数字安防、现代纺织等产业集群正在努力打造成为世界级产业集群。产业集群有效驱动了浙江制造业的快速发展。浙江第二产业生产总值1978年的53.5亿元快速增长到2019年的26 566.6亿元，年均增长13.7%，增长速度快于第一产业的3.4%和第三产业的12.7%（邬爱其等，2021）。

自1978年改革开放以来，浙江通过以下五次转型，从一个相对封闭的、传统农业经济社会发展成为开放的、以现代工业为主体的经济体，创造了令人瞩目的“浙江模式”和“浙江经验”（盛世豪，2008）。综观浙江集群发展的整个过程，在发展动力上表现为从市场驱动向创新驱动发展，在产业集聚上表现为从农村工业化、初步工业化、新型工业化、“制造业+服务业的两轮发展”向“两富两美的现代化浙江”发展，在空间形态上表现为从产城分离的产业集群向产城共融的特色小镇发展。

3.5 浙江经济高质量发展与企业家创新创业

回顾改革开放以后浙江的创新创业的历史，它始于个体经济的发展，兴盛于民营经济的壮大。1978～1991年，浙江个体经济不断兴起，个体工商户的数量猛增。1980 年 12 月 11 日，温州的章华妹拿到了全国第一张个体工商户营业执照（工商证字第 10101 号）。1982 年，浙江创办全国首个小商品批发市场——浙江义乌中国小商品城。1983 年，全国第一家商品专业市场温州桥头纽扣市场开办，全国首家股份合作制企业诞生——温岭牧屿牧南工艺美术厂取得“社员联营集体营业执照”，实现了从集体企业成为社员联营集体企业的转变。同年，“万向”在全国率先实行企业“承包”改革。1992 年的南方谈话再次解放了人们的思想，第一次明确提出市场经济体制改革，把改革开放和现代化建设推进到新阶段。到了 1992 年底，全省个体工商户户数、人数，分别比 1982 年增长 11.63 倍和 16.7 倍。中国共产党第十四次全国代表大会提出了中国经济改革的目标是确立社会主义市场经济体制。浙江省委省政府迅速行动。到 1997 年底，全省个体工商户户数、人数分别比 1992 年又增长了 36.3% 和 47.3%；私营企业户数、人数分别增长 6.98 倍和 6.63 倍。至此，浙江成为全国个体私营经济发展较快、影响较大的省份。到 2002 年 11 月，中国共产党第十六次全国代表大会提出“两个毫不动摇”，这为浙江民营经济的新飞跃指明了方向。中国共产党第十八次全国代表大会以后，我国社会进入新时代发展阶段。这一阶段，浙江民营经济牢牢抓住新的历史机遇，充分利用云计算、大数据、互联网、智能技术等现代科技手段，在许多领域呈现出爆发式的增长态势。以阿里巴巴为代表的互联网企业异军突起。数据显示，截至 2017 年底，浙江民营经济创造了全省 56% 的税收、65% 的生产总值、77% 的外贸出口、80% 的就业岗位。在全国民营企业 500 强中，浙江占比近 1/4，连续 20 年居全国第一，诞生了阿里巴巴、华三通信、海康威视、聚光科技等世界知名的独角兽龙头企业（周跃辉，2018）。

综上所述，改革开放以来，浙江贯彻落实改革开放政策，一方面积极推进对外开放，另一方面积极推进创新创业。本节通过一般性的描述分析和较深入的实证研究，探究创业对浙江经济发展的影响程度，以期待为后续的研究提供逻辑上的支撑。

3.5.1 创业对于浙江经济发展影响的一般性分析

由于数据的缺损，我们在此只能统计 1990～2019 年每百万人口中，浙江和全国个体工商户和私企数量对比图（如图 3－10 所示）。从图 3－10 可知，浙江的个体工商户和私企数量与全国比较均长期处于领先状态。一方面，从个体工商户数量来看，浙江数量一直遥遥领先；另一方面，从私营企业数量来看，从 21 世纪初以来浙江数量开始逐渐领先于全国。这说明近 30 多年来，浙江的创业一直走在全国前列。浙江长期形成的创新创业优势可能是浙江经济保持快速高质量发展的一个重要原因。

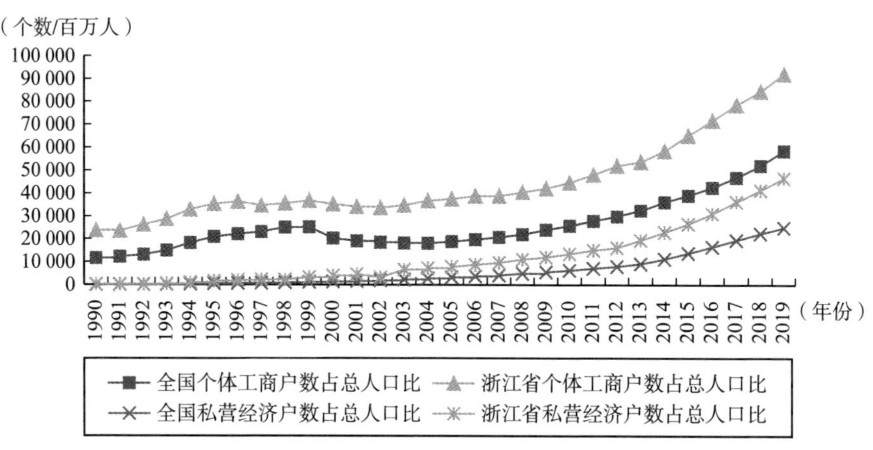

图 3－10　1990～2019 年浙江和全国个体工商户和私企数量对比

资料来源：根据《国家统计年鉴》和《浙江省统计年鉴》的相关数据整理而成。

图 3－10 仅仅表示浙江的个体工商户和私企数量的演化状态以及其与全国比较的情况。那么，浙江个体工商户和私企数量演化与浙江经济发展是否存在内在关系呢？基于此，我们希望通过实证研究，证实浙江创新创业与浙江经济高质量发展的内在关系。

3.5.2 创业对于浙江经济发展影响的实证分析

3.5.2.1 研究设计

为检验创业对浙江省经济高质量发展的影响，本节通过构建 OLS 模型进行分析，如式（3－3）至式（3－5）所示。

$$GDP = \alpha_0 + \alpha_1 IB + \alpha_2 Control + \varepsilon \tag{3-3}$$

$$GDP = \vartheta_0 + \vartheta_1 PB + \vartheta_2 Control + \varepsilon \tag{3-4}$$

$$GDP = \phi_0 + \phi_1 Total + \phi_2 Control + \varepsilon \tag{3-5}$$

本书分别以个体工商户和私营企业的创业活动来反映不同的创业模式。具体而言，式（3－3）表示浙江个体工商户对浙江经济增长的影响，式（3－4）表示浙江私营企业对浙江经济增长的影响，式（3－5）表示浙江个体工商户和私营企业总和对浙江经济增长的影响。式（3－3）至式（3－5）表示不同的创业模式对浙江经济增长的影响。上述公式中相关变量的含义为：GDP 代表浙江省经济发展质量，IB 表示个体商户数占总人口比，PB 表示私营企业数量占总人口比，Total 表示个体商户数和私营企业数量之和占总人口比，Control 表示控制变量，ε 表示随机扰动项。在模型（3－3）中，检验主要观察 α_1，若 α_1 显著大于 0，则表明个体工商户创业行为对浙江省经济高质量发展有促进作用；反之则代表抑制。模型（3－4）和模型（3－5）类似。为控制影响经济高质量发展的其他特征指标，我们引入了一系列控制变量。具体包括：人均受教育年限（Edu），贸易开放程度（Trade），失业率（Une）和居民消费价格指数（CPI）。

3.5.2.2 样本选择与变量定义

本书研究的变量具体定义如表 3－15 所示。本书研究选取 1990～2019 年浙江省经济发展水平的 30 个观测值作为样本。

表 3－15　　变量定义

变量	含义	指标	出处
因变量	经济发展水平（GDP）	浙江省生产总值	杜尔玏（2020）
自变量	个体工商户（IB）	浙江省个体工商户数占总人口比	朱明（2021）
	私营经济（PB）	浙江省私营企业户数占总人口比	
控制变量	人均受教育年限（Edu）	6 岁及以上平均受教育年限	李梦云等（2021）
	贸易开放程度（Trade）	（出口额＋进口额）÷GDP	
	失业率（Une）	登记的失业人数除以总劳动人数	

（1）因变量：经济高质量发展（GDP），以浙江省近三十年的每年生产总值作为衡量经济发展水平的指标。数据来源：中国统计年鉴和浙江省统计年鉴。

（2）自变量：个体工商户占百万人数比（IB）和私营企业数占百万人数比（PB）。参考朱明的研究成果。分别以个体企业和私营企业作为指标衡量浙江省创业的不同模式。数据来源：中国统计年鉴和浙江省统计年鉴。

（3）控制变量：参考李梦云（2021）和苏楠等（2019）的研究，本书选取人均受教育年限（Edu），贸易开放程度（Trade），失业率（Une）作为控制变量。考虑到变量单位的统一性，所有控制变量均进行了对数化处理。数据来源：中国统计年鉴和浙江省统计年鉴。

3.5.2.3　实证研究

（1）描述性和相关性统计。在对 30 个样本观测值进行汇总统计的基础上，得到了主要变量的相关描述性统计数据（如表 3－16 所示）。由表 3－16 可知，Total 的均值为 56 443.34，标准差为 30 581.57，这表明创业整体数量在样本间存在较大差异性。此外，个体工商户占比的均值为 44 526.84，标准差为 17 741.14；私营企业占比的均值为 11 916.5，标准差为17 741.14，异质性同样较大。

表3-16 主要变量描述性统计

变量	观测值	均值	标准差	最小值	最大值
GDP	30	19 838.20	18 731.31	897.99	62 352.00
Total	30	56 443.34	30 581.57	23 785.36	138 739.20
IB	30	44 526.84	17 741.14	23 527.22	92 112.40
PB	30	11 916.50	12 928.49	258.13	46 626.81
Edu	30	7.80	1.09	6.10	9.37
Trade	30	0.0640	0.0245	0.0298	0.0980
Une	30	3.294	0.500	2.520	4.200

表3-17是对主要变量进行相关性统计后所得出的结果。相关变量间基本呈现显著特征。其中，失业率与其他变量出现负相关是因为失业率作为一个负指标，它的值越大，负面效应越大，其特性并不会影响后续的实证分析。在此基础上，我们通过膨胀因子分析（VIF）发现，各个变量数据均在10以下，因此不存在多重共线性，变量可以被有效区分。

表3-17 主要变量相关性统计

变量	GDP	IB	PB	Edu	Trade	Une
GDP	1.000					
IB	0.963***	1.000				
PB	0.979***	0.988***	1.000			
Edu	0.912***	0.822***	0.843***	1.000		
Trade	0.670***	0.495***	0.559***	0.838***	1.000	
Une	-0.915***	-0.858***	-0.859***	-0.817***	-0.357	1.000

注：*** 表示在10%水平上显著。

（2）基准回归分析。通过基准回归检验，得到如下结果（如表3－18所示）。从表3－18可知，不论是个体商户还是私营企业，对于浙江省经济高质量发展都起到显著的促进作用。其中，个体工商户的相关系数为0.637，而私营企业的相关系数为0.814。通过比较，我们可以发现，私营企业数量增加对于浙江省经济高质量发展的影响大于个体工商户数量增加对于浙江省经济高质量发展的影响。可能原因在于：私营企业的规模通常大于个体工商户，在同样的条件下，其产出的经济增量更胜于个体商户。

表3－18　　创业对经济高质量发展影响的回归结果

项目	（1）	（2）	（3）
IB	0.637*** (11.41)		
PB		0.814*** (10.50)	
Total			0.359*** (11.31)
Edu	5 708.4*** (4.67)	6 827.3*** (5.45)	6 146.1*** (5.09)
Trade	85 266.9* (1.89)	15 249.3 (0.34)	56 534.6 (1.29)
Une	-4 683.9*** (-3.01)	-5 894.0*** (-3.66)	-5 148.8*** (-3.34)
_cons	-51 192.6* (-1.89)	-42 614.3 (-1.44)	-46 833.1 (-1.70)
样本量	30	30	30
R^2	0.995	0.994	0.995

注：*、**和***分别表示在1%、5%和10%的水平上显著。

在控制变量层面，人均受教育年限、贸易开放程度和失业率对经济高质量发展具有不同的效应。第一，人均受教育年限对经济高质量发展有显著的促进作用。这说明人均受教育程度越高，对社会经济的贡献和创造越大，更有利于社会经济发展。第二，失业率对经济高质量发展起到抑制作用，即失业率越高，社会经济发展越不利。这是由于经济需要人力物力的循环有序投入，失业率的升高，不利于社会经济的有效循环。第三，贸易开放程度对于经济高质量发展的效应并不显著，可能原因是贸易开放程度的提升对社会经济发展存在两面性，既能带给企业商品出口的优势，但是也会面临更激烈的进口商品竞争。

基于1990～2019年的浙江省的面板数据，通过采用OLS回归模型，我们研究了不同创业模式对经济高质量发展的影响。研究结果显示，不同创业均对浙江经济发展起到积极的促进作用。相较于个体工商户的创业模式，私营企业创业模式对于地区经济高质量发展的促进作用更显著。

3.6 本章小结

浙江一直聚焦经济高质量发展，力求经济发展稳中求进，已取得了显著成效。从纵向来看，浙江经济发展整体保持了长期快速的发展态势。从横向来看，浙江经济总量一直位居全国第四，人均GDP位居全国第四至第五位。经济高质量发展最终要体现在人民生活水平的提高。从2021年全国全体城乡居民人均可支配收入50强市来看，除丽水市外，浙江省11个城市中有10个城市全部进入全国前50强，而且9个城市进入全国前25强。从2021年全国全体城市居民人均可支配收入50强市来看，浙江省11个城市全部进入全国前50强，而且9个城市进入全国前20强。从2021年全国全体农村居民人均可支配收入50强市来看，浙江省11个城市全部进入全国前50强，且所有城市进入全国前40强。从2021年全国全体城乡居民人均可支配收入50强县（市）来看，浙江30个县（市）进入全国前50强，占60%，且浙江14个县（市）进入全国前20强，23个县（市）进入全国前30强。

我们根据市场经济体制的发展和改革进程，将浙江从1949年中华人民共和国成立以来的72年经济发展历程划分为萌芽期（1949～1978年）、探索期（1978～1992年）、完善期（1992～2012年）和成熟期（2012年至今）四个阶段。综观浙江经济的发展历程，之所以能够保持高质量发展，从产业发展的角度而言，是由于浙江一直追求产业结构优化。从经济发展的动力来看，是由于浙江很好地处理政府改革和宏观调控（看得见的手）和民营企业创新创业（看不见的手）两者的有机统一，即地方政府的锐意改革和企业家的持续创新。

浙江产业结构的不断优化是其经济快速增长的一个重要原因。在此，我们通过对2010～2019年10年间浙江省内73个市（县）的相关经济指标进行了深入研究。研究发现：第一，由技术进步和劳动生产率提升的产业结构优化所促进的经济增长是经济高质量发展的重要路径；第二，三次产业结构演化的基础力量是产业结构高级化，离开产业结构高级化而人为地强制干预三次产业结构将是本末颠倒，它很难实现区域经济的高质量发展；第三，随着经济高质量发展，出现“三二一”产业结构有其必然性。在经济发展水平较高的地区或国家出现的“第三产业为主体”现象，其关键是形成了技术含量更高的生产性服务业为主体的第三产业。因此，它并没有否定由劳动生产率高低决定资源配置的规律。

自改革开放以来，在浙江经济发展模式上，基本上采取了以市场力量为主导的产业集群发展模式为主并以行政力量为主导的开发区发展模式为辅。我们发现，浙江产业集群演化和发展过程中，地方政府都起到了重要的促进作用。具体而言，在发展动力上表现为从市场驱动向创新驱动发展，在产业集聚上表现为从农村工业化、初步工业化、新型工业化、“制造业+服务业的两轮发展”向“两富两美的现代化浙江”发展，在空间形态上表现为从产城分离的产业集群向产城共融的特色小镇发展。政府政策的积极作为，使浙江实现了五次转型，从一个相对封闭的、传统农业经济社会发展成为开放的、以现代工业为主体的经济体，创造了令人瞩目的“浙江模式”和“浙江经验”。

浙江经济长期快速发展的一个重要原因是历届政府领导重视非公有制经济的培育和发展。长期以来，浙江的个体工商户和私企数量与全国比较均长期处于领先状态。我们基于1990~2019年的浙江省的面板数据，对创业与地方经济增长的内在关系进行了实证研究。结果显示，不同类型的创业均对浙江经济发展起到积极的促进作用。其中，相较于个体工商户的创业模式，私营企业创业模式对于地区经济高质量发展的促进作用更显著。因此，地方政府应积极推出一些支持性政策，鼓励私营企业和个体工商户开展自主创业，如实施税收减免、贷款贴息等，以降低创业准入门槛；此外，一个地方经济发展，一般先可以鼓励个体工商户，到发展到一定程度，不仅要促进个体工商户发展成为私营企业，即“个转企”，而且要通过招商引资积极发展民营企业。当然，最重要的是地方政府要营造良好的营商环境。

第 4 章
“浙商系”创业行为研究

4.1 浙商的形成与发展

4.1.1 我国重要商帮简介

中国经济发展历史，在一定程度上也是商帮发展历史。尽管商业活动自古就有，但是到明朝，由于商品种类繁多及商业活动更为活跃，我国才逐渐形成了各种商帮。商帮一般是以地域为中心，以地缘或血缘为纽带，相互扶持帮助所以形成的一种亲密团结的商业群体（陈阿兴、徐德云，2015）。不同的商帮有着不同的特征。大部分学者将徽商、晋商、潮商和浙商称为中国近代的四大重要商帮。

徽商萌芽于宋元年间，崛起于明末清初，兴盛于 16 世纪至清朝道光年间，衰落于清末民初。处于统一且政治稳定的明朝，政府为了促进经济发展，推出来一系列有利于商业发展的政策。安徽山脉众多，环境相对闭塞，“依阻山险，不纳王租”，这种地形使得安徽免受外界的纷扰，同时形成亲密的乡缘，有利于大宗族的形成，同时也促进了徽商的发展。名噪一时的"红顶商人"——胡雪岩就是徽商的杰出代表。徽商经营行业多以盐、典当、茶木为代表，其次为米、谷、棉布、丝绸、纸、墨、瓷器等。其中婺源人多茶、木商，歙县人多盐商，绩溪人多菜馆业，休宁人多典当商，祁门、黟县人以经营布匹、杂货为多。徽商的兴起与盐引制度和人文因素息息相关。一方面，由于近在咫尺两浙盐区的得天独厚的地理优势，徽商利用收购盐引，再把盐引拿去别处售卖，从而获得巨大收益。当然，徽商的刻苦耐劳也是其成功的重要因素，古时徽商便有"徽骆驼"的称号（郎咸平，2018）。另一方面，人文因素对于徽商的形成也有重要影响。安徽作为朱熹的故乡，程朱理学对当地人颇有影响，"新安为朱子阙里，而儒风独茂"，徽商注重宗族和礼教。正是在这种宗族制度和特定文化的影响下，使徽商成为一个非常团结的群体。

山西商业活动源远流长。早在先秦时代，晋南已有了"日中为市，致天下之民，赞天下之货，交易而退，各得其所"的商业交易活动。从周秦到隋唐，尽管山西已出现一些大商人，但是比较其他地方商人，并无突出地位，也无一定组织，更未形成明显商人群体。晋商兴起于明朝，全盛于康熙时代，衰落于清朝后期和民国时期。首先，明朝"开中制"政策的实施，为晋商的发展提供了契机。明朝有大约2/5的战略要地在山西，政府需要粮食，同时政府会给运送粮食的商人"盐引"作为回报，一个"盐引"大约等于三百斤盐巴（郎咸平，2018）。同时，山西与河南、山东等地相连且拥有优质的盐场，从事贸易非常方便。晋商抓住这个机会，通过给政府运送粮食，然后把盐巴换成白银，从而获得巨大利润。其次，山西地处黄土高原，山脉众多，地形复杂，人口较多但耕地少，迫使当地人不得不寻找新的出路。因此，外出经商成为人们的谋生手段。北京城曾流行这么一句话："京师大贾数晋人"。山西矿产资源丰富，手工业和加工制造业当时已初具规模，这又为晋商的发展提供了物质基础，使得晋商逐步走向辉煌。随着商业竞争的日趋激烈，为了壮大自己的力量，维护自身的利益，晋商的商业组织开始出现。晋商重信，"山西票号"在当时也经久不衰，山西作为中华文化的发源地之一，中华民族优秀的传统文化和乡土文化对晋商有很大的影响，“以末起家，以本守之”。

潮汕商帮也称潮州商帮，简称潮商，现指广义粤商，被誉为华商第一族。潮汕商帮形成于唐朝后期，兴盛于宋元明清。在清朝，潮商与晋商、徽商并列为中国三大商帮。潮州商帮最初出现雏形的时候，只有“三阳”，即海阳、揭阳、潮阳。此三阳包括今潮汕三市（汕头市、潮州市、揭阳市）以及梅州丰顺县、大埔县。在清乾隆三年（1738 年）丰顺建县的同时期，潮州商帮达到一个鼎盛时代。由于特殊的地理环境，潮汕有着历史悠久的商贸经济活动，潮商的性格特征更多地通过商业活动和对外贸易表现出来，造就了潮人的海洋个性，也浸染了潮商文化性格的海洋特质。因此，与其他商帮相比，潮商是一支具有海洋性格、海洋文化的华人商帮。在当代，潮商更是出现了李嘉诚、林百欣、谢国民、陈弼臣、马化腾这样的商界巨头。潮汕商帮的崛起与成就除了得益于工商贸易外，潮汕商人的刻苦耐劳、冒险进取和倚重地缘、血缘的习惯，是他们成功的重要因素。与其他商帮最大的不同是，潮商的影响是国际性的。

明朝开始，一方面，中国经济中心开始南移；另一方面，浙江地处东部沿海且海岸线长，而宁波也是中国最早开放的通商口岸之一。这样的经济形势和地理环境为浙商出海进行海外贸易提供了得天独厚的条件。尽管浙江矿产资源和耕地资源贫瘠，但是粮食资源和生丝资源丰富再加上水路和海路运输的便利，浙商可以通过水路把粮食和丝绸运往海内外。万历年间便有人说：“虽秦、晋、燕、周大贾，不远数千里而求罗绮绸布增币者，必走浙之东也。”（子航，2017）明代的浙江商人主要以龙游帮为主体的衢州商帮以及宁波和绍兴商帮为主，当时便有“遍地龙游商”的说法。但是就整体而言，当时的浙商仍较为弱小，不足以与徽商、晋商相抗衡。鸦片战争后，随着通商口岸开放数量的增多，浙商开始通过上海港把更多的丝绸运往海外，再加上此时的晋商和徽商的江河日下，浙商抓住了机遇迅速发展。因此，总体而言，浙商发展开始于明朝，崛起于清中后期。浙商兴起的另外一个重要原因是浙商文化，浙商文化起源可以追溯到浙东学派，浙东学派提倡“经世致用”和“经商之人亦是才”，不提倡“重农抑商"，这样的文化促使了当地人思想的转变，浙商也慢慢地在这种文化的熏陶下而形成。浙商正是在这样的"天时""地利""人和"的条件下逐步形成和发展起来的。

4.1.2 "浙商"的发展与成长

唐代以后，随着中国经济中心的南移，浙江逐渐变成我国的繁荣之地甚至成为我国的重要经济中心。同时，作为海上丝绸之路的起点及明代就设立了市舶司，使得浙江在对外商贸有着得天独厚的优势。在明代，浙商主要是由以龙游帮为主体的衢州商帮、宁波商帮和绍兴商帮等为代表。相对而言，龙游帮和宁波帮更为突出，当时有"遍地龙游"和"无宁不成市"的说法。

龙游处于"八省通衢"之地，具有得天独厚的地理位置，是南往北来运送商品的必经之地。明代，处于鼎盛时期的徽商和晋商竞争激烈，龙游帮悄无声息地异军突起。"无远弗届"说的就是龙游商人的开拓进取的精神。龙游商人为了生计，不怕路途遥远，具有顽强的生命力。龙游帮主要从事的是商品长途贸易。"流寓常州致巨富，置产亘常州三县之半，后归衢江古码里，复大置产，当时以为财雄衢常二府"（孙善根，2013）。龙游帮的发展壮大不仅源于龙游商人的开拓进取的精神，更来自龙游商人的诚信原则。龙游商人注重商誉，以信为本，注重产品品质。同时，龙游帮具有长远的目光，不排斥外乡人。明清时期，很多外地商人到龙游经商，龙游商人接纳他们并且学习他们的经验。虽然龙游商人具有长远的目光，但是由于浙西地区是儒学发展的核心地区之一，龙游商人难免也会受到传统儒家思想的影响。因此，龙游商人赚够了钱，就会回家乡从事农耕，由此导致了龙游帮到清朝末年走向衰落。

宁波属于典型的江南水乡兼海港城市，是中国大运河南端出海口、"海上丝绸之路"东方始发港。历史上，一般将"鄞慈奉定象镇"的商人通称为"宁波帮"，也叫甬商。与晋商、徽商带有浓重的"官商"色彩不同，“宁波帮”没有因循守旧、故步自封，他们是进步的“民本经济”代表。宁波商帮形成于明末清初。通常，我们把明末清初的鄞县会馆和慈溪会馆的建立当作宁波商帮形成的标志（范金民，2006）。1840年鸦片战争后，“宁波帮”抓住上海开埠机遇，抢滩“长三角”，融入“渤海湾”，涉足汉、渝、粤，活跃在工商业各个领域（韦棋，2019）。20世纪初，“宁波帮”主动出击，积极尝试，拥抱新兴行业。改革开放初期，以包玉刚为代表的“宁波帮”海外人士发挥了积极作用，成为推动当时宁波开放发展的重要力量（孙善根、张逸龙，2019）。随着改革开放进一步深入，包括“宁波帮”、杭商和温商在内的浙商在改革开放的春风下，又焕发了新的活力。

综观浙商的发展历史，从最初的龙游地区到整个浙江省，从开始的以谋求生计为目的到现在的引领中国民营经济发展，浙商由最初的通过地缘和血缘关系组成的小商帮到现在的我国“第一商帮”（如表4－1所示）。浙商及时抓住机遇，勇于挑战，与时俱进，不断扩大其影响力。以前是“龙游遍地”和“无宁不成商”，现在更是“浙商遍地”和“无浙不成商”。浙商在提倡“工匠精神”生产高精尖产品的同时，“隐形冠军”的中小微企业如雨后春笋，也成为浙商的名片。当前，浙商更是与时俱进，跟随时代潮流，充分利用互联网和新一代信息技术的发展机遇，积极发展数字经济。浙商不仅注重新兴产业的发展，也注重传统行业的转型升级。

表4－1　　浙商发展历程表

时代	唐代	明代	清代	鸦片战争	改革开放	当代
阶段	萌芽阶段	起步阶段	发展阶段	进一步发展	加速发展	继续发展
具体表现	经济中心南移	“遍地龙游”	“无宁不成商”	通过上海扩大外贸	民营经济遍地开花	“隐形冠军”

4.2 浙商"创一代"的基本派系及其创业行为特征

前文所述，尽管浙商历史悠久，但是浙商的辉煌主要体现在改革开放之后。因此，本节我们只分析改革开放以来浙商的基本特征和其创业行为。我们将改革开放初期的创业者和企业家称为"创一代"，而把经济转型期下的创业者和企业家称为"创二代"。

4.2.1 "创一代"形成的背景

"创一代"形成的时代背景就是我国改革开放的全方位推进。党的十一届三中全会确立了"解放思想，实事求是"的思想路线，打破了人们长期形成的思想桎梏。随后，我国确定了"一个中心两个基本点"的党的基本路线，由此不断推进经济体制的改革，并确立了以公有制为主体，多种所有制经济共同发展的基本经济制度。这些都为非公有制经济发展提供了良好的思想基础、社会基础和发展机会，社会主义市场经济开始进入快速发展通道。在此背景下，土地资源缺乏的浙江农民首先抓住了发展的契机并率先进行了市场化为取向的改革，大量具有商业经营头脑的人士投入到了市场经济的潮流之中。改革开放催生了一批又一批浙江企业家群体，由此形成了浙江"创一代"群体。从第一张营业执照到第一个自然人控股上市公司，从我国第一个具有进出口经营权的私营流通企业到首家民营企业在香港上市。

基于当时浙江工业发展的薄弱基础以及原始资本的匮乏，浙商"创一代"的起步和形成基本是从"草根经营"开始。他们抓住改革开放初期社会经济的短缺特征，敢为人先地走出家门，从不起眼的行业做起。宗庆后从四处兜售文具做起，鲁冠球从铁匠做起，南存辉奔走在大街小巷，从给别人补鞋做起。同时，由于原始资本和技术的匮乏，浙江人把目光瞄准到成本较低的轻工业，凭着敏锐的商业嗅觉，从小本生意做起，当地制造，当地销售，加上吃苦耐劳精神，极大地降低了成本，把小本生意做大，形成“小产品大市场”。

当然，从历史的视角来看，浙商“创一代”具有承上启下的特征。浙商“创一代”继承了老浙商身上的优良传统和基本特征，依旧是重信誉重质量，依旧是相互团结并且胸襟开阔，依旧是吃苦耐劳并且目光长远，依旧是商机敏锐并且善于经营。但与此同时，浙商“创一代”又与时俱进，他们身上具有明显的时代特征。

4.2.2 “创一代”的基本派系

浙商“创一代”群体和其他商帮一样，其内部也有着不同的子派系。按照地理位置划分，我们将“创一代”的基本内部派系主要划分为宁波帮、温商、杭商、婺商和湖商等群体。

随着改革开放和现代化建设进程的加快，宁波出现了一大批新时期的创业者。由于天生的商业基因加上改革开放的历史机遇，改革开放初期的宁波快速形成了“全民皆工”的社会氛围。这种社会氛围催生了大量优秀的“创一代”。改革开放初期，宁波帮“创一代”多以兴办乡镇企业为途径从事制造业为主。此阶段，宁波乡镇企业蓬勃发展，从1979年的7 712家上升到1987年的47 527家（吕福新，2009）。随着乡镇企业实施“承包责任制”，其体制活力得到了进一步的释放。截至1982年底，宁波实行承包责任制的乡镇企业有13 613家，占乡镇企业总数的95%。奥克斯的创始人郑坚江此时刚刚接手负债累累的鄞县龙观乡钟表零件厂，雅戈尔的创始人李如成用2万元知青安置费创办了名为“青春服装厂”的乡镇企业。另外，宁波与上海相邻，加上1984年4月，宁波被国务院列为14个对外开放沿海城市之一。宁波“创一代”充分利用优越的地理位置进行航运业务、金融业及对外贸易业等相关业务的开拓。综观宁波帮“创一代”，该群体的创业行为主要有以下几个特点：首先，有勇有谋。他们具有开放创新的精神，他们积极尝试新事物、新领域及新模式，并且都取到了不错的成绩。他们相互协作，让宁波帮的影响力在海内外越来越大。其次，低调务实。就宁波“创一代”的制造业而言，一个显著的特征是不太关注个人名声。我们熟知宁波“创一代”的成功企业，如方太、雅戈尔、杉杉、奥克斯等，但是大家很少知道这些企业的企业家是谁。他们崇尚朱舜水的“圣贤之学，俱在践履”及黄宗羲的“经世致用”思想，这使得他们在经营企业中突出企业而不是突出个人，注重品牌而不是创业者本人。最后，善于整合资源。宁波帮“创一代”创立的大量中小制衣厂、电器厂，他们自发形成一种产业集聚，精细化分工的模式，为行业的发展创造了许多产业链优势。

温商，是一个被誉为“东方犹太人”的商业群体。温州人天生的经商意识与传统的重商文化有着密切的关系。宋代永嘉学派的集大成者叶适提出的“以利和义”的义利观，充分肯定了追求功利的合理性及商人应有的社会地位和社会价值。这种重商文化使得温州人形成了崇尚实干、追求实用的务实精神。历史上，温州手工业和商业发展就比较早，曾以制瓷、纺织、造船和造纸等手工业而闻名全国。在改革开放的背景下，温商“创一代”顺应时代变迁的历史潮流，大力推进思想创新、制度创新及商业模式创新，实现了地方经济的快速发展。综观温商“创一代”，他们在创业行为上有以下四个特点：首先，温商“创一代”最鲜明的特征就是敢为人先。从宏观上而言，当人们还在为市场经济是姓“资”还是姓“社”争论不休的时候，温商“创一代”早就带动家庭手工工业和私营企业全面发展。据研究，1986年底，约有1/5的温州人由传统农业转入工商业，家庭式小作坊约为14.65万户，专业市场约有470多个，并初具规模（胡宏伟，2018）。从微观而言，与宁波帮“创一代”低调务实不同，温商希望“做别人不敢做的事”，如出生于浙江温州苍南县大渔镇的王均瑶创办了国内首家民营包机公司，进而最后创立了“吉祥航空”。其次，以小商小贩起步。由于温州自然资源的匮乏，与宁波帮“创一代”以制造业起步不同，温商“创一代”一开始从“做别人不愿意做的事”起步，如修鞋、弹棉花等。另外，温商注重开拓市场，走出国门，只要有人的地方就有的身影。“温州城”“温州街”目前已遍布全球。再次，特别能吃苦。“白天当老板，晚上睡地板”是温商吃苦耐劳精神的生动描述。聪明大胆且肯吃苦的温州人抓住了改革开放带来的市场型机会，认真踏实，从别人不愿意赚的“小钱”做起，慢慢创造了“温州奇迹”。最后，强烈的同乡情节。温商“创一代”具有很强的同乡情节，他们在血缘和地缘的基础上建立的温商圈子，相互帮扶。

与宁波帮和温商不同，在改革开放初期，杭商群体的数量相对要少些，这可能是由于杭州作为省会城市的缘故。作为省会城市，在计划经济时代有其得天独厚的经济优势以及更加强势的政治环境，以至于改革开放初期生存型的创业热情要比浙江省其他城市弱点。随着改革开放的进行，一方面，杭州产业结构发生重要的转变，轻工业、第三产业迅速崛起；另一方面，杭州郊区的农民其实和浙江其他地区的农民差别不大。所以，改革开放初期，杭州周边的农民同样通过兴办乡镇企业进行创业。其中典型的是萧山万向节厂鲁冠球及杭州娃哈哈的创始人宗庆后两位创业者。前者是中国农民创业的典型代表，后者插队落户知识青年回城创业的典型代表。16 岁宗庆后初中毕业就被插队落户“安排”到浙江舟山去填海滩，一待就是 15 年。为了儿子能够返城，小学教师的母亲提前退休。宗庆后接替母亲回到杭州做了一所小学的校工。1987 年，他和两位退休教师组成了一个校办企业经销部，主要给附近的学校送文具、棒冰等。在送货的过程中，他发现很多孩子食欲不振、营养不良，是家长们最头痛的问题。1988 年，宗庆后率领这家校办企业借款 14 万元，开发出了第一个改善儿童食欲的营养品——娃哈哈儿童营养液。随着“喝了娃哈哈，吃饭就是香”的广告传遍神州，娃哈哈儿童营养液迅速走红。到第四年，年销售收入就达到 4 亿元、净利润达到 7 000 多万元。1991 年，在娃哈哈儿童营养液销量飞涨、市场呈供不应求的情况下，宗庆后并购了有 2 200 多名职工、严重资不抵债的杭州国营老厂——杭州罐头食品厂。娃哈哈“小鱼吃大鱼”的举措在全国引起了轰动，不仅为娃哈哈后续的发展奠定了基础，也让宗庆后尝到了并购的“乐趣”。1993年5月，鉴于国际品牌加紧抢占中国市场的严峻形势，娃哈哈公司审时度势，适时提出了以“产品上档次，生产上规模，管理上水平”为主要内容的经营战略。此后十余年，企业成功实施了“引进外资”“西进北上”及推出“中国人自己的可乐——非常可乐”等重要发展战略，完成了“从大到强”的历史性跃进。综观以鲁冠球和宗庆后等为代表的杭商“创一代”，他们的创业行为具有以下几个特点：首先，具有敏锐的市场嗅觉和发现机会的能力。始终寻找新的市场机会以保持企业不断发展。其次，创业初期艰苦奋斗克服困难。万事利集团的创始人沈爱琴在创业之初，奔波在全国各地，乘坐最便宜的交通工具，住地下室，来推销丝绸，“功夫不负有心人”，终于实现了创业的成功。最后，杭商“创一代”具有远大的经营格局。他们始终坚持有所为有所不为，经营目的不仅是为了盈利，更加致力于促进社会进步。宗庆后曾说：“一位成功的企业家要具备诗人的想象力，科学家的敏锐眼光，哲学家的头脑，战略家的本钱”（辛薇，2012）。因此，杭商虽然可能不如宁波帮和温商历史悠久，但是作为改革开放之后一股年轻的力量登上历史舞台，发展迅速，其发展成就丝毫不逊色于温商和宁波帮。

婺商，简单可理解为金华地区的创业群体，尤以“义乌模式”（义乌小商品市场）和“永康模式”（永康五金市场）最具有代表性。金华地处浙中，既没有宁波优越的地理优势，也没有杭州的政治区位优势和原有产业基础。改革开放后的婺商“创一代”多出自普通平民，并通过亲属合作进行最初创业，不论是创办浪莎袜业的翁氏兄弟还是创办星月集团的胡氏兄弟，都是如此。其实，由于义乌和温州地理环境相似，耕地面积少，因此经商成为农民致富的出路。这就产生了义乌模式与温州模式的类似性，即都是依靠小商品经济进行初步创业。1982年9月，第一代小商品市场建立，市场成立第一年，就有700多个摊位，年成交额近700万元。因此，最初的义乌“创一代”不少就是从这个市场走出来的。当时义乌人对经商的热情之所以如此高涨，是由于他们都认为，办工厂不如办市场。他们积极走出家门，去推销产品，被称为“经济候鸟”（胡宏伟，2018）。例如，新光控股集团的创始人周晓光从1978年开始就在哈尔滨闯天下，浪莎集团的创始人翁氏兄弟就从义乌到广州纺织市场售卖商品。永康自古以来就盛产能工巧匠。历史上，永康人大多以手工艺为生。“县县户户不离康，离康不是好地方”的民谚正是对永康小五金工业悠久历史和广泛影响的真实写照。党的十一届三中全会以来，国家不断纠正“左”的错误，使永康小五金这枝传统的手工业之花重放异彩，也成了永康经济发展的重要支柱。永康“创一代”不仅通过五金来致富，而且与个体经济和家庭经济相联系，逐渐形成了闻名全国的永康五金市场，也使永康成为全国的“小五金之乡”。综上所述，婺商“创一代”从事的行业多以市场销售及轻工业为主。

湖商，一般广泛指湖州和嘉兴一带的商人群体。湖州地处长江三角洲中心地带，地傍太湖，毗邻杭、徽、苏、嘉，邻近沪、宁、甬、温，京杭大运河过境，连通东西两苕与河港水网，古代交通就非常便捷。境内文明深厚，远古旧石器文化与新石器文化积淀丰富，又是迄今为止蚕桑丝绸文化最早的发祥地。“湖商”的源流，最晚可以追溯到宋代。这是缘于湖州地域经济本身的特点，即田、蚕并举。宋代，湖州就已是我国重要的蚕丝产地，其丝绸文化源远流长，尤以南浔镇的丝商最为出名。湖商正是在这交通便利的长三角中心地带孕育而生。“湖商”在近代的盛况一直延续到20世纪30年代。湖商作为近现代民族实业的先驱，他们中很大一部分人成为早期资产阶级和资产阶级政治革命的翘楚，为孙中山、黄兴、宋教仁等革命活动提供了大量经济支持。而湖商的再度振兴，则是在20世纪80年代以后（嵇发根，2018）。不同于晋商、徽商，湖商以坐商为主，本地市场广阔还有众多外来客商慕名前来。相比较而言，湖州行商则相对较少，即使是行商，也大多以外销湖州本地特产为主业。可以说，湖商具有鲜明的地域性。另外，湖商在明清时期，由于商品经济的繁荣，当地传统的“重农抑商”思想不断受到冲击，蚕桑的收益越来越超过耕田收益，儒士经商盛行起来，而儒家文化也在影响着儒士的经营理念，使其在

"义""利"间寻求平衡。21世纪以来，与浙商的其他群体（如甬商、温商和杭商等）相比，开始衰落。一个重要的原因可能是"资源诅咒"，即湖州丰富的土地资源恰恰影响了湖商锐意进取的创业活力。

综上所述，浙商不同派系不仅有共性的相似，也有个性的差异。一方面，"浙商"受到相同区域文化的影响，有着相同的文化背景和渊源，创业行为存在着相似性；另一方面，由于在不同区域形成和发展，每个区域有各自的优劣势，因此其创业行为也存在明显的差异性。引起浙商不同"派系"创业行为的差异主要源于以下几个原因。

一是发展路径各有不同。地理环境和自然资源影响着商帮的不同发展路径。除温商和婺商因自然条件相对劣势，在一开始便采取"外向"发展外，像"宁波帮""湖商""杭商"等，都会利用自己得天独厚的自然地理优势，先选择在内部发展，累积了一定程度的资本，再采取向外发展的策略。

二是商业布局各有差异。由于宁波早早通商，又有港口优势，"宁波帮"接触外来新鲜事物较多，视野较为开阔而又善于开拓进取，使得其不断提升着自身格局；湖商以坐商为主，主要外销当地产商品，并且出现了士商现象，这也影响着湖商的经营理念；温商居安思危及"去地域化"的特点更为显眼，其身影遍布国内外；杭商所处杭州，自然与人文景观兼具，商业布局的选择的方向也较多，作为省会城市，有得天独厚的优势，也越来越富有国际化气息。

三是经营方向各有侧重。"宁波帮"对我国工商业作出了重要贡献，其凭借自身优势，发展临港工业，又从对外贸易领域，到后来，进驻上海，特别是20世纪90年代以后，将资本投向金融业等新兴领域；湖商分为丝绸商、书商、湖笔商等，其主要经营当地产商品；温商个体工商户、私营企业数量较多，各大专业市场也颇具规模，廉价小商品极具竞争力，产业结构演变具有"代际锁定"的特点；杭商从传统产业到新兴产业都有分布，产业类别更为多元。

上述按照地域讨论了浙商"创一代"派系的基本特征。如果从行业来看，浙商“创一代”基本派系还可以划分为批发与零售业、传统手工业、轻工业，房地产业及新兴行业。浙商“创一代”的批发与零售业分为在专业市场销售的商人和外地游商。前者如在义乌小商品市场，海宁皮革市场，永康五金市场等专业市场的商人，后者如义乌的货郎担、永嘉的弹棉郎、永康的五金匠、上虞的修伞匠等。随着改革开放的深入，一大批浙江创业者利用自身的基础进行制造业的发展，如万向集团创始人鲁冠球、正泰集团创始人南存辉等，这些“创一代”从传统工业做起，逐渐成为浙江的支柱产业。随着房地产体制的开放，一批浙商“创一代”发现了房地产市场的商机，开始大范围地进军房地产市场，不论是温州的炒房团还是众多房产企业都出现浙商的身影。随着社会经济和科技的快速发展，浙商把传统产业与信息网络相结合，以电子商务为主要手段和方式，出现了大量网商创业群体，如阿里巴巴的马云、网易的丁磊、盛大的陈天骄等。

4.2.3 “创一代”创业行为的基本特征

尽管前文在阐述宁波帮、温商、杭商和婺商等浙江商帮时也介绍了他们各自的某些特征，在此，我们将以浙江“创一代”作为整个群体，分析群体创业行为的基本特征。综合起来，我们认为浙商“创一代”创业行为具有以下五大特征。

第一，创业行为整体以市场型创业机会而非技术型创业机会为主。之所以形成这种创业模式，既有自然条件和资源匮乏的原因，也受到浙江长期以来形成的“以利和义”的义利观思想影响。与我国其他地区以“重农抑商”为主流文化不同，浙江较早就形成了“工商皆本”的文化。因此，以浙江农民为主体的浙商“创一代”创业动机主要源于土地资源的缺乏及由此产生的生存需要的满足问题。

第二，基本上以经营地方特色产品和低技术工业品为主。这主要是资本和人才资源条件所限。改革开放之前，浙江是一个土地资源严重不足的农业省份，工业基础和资本严重缺乏。因此，大部分浙商在创业之初，只能选择劳动力密集型和技术门槛不高的行业。在当时，人力成本还不高，且劳动力充足，市场也存在较大空间。当出现"第一个吃螃蟹的人"之后，由于"示范效应"，人们便会纷纷效仿。这就逐步形成了具有浙江特色的块状经济和产业集群。

第三，改革开放后期，逐渐形成了以国内市场经营为主辅以全球化经营的创业行为特征。这既是由于国家对外开放进程的推进，也因为传统产品国内市场的逐渐饱和。但是其本质仍然是市场型创业机会而非技术型创业机会为主的模式。

第四，普遍呈现抱团经营的特征，即具有明显的派系特征。商帮具有改善经营环境、节省交易费用及完善组织运行的综合功能（谢永珍、袁菲菲，2020）。这种派系特征不仅表现在市场机会共享、生产相互协作，还包括资金相互拆借等。这种协作关系在促进浙江块状经济快速发展的同时，也引起了区域经济的高风险性。当然，浙商"派系"间的社会网络仍强弱有别。如"宁波帮"对本地社会网络依赖较小，其社会网络就属于弱联系。温商的亲密度相对更高，更偏向于抱团取暖，其社会网络就属于强联系。

第五，创业资源主要是企业家或创业者个人能力及浙江商人特有的吃苦耐劳精神。"走遍千山万水，吃遍千辛万苦，想尽千方百计，说尽千言万语"的"四千精神"，能够很好地解释浙商"创一代"的创业行为（陈海忠、杨一琼，2018）。

总体而言，浙商"创一代"上述"草根经营"的创业行为，是比较符合当时的创业环境的，因此，整体是成功的。

4.3 浙商"创二代"及其创业行为特征

狭义地讲，"浙商"即出生于浙江的商人。广义地讲，"浙商"是指富含“浙江精神”，在浙江或外地经商的所有商人，不仅包括出生于浙江的商人，也包括生于外地但是有在浙江生活或学习经历的商人。因此，随着我国经济转型期的到来，浙商“创二代”的基本派系及创业行为发生了一定的改变。

4.3.1 “创二代”与“二次创业”

广义上说，“创二代”是基于“二次创业”所形成的所有创业群体。狭义上而言，它是指某类有别于其早期发展（一次创业，初始创业）所形成的新的民营企业或中小创业群体。从时间上来说，“二次创业”和“一次创业”尽管没有统一的时间界定，但是按一般的理解，我国民营企业从20世纪80年代初到90年代中期为“一次创业”阶段，而从20世纪90年代中期（尤其是南方谈话）至今为“二次创业”阶段。但由于区域的差异性，沿海经济发达地区的“二次创业”时间可能更早些。

由于社会流动和融合的加快，浙商“创二代”基本派系很难再按地理和行业因素进行划分，更多的是应该按照生长环境及教育背景的维度进行划分。因此，我们把广义上的浙商“创二代”分为两个基本派系：其一是民营企业的继承人，即所谓的狭义上的“创二代”；其二是自主创业的青年企业家。后者又可分为：一是海外留学归来，技术精英和风险投资相结合的创业者；二是在本土受教育，在本土企业成长起来的创业者。由于后续章节专门要研究海归系、阿里系和浙大系的创业行为，因此基于内容安排的考虑，我们在此仅研究狭义上的“创二代”，即民营企业继承人的情况。

从民营企业面临的外部环境的变化来看，20多年的经济体制改革和经济快速发展使国内市场格局从卖方市场转变为买方市场。同时，比较完善的市场经济体制已经确立，国际化挑战和国有企业的竞争力也日益加强，新经济的冲击也日益明显。所有这些都对民营企业的发展带来了新的挑战和威胁。从民营企业内在发展规律而言，人们之所以重视民营企业

“二次创业”，不仅是基于上述对于财富（经济增长）和民营企业发展的外部威胁的关注，更是基于其内在的发展逻辑，其实质就是对于“企业制度的演进”的关注（王新驰，1999）。

中国民营企业在其初始创业（一次创业）阶段，总是充满了活力和生机，极富竞争力和开创精神，对各种机会的把握和利用总体恰到好处。尽管这一阶段中国民营企业不论是在方法手段上还是在组织建设上都不成熟，但是效果和业绩却相当可观。然而，就在这些民营企业完成了原始积累，具备快速发展的条件和能力之时，他们却出现了一系列的非理性行为，有的甚至出现了衰败。不承认体制对民营企业的影响是不现实的，但是过分夸大了体制障碍也是不客观的。我们认为关键的原因是民营企业的企业制度安排与这类企业生命周期和发展进程出现了不匹配，其核心是民企的企业制度的安排越来越抑制企业对于内外部资源的“整合”。

早期的民营企业几乎都是为家族所拥有、由家族所经营的，是围绕在家庭和以血亲关系为核心的基础上建立起来的。“创业者就是企业，企业就是创业者”，以家族为核心形态的管理模式构成中国民营企业发展初期的一个共同特征。从某种意义上讲，这样一种“所有权与经营权不分、决策权执行权监督权合一”的“创业结构”，对于初创阶段的民营企业有着特别重要的意义和作用，它减少了经营上的制约因素，保证了经营方式的灵活多样性，有利于技术、工艺和财务的保密，提高了处理问题的机动性和敏捷性，为当时的民营企业高效运作提供了有力的组织保证和管理支撑。中国民营企业在完成了初始创业阶段之后，面临的主要问题变成了如何完成从“创业结构”向“发展结构”的转换。具体而言，一个困难的选择摆在了民营企业创业者的面前：是企业服从创业者？还是创业者服从企业？如果选择了前者，则可能导致中国民营企业发展的终止。如果选择了后者，则意味着中国民营企业必须经历一场改革，这个改革就是“二次创业”。

二次创业和一次创业的差异不仅体现在企业发展的时间上，更体现在两者的内涵上。二次创业和一次创业相比较，主要的区别在于以下几个方面（如表4－2所示）。

表4－2　　二次创业和一次创业的比较

特征		一次创业	二次创业
标志		起家（生存、形成规模）	持续发展（新的增长方式）
领导		创业者	企业家
主体		政府（政策）和环境	企业（机制）和能力
实质		资本原始积累	组织机制的完善和建设
动力		政策性和市场性投机	资源整合和创新
目的		追求利润最大化	兼顾社会责任
经营目标		顾客满意	股东、员工、顾客、社会四满意
产权		业主制（一元化产权）	公司制（多元化产权）
资源	资金	自身和亲朋好友	社会
	人才	家族成员	社会
	管理者	家族成员	社会
	信息（知识）	个体、单渠道，随机，地域化	群体、多渠道，规律，多样化
	技术	模仿	学习和创新
管理		家庭式管理	科学、规范管理
决策		“强人统制”	集体决策、规范化管理
经营		实体经营（规模经济）	虚拟经营（规模经济和范围经济）
战略	目标	比较优势和领先者优势	持续竞争优势
	优势来源	价格和成本（要素）	品质和差异（能力和竞争力）
		市场（产业）结构	企业资源整合和持续创新
	选择产业	专业化产业	专业化和多元化并重
	种类	利基战略/低成本战略	综合战略/创新战略

二次创业的实质是企业初创时期的“资源整合”方式已不适应企业的发展，也就是在企业快速的财富积累（包括与此同时的企业规模膨胀）超越了企业早期的“资源整合”方式（范式）。所以二次创业的实质就是“资源整合”方式（范式）的调整和变革，而在这一系列调整和变革中间，“企业家的变革”是最为关键的。荣斯戴特（R. C. Ronstadt，1984）认为“创业是一个创造财富的动态过程……价值是由企业家通过获得必要的技能和资源并进行配置来注入”。因此，二次创业可以理解为在企业发展到一定程度下，企业在面临新的内部和外部条件下通过核心能力的提高而实现的企业制度化管理的过程，即从传统管理方式转变为现代管理方式，从家属式创业结构转变为现代的企业发展结构。

基于上述分析，我们将二次创业和一次创业的创业者（企业家）特征归纳为以下四个方面（如表4－3所示）：首先，在思维方式上，一次创业者往往将市场短期旺盛理解为市场永远旺盛，抓住某种机遇理解为永远抓住了机遇，在某个产业（行业）取得成功理解为自己能够经营所有产业（行业），在某个阶段取得良好的收益理解为永远只有收益没有风险。总之，他们往往过高地估计自己的能力而过低地估计面临的风险，总体表现为盲目冲动的创业行为。其次，在利益问题上，“一次创业”的创业者主要是为了获得高质量的生存条件，而“二次创业”的创业者把自身利益的追求和自我价值实现放在重要的位置。再次，在社会地位上，在“一次创业”中，创业者是一种政府（社会）的附属，而在“二次创业”中，他们将成为具有社会地位的高素质的企业家阶层。最后，在性质类型上，“一次创业”创业者主要是资本和市场的投机型，他们的成长和发展取决于特殊投资（投机）的成败，而在“二次创业”中，他们将利用自身的知识和素质经营企业，创造财富。

表 4-3　　　　二次创业和一次创业的企业家特征比较

特征	一次创业	二次创业
思维方式	盲目冲动	理性思维
利益问题	单纯的自我利益	注重自我价值实现
社会地位	附属性	具有社会地位
性质类型	资本型	知识管理型

4.3.2　浙商的“代际传承”

中国人天生具有“家”的思想。有家就有传承。因此，浙商“创一代”在创业成功后，由于年龄、身体和其他等客观及主观的因素，“创一代”大多会在某个时间把企业交给自己的下一代，以实现事业和家族的“代际传承”。尽管这种“代际传承”具有客观必然性，但是其合理性和科学性需要深入研究。因此，在此不想用过多笔墨去分析其必然性问题，而是讨论如何使“代际传承”更具科学性。所谓科学性就在“代际传承”过程中，浙商“创一代”创立的事业能否持续创新和发扬光大。

4.3.2.1　两代创业者的差异性

如果我们把“创一代”称为“开拓者”，那么我们可以把“创二代”称为“继承者”。他们不仅受到“创一代”的影响，具有“创一代”的某些精神，如特别能吃苦，特别能学习，能够发现并抓住机遇，能够充分发挥商会的作用等，但是他们也与“创一代”存在诸多差异。

（1）个体差异性。首先，基础条件和起步情况不同。与鲁冠球、宗庆后、南存辉、李书福、徐冠巨、王水福、汪力成和郑坚江等草根出身的第一代创业者不同，浙商“创二代”不仅普遍接受良好的教育，甚至还接受海外的高等教育。这使得他们不仅能充分利用现代工具进行科学创业，而且不再拘泥于经验主义式的创业。他们更愿意倾听专业人士的建议并聘请职业经理人进行公司管理。他们不仅能充分挖掘用户需求和当下热点，发现"财富洼地"，而且把目光投向了资本市场和其他新兴行业。其次，学习方式不同。他们不仅继承了上一辈创业者的好学、善学的品质。尤其吸收了老一辈"干中学"这种行之有效的学习方式。这种好学、善学品质是浙商精神中最为重要的元素。浙商在学习上的投资雄居全国首位(吴晓波，2018)。但由于两代创业者基础条件不一样，学习内容和学习方式必然不一样，也导致了其思维方式的不一样。与"创一代"以熟人之间同行业之间学习及零星知识学习为主不同，浙商"创二代"更愿意接受系统的知识和技能学习，更愿意学习现代新技术。最后，与"创一代"生存创业和激情创业不同，在经济快速发展及经济转型时代，尽管"创二代"具有更加宽松的创业环境和更加开放的国际形势，但是事实上，"创二代"比"创一代"具有更大的创业压力（张东亚，2012）。这种压力既来自社会对这个群体的期待，也来自第一代创业者成功创业给他们带来的压力。

（2）机会差异性。首先，与第一代创业者的创业环境不同，创二代大多生活在"亲清关系"和公平竞争的经营环境下。第一代创业者创业成功或多或少在利用当时社会体制的不完善性。随着整个社会法制的日益健全，"寻租"成本越来越大。因此，"亲清关系"是新一代浙商成长的新动能（吴晓波，2018）。其次，一方面，随着经济从短缺向过剩转变，创业机会将从满足市场需求向创造市场需求转变。因此，新一代浙商人能否抓住"新基建"的政策机会，能否抓住"新科技"的技术机会，能否抓住"新制度"的改革机会，能否抓住"新应用"的市场机会及能否抓住"新产业"的供给机会（兰建平，2020）是他们能否抓住新的商业机会的关键。另一方面，经营环境已从相对稳定向"乌卡"（UVCA）变迁，因此能否抓住"一带一路"的发展机会，能否抓住经济增长模式由高速增长转为高质量增长的发展机会，能否抓住"双碳"战略带来的发展机会，是对"创二代"能否成功创业的一大考验。最后，企业的竞争优势越来越从低成本优势向技术创新优势转型，能否在继承和发扬"工匠精神”的基础上，努力实现从模仿创新向产学研相结合的原始创新转变，从“中国制造”向“中国智造”转变，从“简单加工”向全球“隐形冠军”转变，是对每一个浙商“创二代”的时代考问。

（3）资源差异性。首先，与第一代创业者当时的创业资源条件不同，改革开放进行了40多年，浙江作为我国的东部沿海省份，率先享受到了融入全球经济的好处。近200万名遍布全球的浙商，促进了浙江企业更为积极地拓展海外市场，扩大产品的出口，更快地对接国际市场和全球资源，促使浙江生产力和人均收入得以在更大的地域范畴上更快提高，成为我国经济中全球化程度最为发达的省份之一（吴晓波，2018）。因此，除了科技、人才等资源外，与第一代创业者相比，“创二代”拥有极其广泛的全球浙商资源。其次，与第一代创业者当时极其匮乏的人力资源条件不同，当下，我国已成为全球最大的人力资源国家，这为浙商“创二代”提供了源源不断的高素质人才。这些条件为“创二代”进行技术创业提供了条件。最后，随着我国资本市场的日益完善和国际资本的快速流动，为“创二代”提供了充足的资本配给。

（4）行为差异性。首先，不论是继承家族企业的“创二代”还是白手起家的“创二代”，他们都继承了以“历经千辛万苦、说尽千言万语、走遍千山万水、想尽千方百计”的“四千精神”传统的浙商精神，又进一步大力弘扬了“坚忍不拔的创业精神、敢为人先的创新精神、兴业报国的担当精神、开放大气的合作精神、诚信守法的法治精神和追求卓越的奋斗精神”的新浙商精神，全面推进腾笼换鸟、凤凰涅槃，扎根浙江、放眼全球，开拓创新、克难攻坚，以新风貌新作为推动新发展、实现新飞跃。其次，“创一代”生存创业主要追求物质财富，他们在创业过程中更具社会责任感（杨卫忠、孔冬，2017），第二代浙商更具有追求企业获利和承担社会责任两者均衡的创业行为。最后，与“创一代”不同，“创二代”在创业过程中，在企业管理、经营策略、投资方向、利润增长和选人用人等方面存在明显的差异性（赵晶、祝丽敏，2018；邵光、卫桂玲，2019）。

我们将上述思想简要地用表4-4表示。

表4-4　两代浙商的差异性比较

差异性	创一代	创二代
个体差异性	大多草根出身 受教育较少 "干中学"和熟人间学习为主 创业压力较小	良好的基础 良好和全面学习 多种方式学习 创业压力较大
机会差异性	社会法制的不健全 或多或少"寻租" 短缺经济 环境稳定 低成本优势	社会法制的日益健全 "寻租"成本越来越大 过剩经济 "乌卡"时代 技术创新优势
资源差异性	以个人资产作为主要条件 人财物匮乏 小范围人际关系	以社会资本作为主要条件 人财物充足 全球浙商网络
行为差异性	以"四千精神"为特征 主要追求物质财富 家族式管理 专业化投资 主要岗位为熟人和亲人	以新浙商精神为特征 兼顾追求物质财富和承担社会责任 既有家族式和职业管理 多领域投资 多领域选人用人

4.3.2.2 "代际传承"中的主要问题

由于两代浙商存在众多方面的差异性，因此有可能引发"代际传承"过程中的矛盾与冲突。

第一，企业继任者人选问题。首先，有没有合适的接班人。由于中国传统文化和思想的影响，"代际传承"的家族企业往往会"任人唯亲"，导致在一些核心岗位上任用一些德才不配位的人（邵光、卫桂玲，2019）。其次，传男还是传女。受到传统习俗的影响，我国"传男不传女"惯例一直存在。当家族企业的继任者人选中，出现男性人选由于能力不足以领导企业，而女性人选的能力能够领导企业继续发展的时候，是传承给能力不足的男性还是能力强的女性，这将是一个很难的抉择。特殊情况下，当家族企业中出现多名女性候选人时，许多“创一代”往往会自觉不自觉地考虑女婿及女婿家族是否会侵吞家族企业资产的问题。更为特殊的情况是家族企业没有直系继任者，是传承给旁系亲属还是寻找有能力的无血缘关系的人来领导企业，也是很难的抉择。最后，家族企业的传承时间也存在一个时机问题，什么时候交接，交接时间的长短及考验时间的长短，也是一个重要的选择问题。因此，企业“代际传承”的成功需要完整清晰的继任计划（张香美，2014）。事先让准备继承的“创二代”进行适当的锻炼和培养是非常重要的。一个较科学的办法是把拟继承者放在家族外的企业，让他们积累充分的工作经验并学习其他企业的管理经验。另外，让继任者在家族企业从内部基层做起以了解企业整体的运行流程也是非常有必要的。我国厨房品牌的全球领先者方太集团创始人茅理翔将他们父子的代际传承过程归结为三个三年，即带三年、帮三年、看三年（佚名，2012）。

第二，企业组织架构调整问题。首先，调整的时间问题。过早或过迟调整，都会对企业的发展造成巨大的冲击。其次，集权还是分权。受到传统儒家集权式文化的影响，浙商“创一代”一般对权力较为迷恋，个人主义泛滥。另外，由于创业的成功，“创一代”也会盲目自信。因此，在任者往往会迷恋手中的权力而不放心继任者。那么，对于“创二代”而言，面临的一个重大的抉择是继续维持父辈的集权组织还是适时地将企业调整为分权组织。最后，能否分权。能否分权是与“创二代”个人能力和外部环境因素分不开的，当其个人能力难以在企业树立权威或者外部环境动荡多变时，过分的分权不一定有利于企业的发展。

第三，企业发展战略问题。首先，有可能出现战略模糊。战略模糊既可能来自两代创业者战略的严重差异性，也可能来自两代创业者战略衔接的空白。前者是指两代创业者由于环境和自身战略取向的差异而产生的战略不一致性，后者是由于“创一代”完成权力交接后而“创二代”又缺乏合适战略所产生的无战略状况。具体而言，由于继任者可能从小生活优越，一直以来受到父母的庇护和教育，很多问题都是在父母帮助下解决的，这种慢慢滋生的依赖性使得继任者无法独立作出正确的决策，当企业危机来临时，他们往往会束手无策。如果这个时候，“创一代”无法帮助其出谋划策，就会出现战略的空白。其次，有可能出现战略迭代失败。当企业战略需要及时变更时，由于继任者的能力或“创一代”强势等原因，可能形成继任者无法全面处理企业战略变化而退居二线的“创一代”又无法了解企业内外部真实情况的局面，从而形成战略迭代的失败。最后，家族企业选择“子承父业”模式，其本质不仅是新旧领导者的交替，而且是企业内新旧管理团队逐步变更的过程。如果家族企业的继任者和与之协助的新老管理团队不匹配，也会使企业战略形成失败。

第四，企业经营管理方式问题。首先，“创一代”白手起家，他们往往在企业发展过程中形成更以成本为中心而非以利润为中心的现象。而在新环境下成长的继任者，往往没有经历过艰难的生活，更没有体会过“白天当老板，晚上睡地板”的创业艰辛，因此他们在企业具体的经营方式会比较重视利润而非完全的成本降低。上述两种企业文化往往会形成企业经营管理的混乱。另外，两代创业者有着不同的领导风格，也会影响企业的价值观导向及企业利益分配方式等的差异。其次，两代创业者管理思想的差异。文化与教育背景的差异成为横亘在两代创业者之间的鸿沟，使两代人存在着一定的文化冲突和公司治理思维差异，这种差异往往会随着代际传承使企业的经营管理模式发生突然转变，从而引起企业效率的下降和发展方向的迷失。最后，信任问题。在代际传承中，随着企业规模的扩大，第二代的信任程度不可避免地比第一代低，如果没有有效的机制可以维系这样的信任，且企业维持封闭的状态，那么企业将会走向衰落。

4.4 本章小结

狭义的“浙商”即出生于浙江的商人，而广义的“浙商”是指富含“浙江精神”，在浙江或外地经商的所有商人，他不仅包括出生于浙江的商人还包括生于外地但是有在浙江生活或学习经历的商人。在本章中，首先，简单介绍近代徽商、晋商、潮商和浙商我国四大重要商帮的基本概况，以了解浙商整体的形成和发展过程；其次，按照地理特征，将浙商“创一代”的基本派系划分为宁波帮、温商、杭商、婺商和湖商等，并对其的创业行为进行研究；再次，从二次创业和一次创业的企业家特征比较出发，进行两代浙商的差异性比较，分析“创二代”的创业行为和“代际传承”中的主要问题；最后，由于浙商创业普遍形成了产业集群，因此我们实证研究了集群环境下对浙江企业缺乏技术创业的深层次原因。

通过上述研究，我们得到以下四个重要结论。

第一，唐代以后，随着中国经济中心的南移，浙江逐渐变成我国的繁荣之地甚至成为我国的重要经济中心。同时，作为海上丝绸之路的起点及明代就设立了市舶司，使得浙江在对外商贸有着得天独厚的优势。在明代，浙商主要是由以龙游帮为主体的衢州商帮、宁波商帮和绍兴商帮等为代表。相对而言，龙游帮和宁波帮更为突出，当时有“遍地龙游”和“无宁不成市”的说法。浙商崛起于清中后期，此时的徽商和晋商一步步走向没落，而浙商则越来越强大，异军突起。因此，自清中后期，便有“中国第一商帮”之称。浙商的文化起源可以追溯到浙东学派，浙东学派提倡“经世致用”和“经商之人亦是才”，不提倡“重农抑商”，这样的文化促使了当地人思想的转变和浙商的发展。浙商正是在这样的“天时”“地利”和“人和”的条件下一步一步地形成的。

第二，我们将20世纪80年代初到90年代中期称为“一次创业”阶段，把从90年代中期（尤其是南方谈话）至今称为"二次创业"阶段。研究发现，两代浙商的差异主要体现在个体差异性、机会差异性、资源差异性和行为差异性四个方面。就创业行为而言，"一次创业"时期的浙商主要是以"四千精神"为特征、主要追求物质财富、以家族式管理为主、进行专业化投资和主要岗位使用熟人和亲人，而在"二次创业"时期的浙商主要是以新浙商精神为特征、兼顾追求物质财富和承担社会责任、既有家族式管理也有职业管理、进行多领域投资和多领域选人用人。

第三，由于两代浙商存在众多方面的差异性，因此有可能引起"代际传承"过程中的矛盾与冲突。在"代际传承"中，我们需要处理好企业继任者人选、企业组织架构调整、企业发展战略和企业经营管理方式四大难题。

第四，从浙商的创业行为来看，尽管"创二代"与"创一代"的创业行为有着一定的差异，但是整体而言仍以市场型创业行为为主，缺乏技术型创业行为。通过对浙江省6个集群184个有效样本企业的实证研究后我们发现，要推进浙商的创业行为从市场型创业行为为主向技术型创业行为为主转变，不仅需要营造良好的商业环境，而且政府在政策制定中更应关注企业的技术创新。另外，政府要通过相关政策预防和治理集群内部企业之间的恶性竞争，以保护知识产权。

第5章
“海归系”创业行为研究

5.1 “海归”的基本概念

5.1.1 “海归”的概念和度量标准

海归（returnee，overseas returnee）是海外留学归国人员的简称。近年来，“海归”现象越来越受到媒体和研究者的关注（李心斐等，2020；姚凯，王亚娟，2020）。人民网2002年在总结“五年成就‘100词’”专栏中提及海归一词。2017年印发的新版《深圳市留学回国人员引进实施办法》对“留学回国人员的基本条件”作出了如下明确要求：在国（境）外学习并获得学士以上学位的留学人员（包括已获得居住国永久居留权、留学国再入境资格者）或在国（境）外高等院校、科研机构工作或学习1年以上并取得一定成果的访问学者或博士后等进修人员①。

① 资料来源：深圳市人力资源和社会保障局关于印发深圳市留学回国人员引进实施办法的通知[OL]. 深圳政府在线，http：//www. sz. gov. cn/zfgb/2017/gb1000/content/mpost_4990696. html，2017－04－10.

尽管不同学者可能对海归的内涵有不同的理解，但对海归概念的界定主要包括以下两点：第一，国籍。他必须具有中国国籍（Kenney et al.，2013）。由于中国不承认双重国籍，某个体一旦取得外国国籍，即自动丧失中国国籍。这些取得其他国家的公民身份后即属于海外华裔。他们回国创业时的身份应属于外国专家，而不属于海归范畴（陈怡安，2014）。第二，国（境）外经历。要求在国（境）外学习并获得学士以上学位，或在国（境）外高等院校、科研机构工作或学习1年（含）以上并获得一定成果的访问学者等进修归国人员。

综上所述，我们将海归界定为：具有中国国籍（包括已获得居住国永久居留权、留学国再入境资格者），在国（境）外学习并获得学士以上学位的学成归国人员，或者在国（境）外公司等组织机构具有1年（含）以上正式工作经历人员，或在国（境）外高等院校、科研机构工作或学习1年（含）以上并获得一定成果的访问学者等进修归国人员。

5.1.2 “海归”的历史演变

在全球化视角下审视中国的近现代历史不难发现，一部中国近现代史，也是一部中国海归的探索开创史、报国奉献史和创新交融史。中国人的海外求学之路在不同时期呈现出各自鲜明的特点。本节基于中华人民共和国成立和改革开放两大时间节点，将中国海归的发展演变划分为近代史阶段、现代史阶段和当代史阶段，梳理各阶段留学生群体面临的机遇和挑战、担负的使命及产生的不同影响。

近代史阶段，即自清末民国时期到中华人民共和国成立前的阶段（1872～1949年）。此阶段海归呈现“探索、开创”的特点。“三千年未有之大变局”迫使国人从“天朝上国”的幻象中逐渐清醒过来，并转而向更为先进的西方文明学习。这一时期的海外求学带有深刻的时代烙印，主要是学习西方的先进知识并应用于中国，使中国走上独立富强的道路。在此期间的留学人员主要有政府选派、利用庚子赔款选派和由社会民间团体选派等三种途径，虽然数量不多，但是质量极高。他们堪称精英中的精英，深刻影响着20世纪中国的历史进程与中华民族的命运。

现代史阶段，即自中华人民共和国成立到改革开放前的阶段（1949～1977年）。此阶段海归的特点可归结为“报国、奉献”。中华人民共和国建立初期，面对国内百废待兴的建设需要和国外恶劣复杂的国际局势，中国政府一方面研究并落实派遣留学生出国学习、回国建设中华人民共和国的方针与计划，另一方面也在制定并实施吸引在外留学人员回国工作的政策部署。在中国政府的不懈努力与感召下，中华人民共和国在成立初期迎来了一次较大规模的“海归潮”①。以钱三强（1948年回国）、李四光（1950年回国）、华罗庚（1950年回国）、赵忠尧（1950年回国）、黄昆（1951年回国）和钱学森（1955年回国）等为代表的一大批怀抱拳拳报国心的海外赤子回国，参与到中华人民共和国的重建工作中。据统计，中华人民共和国成立前夕，整个中国的科研机构只有40多个，科研人员不到1 000人，科技成果寥寥无几，新型学科近乎空白。这一大批高层次海归人才堪称中华人民共和国一代科学巨擘。他们对“五年规划”的实施、在“两弹一星”等领域发挥了极大作用。到20世纪50年代末，中华人民共和国以令人惊叹的速度建设了包括兵器、航空、船舶、电子等领域的大中型企业1 000多家（苗丹国，2010），初步形成了独立完整的国防工业和科技体系，搭建了比较完备的高等教育学科体系②。

当代史阶段，即改革开放后的阶段（1978年至今）。此阶段海归呈现“创新、交融”的特点。这批海归是中国与世界全方位接轨的天然纽带和

---

① 1948～1957年期间在外中国留学人员相对集中陆续回国的现象被表述为“在外中国留学生和学者返回祖国的活动”，或被概括为中华人民共和国“建国后第一次在外学人的归国潮”。这次“归国潮”在中国近代留学史上占有重要地位，一批在专业技术上颇有建树并且热爱祖国的留学人员和专家学者们，最终放弃了国外优越的工作条件与生活环境，经过艰难的历程返回国内，并在其后的时间里为中华人民共和国的科学和教育发展作出了积极贡献。

② 资料来源：海外赤子的艰险归国路——新中国成立初期海外留学人员归国掠影[OL]. 人民网，http://dangshi. people. com. cn/n1/2019/1017/c85037－31404908. html，2019－10－17.

中国现代化建设中不可替代的重要力量（王辉耀，2014）。这一阶段的留学活动与海归现象呈现出国际化、规范化与规模化等新特点，具体将在后续章节中重点展开。

5.1.3 改革开放以来我国“海归”的变迁历程

党的十一届三中全会的召开，我国的留学教育也迎来恢复发展的黄金期。在此时期，中国的留学教育快速经历了早期留学学成人员大量滞留海外，到21世纪后大部分学成人员回国发展的巨大反转。这一阶段中国留学人员的出国与回国情况总体可细分为以下四个阶段。

5.1.3.1 1978～1985年：公派出国人员滞留现象开始显现

自1978年起，中国开始向国外派遣大批留学人员，此阶段主要是公派留学。随着国家逐步加大外派留学生的规模，留学审批权也逐渐下放至中科院等各机关单位。但是在1983年以后，大量公派留学人员学习期满后滞留不归现象开始显现。其原因主要有以下两个方面：一是中国在改革开放初期制定的留学政策脱离了当时在外留学人员的实际情况，主要是没有事先明确要求留学人员学成后必须回国；二是当时西方发达国家为留学人员提供的工作条件远比国内优越。另外，出国留学人员回国工作的条件也较不理想。因此，如何使公派留学人员，特别是获得博士学位者回国工作，开始成为中国留学政策研究的重点（苗丹国，2010）。

5.1.3.2 1986年至20世纪90年代初：“学而不归”现象突出

自1984年以后，国家陆续出台多项政策措施扩大留学规模，经济条件较好者的自费留学也逐渐增加。然而1989年本应是大批公派留学人员陆续回国的年份，但是有大量中国留学生选择逾期不归。其中，高等院校和国家级科学院所的高学历层次人才外流情况尤为严峻。造成这一现象的主要原因，除了当时中国所处的经济社会发展阶段因素外，还有以美国为首的西方国家加大了对中国在外留学人才的吸引力度。在此阶段，中国有关部门以“如何吸引留学人才回国工作”为工作重点并做了大量的努力与尝试。

5.1.3.3 20世纪90年代中期至21世纪之前：大量人才滞留海外

据统计，在1979~2000年的21年间，中国公派留学生达45万多人，其中仅有13万人回国，约32万名高层次人才滞留海外（苗丹国，2010）。与此同时，随着中国经济的发展，自费留学人数进一步增长。但是面对国外优越的生活环境与工作条件，完成学业后留在海外仍是大量留学人员的首选。大量精英人才的滞流对这一时期我国的经济建设产生了重大影响。为最大可能吸引海外优秀人才回国服务，中国政府着力调整相关政策、积极采取更为合理有效的措施。例如1996年起，国家对公派留学进行全面改革，成立国家留学基金委员会，实行“个人申请，专家评审，公平竞争，择优录取，签约派出，违约赔偿”的新办法，对留学行为做了进一步的规范。

5.1.3.4 21世纪以来：海归人数持续上升

21世纪以来，随着我国的开放程度不断加大及综合国力不断强盛，留学活动也进入“繁荣发展期”。与此同时，针对海归回国就业创业的政策福利与服务保障逐步完善及国外对于高素质华人的需求开始相对饱和，使得这一时期的留学回国人数比例开始上升并出现了“史上最大回国潮”。其中，2002年前后回国的海归代表，如王志东、李彦宏、邓中翰、周云帆、张朝阳和丁磊等，书写了中国乃至全世界在数字化时代的财富神话。随着2008年国家实施的“千人计划”，留学回国人数占出国人数的比例进一步增大，在2013年和2019年这两年，这一比例分别达到85%和82%的历史高位①。这一时期，我国成

① 资料来源：教育部网站。

功吸引了包括美国科学院院士王晓东、朱健康，中国商用飞机有限责任公司型号总设计师助理兼上海飞机设计研究院副院长李东升、中国移动通信研究院院长黄晓庆和方恩医药发展公司董事长张丹等不同领域的大科学家（易蓉蓉，2012）。

5.1.4 21世纪前20年中国“海归”的基本数据分析

5.1.4.1 “海归”的总体规模分析

进入21世纪后，随着出国留学人员规模的逐步扩大和中国经济环境的不断改善，回国人员数量快速增加，回国人员占出国留学人员比例也开始提升。自2000年以来我国出国留学和留学回国人员的人数增长情况如表5-1所示。

表5-1 2000~2019年我国出国留学与回国人数情况汇总

年份	当年出国留学人员（万人）	当年留学回国人员（万人）	比上一年增长的人数（万人）	当年回国人员占当年出国人员比（%）	1978年至今出国留学总人数（万人）	1978年至今留学回国总人数（万人）	累计回国人员占累计出国人员比（%）
2000	3.90	0.91	—	23.33	34.00	13.00	38.24
2001	8.40	1.22	0.31	14.52	46.00	13.50	29.35
2002	12.50	1.79	0.57	14.32	58.50	15.30	26.15
2003	11.73	2.01	0.22	17.14	70.02	17.28	24.68
2004	11.47	2.51	0.50	21.88	81.49	19.79	24.29
2005	11.85	3.50	0.99	29.54	93.34	23.29	24.95
2006	13.38	4.24	0.74	31.69	106.72	27.52	25.79
2007	14.40	4.40	0.16	30.56	121.17	31.97	26.38

续表

年份	当年出国留学人员（万人）	当年留学回国人员（万人）	比上一年增长的人数（万人）	当年回国人员占当年出国人员比（%）	1978 年至今出国留学总人数（万人）	1978 年至今留学回国总人数（万人）	累计回国人员占累计出国人员比（%）
2008	17.98	6.93	2.53	38.54	139.15	38.91	27.96
2009	22.93	10.83	3.90	47.23	162.07	49.74	30.69
2010	28.47	13.48	2.65	47.35	190.54	63.22	33.18
2011	33.97	18.62	5.14	54.81	224.51	81.84	36.45
2012	39.96	27.29	8.67	68.29	264.47	109.12	41.26
2013	41.39	35.35	8.06	85.41	305.86	144.47	47.23
2014	45.98	36.48	1.13	79.34	351.84	180.96	51.43
2015	52.37	40.91	4.43	78.12	404.21	221.86	54.89
2016	54.45	43.25	2.34	79.43	458.66	265.11	57.80
2017	60.84	48.09	4.84	79.04	519.5	313.2	60.29
2018	66.21	51.94	3.85	78.45	585.71	365.14	62.34
2019	70.35	58.03	6.09	82.49	656.06	423.17	64.50

资料来源：《中国统计年鉴》（2010）及教育部网站。

根据表 5－1 的数据，我们绘制出我国留学人员回流比例情况图（如图 5－1 所示）。从该折线图的趋势可以看出，2003～2019 年的留学人员的回流情况大致可以分为三个阶段：第一，海归潮 1.0。2003～2010 年，我国留学归国人员占出国留学人员的比例处于逐年缓慢上升阶段。第二，海归潮 2.0。2011～2013 年，我国留学归国人员占出国留学人员的比例呈快速扩大趋势。第三，海归潮 3.0。2014～2019 年，我国留学归国人员占出国留学人员的比例处于平缓增长阶段。

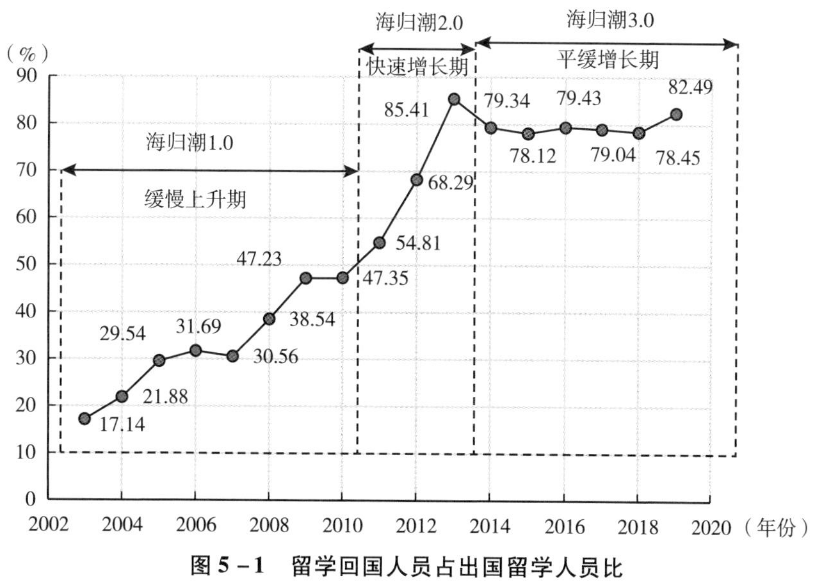

图5-1 留学回国人员占出国留学人员比

5.1.4.2 "海归"的回国动因分析

2018年和2019年《中国海归就业创业调查报告》的数据显示,"方便与家人、朋友团聚"仍然是海归选择回国发展的主要原因,约占到受访人数的60%;"国内经济发展形势较好"继续排名第二;"对中国文化和美食的眷恋"则以22%的占比位居第三。与此同时,国际政治经济局势对留学生回国发展的影响依然较大,如美国政府自2018年以来陆续发布多项有关留学、移民和工作签证收紧的政策和法令(王辉耀、苗绿,2021)。在此背景下,2019年有20%的受访海归认为"国外的政治或社会环境不利于留学生发展"。这一数值虽然较2018年下降了7个百分点,但是另有14%和13%的受访海归分别选择了"在国外找不到合适的工作"与"签证到期必须要回国",反映出在复杂的国际政治经济格局影响下,国外就业市场与签证/移民政策收紧是留学生回国就业的重要推动力。

此外,与2018年相比,2019年选择"为国奉献"的受访海归比例有所提升,占比从12%上升到17%;选择"国内拥有良好的创新创业环境"的受访海归占到15%,较2018年增长了6个百分点,这表明国内的创新创业环境进一步得到认可。国内人才政策的吸引力也有所提升，认同比例从2018年的12%上升到2019年的13%。具体原因分析如图5-2所示。

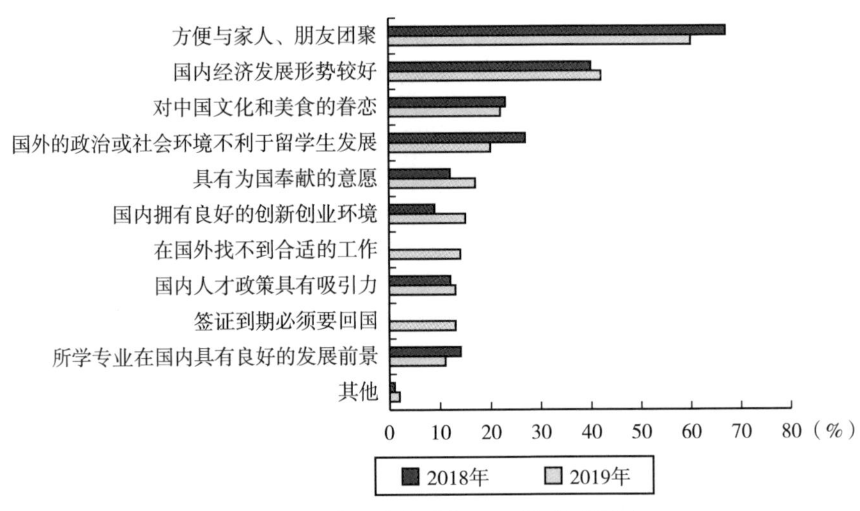

图5-2　我国海归选择回国的主要原因

5.1.4.3　“海归”原户籍地和就业意向地分布分析

在海归户籍地分布方面，据益索普Ipsos发布的《2020海外留学数据报告》显示，一线、新一线及二线城市等经济发达地区仍然为海归的主要户籍所在地。其中，来自一线城市的受访海归占到21%，来自新一线城市的受访海归占到17%，来源于二线城市的受访海归占到29%，合计占比达到67%。而在受访海归中，来自三线城市和四线及以下城市的人员占比分别为13%和20%。从海归学成回国后所选择的就业创业城市来看，北京、上海、广州等一线城市仍然是海归的首选，占比超过半数，达到52%；成都、重庆、杭州、武汉、西安、天津、苏州、南京等新一线城市，开始受到关注，有17%的受访海归选择；二线城市有21%的受访海归选择，而三线城市和四线及以下城市只有5%的受访海归选择。具体情况如图5-3所示。

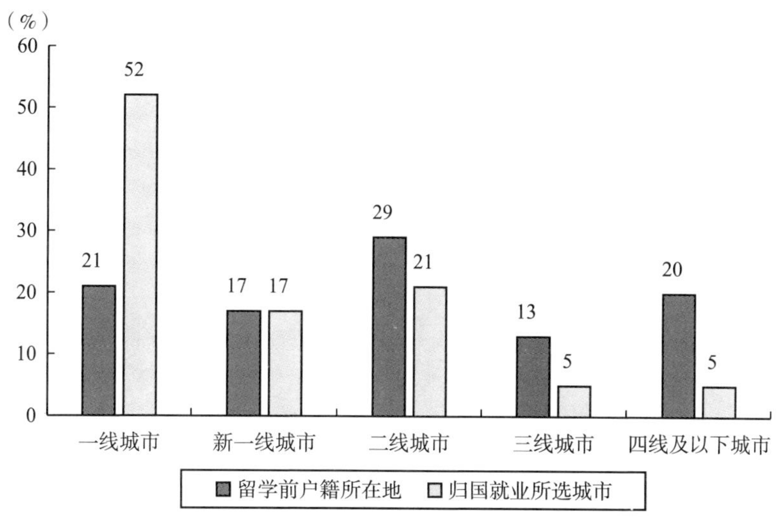

图5-3 我国海归出国前户籍地及归国就业城市情况

5.1.4.4 “海归”的行业选择分析

《2020海外留学数据报告》显示，金融业和法律、咨询服务是海归就业的首选领域，均占到受访海归人数的15%；电力、热力、燃气及水生产和供应业，以及信息传输、软件和信息技术服务业的排名紧随其后，分别占到受访海归人数的12%和11%。另外，选择的其他就业行业还包括制造、采矿业（6%），教育行业（6%），建筑业（5%），科学研究和技术服务业（5%），卫生、医疗行业（5%），农、林、牧、渔业（4%），文化、体育和娱乐业（3%），交通运输、仓储和邮政业（2%），公共管理、社会保障和社会组织（2%），批发和零售业，住宿和餐饮业，房地产业，水利、环境和公共设施管理业及快速消费品（均为1%）和其他行业（3%）。具体就业行业选择分布情况如图5-4所示。

5.1.4.5 “海归”的工作单位性质分析

在工作单位性质方面，根据北京市经济与社会发展研究所协助致公党中央组织部开展的调查显示，在“事业单位”工作的受访海归人数最多，占比达到23.90%；进入“私民营企业”的海归人数紧随其后，占比为

23.40%；占比相对较高的单位类型还有“国有企业”“自己创业”“外资企业”和“政府部门”，占比分别为17.80%、15.70%、9.80%和5.20%；另外，有1.60%的受访海归在“社会组织”工作，1.40%的受访海归工作性质为“其他”，还有1.10%的受访者表示“无工作”，总体分布情况如图5－5所示。

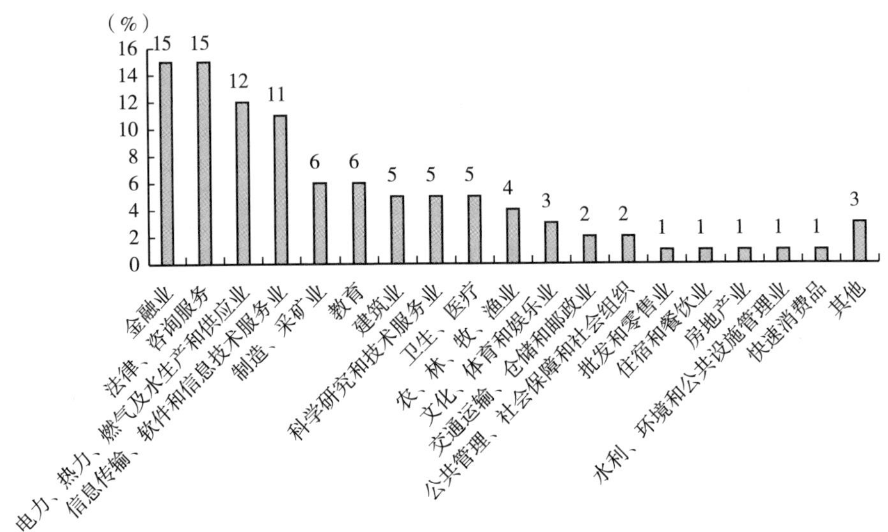

图5－4　受访海归的就业行业分布情况

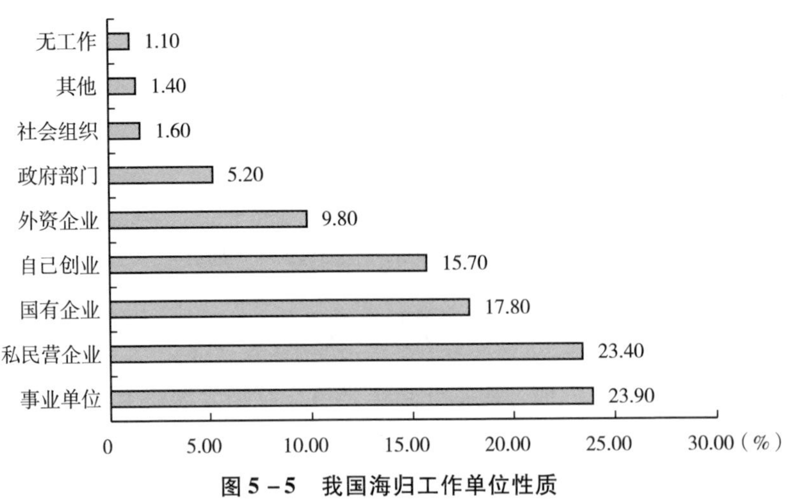

图5－5　我国海归工作单位性质

按照是否在体制内工作划分，总计有46.90%的受访海归在事业单位、国有企业或政府部门等体制内单位工作；除选择“社会组织”“其他”及“无工作”的受访海归外，传统体制外的受访海归占比达到48.9%。从本次调查的样本情况来看，在体制外就业的海归比例比进入体制内的海归高出2个百分点，其中政府部门人员仅排在9个单位选项中的第6位，反映出海归人员总体而言更倾向于体制外就业。

5.1.4.6 “海归”创业的政府扶持举措分析

相较于本土人员，海归群体具有更强的创业倾向（彭伟，2017），前述“有15.70%的海归选择自主创业”也印证了这一观点。这一判断也得到麦可思研究院调查数据的支持：基于麦可思—中国2016届大学毕业生3年后职业发展调查，有1.8%的留学人员毕业3年后进行自主创业，明显高于国内同届研究生毕业3年后进行自主创业的比例（0.5%），为同届国内读研毕业生的3.6倍。

近年来，从中央到地方纷纷以人才资助、落户资质及“双创”优惠条件吸引优质的海归人才。从各层级各项人才计划来看，2008年12月，中共中央办公厅转发《中央人才工作协调小组关于实施海外高层次人才引进计划的意见》，通过最高层次的官方引才计划加速了海外高层次人才的引进工作。此后，各部委及其他有关部门，各地方政府也根据自身情况出台了相应的海外引才计划。同时，由于各地区在吸引海外人才方面存在竞争关系，许多地方着力在引才制度与政策设计方面突出本地特色，以吸引更多更优质的海归人才落户本区域。例如，北京朝阳区自2013年以来每年举办海外人才创业大会（OTEC）①，通过跨境创业大赛、配套创业辅导与孵化、项目一站式服务等方式，吸引海归创业人才携带优质项目落户朝阳；杭州则依托未来科技城建设契机，搭建匹配硅谷的创业生态圈，将资本、人才及创业文化等环节打通，形成“人才+项目+资本”的双创生

① 该活动2019年以前的中文名称为“海外学人创业大会”。

态体系，吸引人才落户杭州。截至 2020 年 5 月，仅未来科技城就累计引进培育海外高层次人才 3 640 名，其中包括国家级海外高层次人才 153 名（王辉耀、苗绿，2021）。在各方引才计划的支持下，一批由海外高层次人才创立的科技企业快速涌现，对科技发展、产业转型和促进就业起到积极作用。国家有关部门及单位的主要海外人才引进计划项目如表 5－2 所示。

表 5－2　　　　国家有关部门及单位海外人才引进计划

实施主体	项目名称
人力资源和社会保障部	“海外赤子为国服务行动计划”（“赤子计划”）
	留学人员科技活动项目择优资助
	中国留学人员回国创业启动支持计划
	高层次留学人才回国资助计划
教育部	长江学者奖励计划
	高校学科创新引智计划
	春晖计划
中国科学院	百人计划
	创新团队国际合作伙伴计划
科技部	创新人才推进计划
自然科学基金委	杰出青年计划
中国科协	海智计划
国家海洋局	海洋系统“十二五”引进留学人才计划

资料来源：《中国留学人员创业年鉴》（2019）。

除通过各项引智政策直接支持海归人才以外，政府部门还致力于对留学人员创业园等创业孵化平台载体的搭建与支持。据人力资源和社会保障部统计，截至 2018 年底，全国共有 367 家留学人员创业园，入园企业超过 2.3 万家，吸引 9.3 万名留学人员，具体如图 5－6 所示。在从中央到地方对海归创业的全方位支持下，创业环境不断优化，创业园的孵化器功能、项目管理功能与资金管理功能不断完善，为海归人才回流创业提供了日益强大的助力与动力。

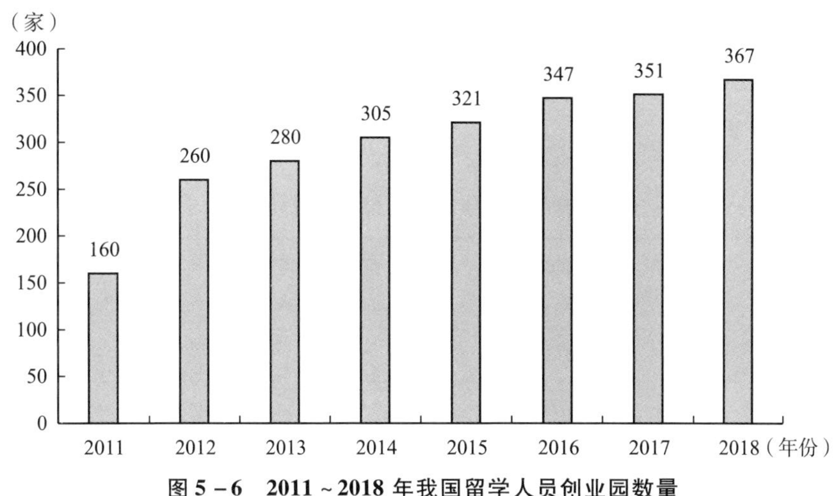

图5-6 2011~2018年我国留学人员创业园数量

资料来源:人力资源和社会保障部各年度《人力资源和社会保障事业发展统计公报》;2018年数据来源为《人力资源社会保障部对政协十三届全国委员会第二次会议第0440号(社会管理类040号)提案的答复》。

5.2 浙江"海归"的基本情况

5.2.1 浙江"海归"的概况

5.2.1.1 浙江"海归"的规模

改革开放40多年来,浙江不断制定和完善各类人才政策,积极创新人才工作机制,稳步提升人才服务,成功吸引大量海归人员留浙就业与创业。浙江省人力资源与社会保障厅公布的数据显示,2018年全年,浙江省共有3.2万名留学人员回国,较上一年增长18%。在2016~2018年3年间,每年的留学回国人员增长幅度保持在年均19%左右,且呈逐年上升趋势。截至2018年底,全省的留学回国人员总数为18.2

万人，当年的留学回国人员数量占历年留学回国人员总数的比例逐步提高到17.58%。2016～2018年浙江省留学回国人员数量变化具体情况如表5－3所示。

表5－3　浙江省留学回国人员情况统计

年份	历年留学回国人员总数（万人）	当年留学回国人数（万人）	当年回国人员占历年总人数的比例（%）
2016	12.5	2.0	16.00
2017	15.0	2.5	16.67
2018	18.2	3.2	17.58

资料来源：《浙江省人力资源和社会保障年鉴》（2017～2019）。

5.2.1.2　浙江“海归”的创业情况：基于省留创园的分析

在全国“大众创业、万众创新”的新态势下，浙江依托蓬勃发展的民营经济和创业传统，为怀抱创业梦的海归群体提供了梦想落地的丰沃土壤与平台。截至2016年底，浙江省共建成留学人员创业园21家，省级留学人员创业园5家；入住创业园的企业达到3 545家，吸引15 202名留学人才入园创业[①]。至2019年底，浙江省已建成留学人员创业园28家，3年间以平均每年新建2.33家的速度快速发展。其中，浙江已建设有国家级创业园5家，省级以上留学人员创业园22家，吸引6 242家企业入驻，并有67 584名留学人才在园创业。创业企业涉及电子信息、生物医药、软件开发、新能源新材料、光机电一体化、生态环境等高新技术产业，技工贸总收入2 081.7亿元[②]。仅3年时间，入住创业园的企业数量接近翻番，在园创业的留学人员数量翻了两番。2016～2019年入驻留学人员创业园的企业数量及海归人数的增长情况如图5－7所示。

① 资料来源：《浙江省人力资源和社会保障年鉴》（2017）。

② 资料来源：浙江省人力资源和社会保障厅专家与留学人员服务中心。

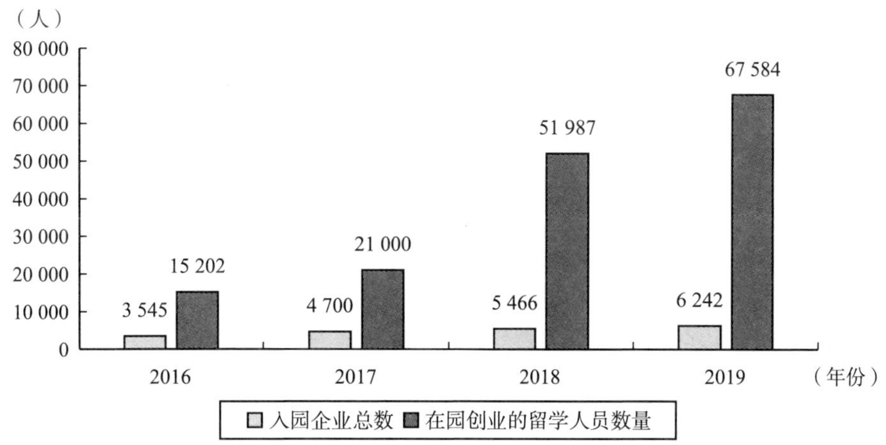

图5－7　2016～2019年入驻留学人员创业园的企业及海归数量情况

5.2.1.3　高新技术领域分布情况：基于国家高新区的分析

海归人员回归后，进入战略性新兴产业的比例较高（杨芳娟等，2018）。相关统计数据显示，有57%的海归创业企业属于高科技行业，其中44%的企业拥有自主知识产权（欧美同学会·中国留学人员联谊会，2017）。就浙江省内情况看，8个国家级高新技术产业开发区成为留学归国人员重要的就业和创业乐土（如表5－4所示）。

表5－4　　浙江省8个高新技术产业开发区的具体名称与成立年份情况

序号	具体名称	成立年份	批准成为国家高新区的年份
1	杭州高新技术产业开发区	1990	1991
2	宁波高新技术产业开发区	1999	2007
3	绍兴高新技术产业开发区	1992	2010
4	温州高新技术产业开发区	2011	2012
5	衢州高新技术产业开发区	2002	2013
6	萧山临江高新技术产业开发区	2003	2015
7	湖州莫干山高新技术产业开发区	2010	2015
8	嘉兴秀洲高新技术产业开发区	1997	2015

资料来源：各高新技术产业开发区官网。

省会城市杭州的高新区企业拥有最多的留学归国人员。杭州高新区企业中的留学归国人员人数在2017年有2 875人，到2019年增长到3 772人，年均增长448.5人，2年间增长幅度达到23.78%。位于杭州萧山区的临江高新区内企业，在2017年和2018年的留学归国人员数量稳定在51人左右，2019年暴增至449人，人数规模发展为前两年的7.8倍[①]。这两组数据都能印证杭州的人才吸引力：杭州的人才净流入率位居全国首位[②]，城市综合竞争力位列全国第11位，且呈现出快速上升的态势[③]。从现有数据可以判断，准一线城市杭州已经成为广大海归高层次人才创新创业、成就事业的最佳舞台之一。

副省级城市宁波紧随其后，高新区内企业的留学归国人员具体人数从2017年的563人，迅猛增长到2019年的1 808人，年均增长622.5人，年均增长幅度为86.28%；其中，2018年的人数较2017年实现了翻番，增幅达到137.12%。尽管没有达到省会杭州的数量级，但是宁波高新区企业的留学归国人员数据同样可以印证这座副省级城市的人才吸纳能力：人才净流入率位居全国前列[④⑤]；在全国城市综合竞争力排名中位居前20强，具体排名由2015年的第19名上升到2020年的第13名[⑥]。

与之相比，浙江省其他城市的留学归国人员数量也有较大提升空间。温州高新区内企业的留学归国人员数量以年均106.5人的速度增长，从

---

① 资料来源：《中国火炬统计年鉴》（2018～2020）。

② 资料来源：比上年翻番　杭州人才净流入率继续保持全国第一［OL］. 央广网，https：//baijiahao. baidu. com/s? id = 1690729924304843974&wfr = spider&for = pc，2021 - 02 - 04.

③ 资料来源：中国社会科学院与经济日报社共同发布的中国城市综合经济竞争力报告显示——大都市圈主导城市竞争力格局［OL］. 经济日报，http：//paper. ce. cn/jjrb//page/1/2020 - 10/22/10/2020102210_pdf，2020 - 10 - 22.

④ 资料来源：去年宁波城市人口吸引力全国十六　全省第二［OL］. 宁波晚报，http：//www. ningbo. gov. cn/art/2021/2/25/art_1229099768_59026066. html，2021 - 02 - 25.

⑤ 资料来源：人才净流入率跃居全国第2位！这一年，宁波为引才拼了［OL］. 浙江日报，https：//baijiahao. baidu. com/s? id = 1621520282372289524&wfr = spider&for = pc，2019 - 01 - 02.

⑥ 资料来源：中国社会科学院与经济日报社共同发布的中国城市综合经济竞争力报告显示——大都市圈主导城市竞争力格局［OL］. 经济日报，http：//paper. ce. cn/jjrb//page/1/2020 - 10/22/10/2020102210_pdf，2020 - 10 - 22.

2017年的506人，到2019年达到719人，年均增幅为19.25%。此外，莫干山高新区企业的留学归国人员在2019年同样迎来了数量增长的小高峰，从65人的规模跃至142人。绍兴高新区企业的留学归国人员规模较小，呈小幅持续增长。嘉兴高新区企业在2017年拥有超100人的留学归国人员规模后，之后两年的相关人数均有所下降，分别为84人和92人；衢州高新区内的留学归国人员数量也存在一定程度的下滑[①]，这些都需要引起当地政府的重视。2017～2019年，浙江省各高新区内企业的留学归国人员具体情况如图5－8所示。

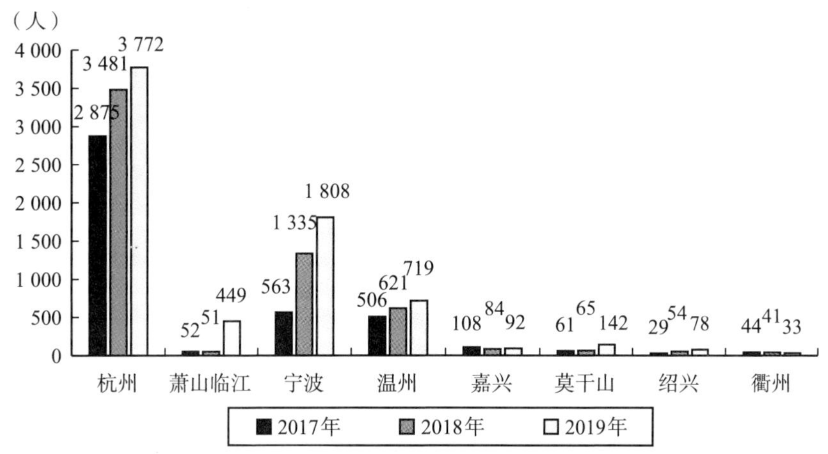

图5－8　浙江省各高新区企业中留学归国人员情况

资料来源：《中国火炬统计年鉴》（2018～2020）。

5.2.2　浙江"海归"与全国"海归"基本情况的比较

5.2.2.1　浙江"海归"人数增长较快

作为全国34个省级行政区域之一，浙江省2016年全年的留学回国人

① 资料来源：《中国火炬统计年鉴》（2018～2020）。

数为2万人，占当年全国留学回国人员总数（43.25万人）的4.62%，相当于1/34的1.57倍。到2018年，浙江省当年的留学回国人数上升到3.2万人，占当年全国留学回国人员总数（51.94万人）的6.16%，相当于1/34的2.09倍。这意味着2018年全国每34个留学回国人员中选择留在浙江的人数有2.09人，较2016年的1.57人增加了0.52人。从这一增长趋势可以看出，近几年来，浙江对留学回国人员的吸引力呈上升趋势（如表5－5所示）。

表5－5　浙江与全国的留学回国人数对比

年份	当年全国留学回国人数（万人）	当年浙江留学回国人数（万人）	历年全国留学回国人数（万人）	历年浙江留学回国人数（万人）
2016	43.25	2.0	458.66	12.5
2017	48.09	2.5	519.50	15.0
2018	51.94	3.2	585.71	18.2

资料来源：根据《浙江省人力资源和社会保障年鉴》（2017～2019）计算而成。

从浙江省与全国的历年留学回国人数可以看出，截至2016年底，浙江省历年留学回国人数为12.5万人，占全国历年留学回国人员总数458.66万人的2.73%，相当于2.94%（1/34）的0.93倍，即每34个历年留学回国人员中，只有不到1人选择留在浙江。到2018年，浙江省的历年留学回国人数增长到18.2万人，同期的全国历年留学回国总人数为585.71万人，浙江省在全国的占比提高到3.11%，是2.94%（1/34）的1.06倍。这表明在2016～2018年3年时间里，全国每34个历年留学回国人员中，选择留在浙江的人数比例逐年增大，具体数字从不到1人（0.93个人）上升为1.06人，增长幅度达到12.93%（如图5－9所示）。

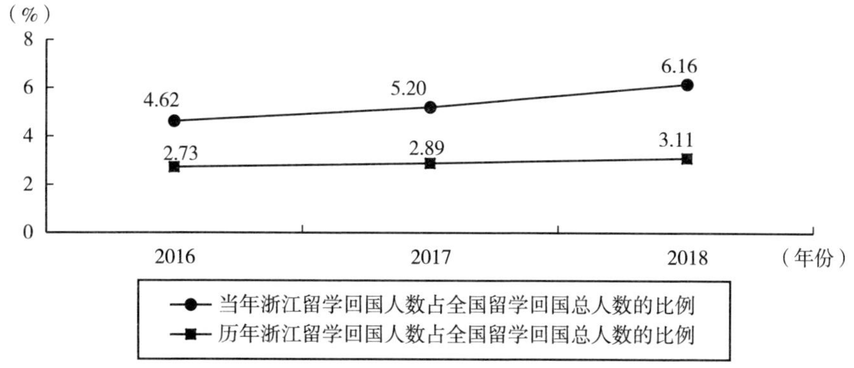

图5-9 浙江的留学回国人数与全国留学回国人数的比例情况

5.2.2.2 浙江“海归”集聚效应不断增强

根据全球化智库与智联招聘联合发布的《2018中国海归就业创业调查报告》，从海归生源地所属省份来看，在全国的33个样本省份（本次调查未收集到来自西藏的海归人员）中，浙江省的海归人数排名位列第10位，生源地为浙江的海归约占到全国海归总数的3.78%。海归生源地人数排名全国前9位的省份分别为北京（9%）、广东（9%）、山东（8%）、辽宁（7%）、江苏（6%）、河北（5%）、河南（5%）、四川（5%）和湖北（4%）。从海归现居住地所在省份及具体人数比例的排名情况来看，浙江省的排名提高到第8位，与生源地所在省份排名相比上升了2位。这表明，从全国情况来看，浙江省对海归人员具有一定的吸引力。在海归选择居住的省份中，排名前7位的省份分别是北京（21%）、广东（15%）、上海（12%）、山东（6%）、江苏（6%）、辽宁（5%）和四川（5%）。

从上述两组数据的对比可以看出，北京、上海、广州仍然是留学归国人员的热门首选，人才聚集能力突出。同时我们也可发现，浙江、四川、陕西三省的海归人数开始超过出国留学人数，实现了海归人才的净流入。根据全球化智库的调查，2013年在北京、上海、广州聚集的海归大约占到全国海归总数的64.5%，到2015年，这一比例已下降到45.7%，降幅将近20%。

浙江海归人数在全国排名不断靠前的原因，除了有优越的地理位置与强大的经济实力外，还有省会城市杭州成功晋级新一线城市所带来的巨大影响。从图5-10可以看到，在海归人数排名全国前14位的一二线城市中，现居住地为一线及新一线城市的海归人数占到全国海归总数的44.85%，期望工作地为一线及新一线城市的海归人数占到全国海归总数的67.04%。除一线城市北京、上海、广州、深圳的巨大虹吸效应外，成都、广州、杭州三座新一线城市的海归群体流入数量均显著高于其出国留学人员数量。杭州在海归群体的现居住城市排名中，也从2017年的第10名上升到2019年的第7名。上述趋势表明，杭州等新一线城市在城市基础设施、招才引智政策等不断完善的同时，吸引海归的巨大潜力正在持续释放。

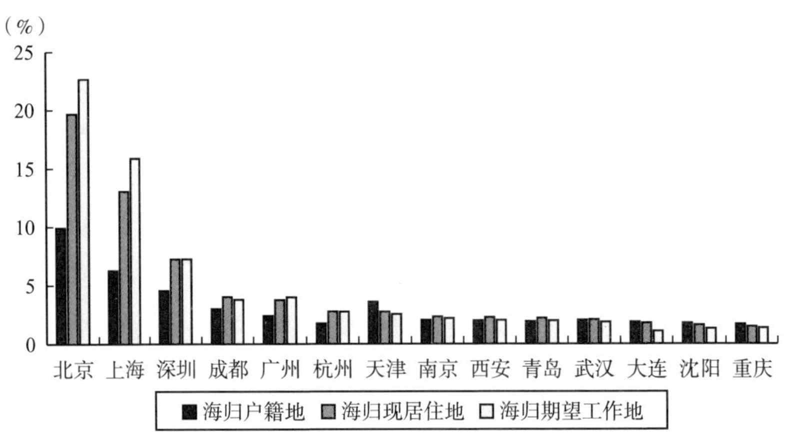

图5-10　海归户籍地、现居住地和期望工作地对比情况

资料来源：全球化智库与智联招聘.2019中国海归就业创业调查报告［OL］. https：//sd. ifeng. com/c/7siTliOsOeM，2019-12-26.

5.2.2.3　高新技术企业内的海归人数比较

海归人员回国就业与创业倾向于选择高技术含量的战略新兴等科技领域。截至2019年底，在全国169个国家级高新技术产业开发区中，浙江省拥有8个名额，占全国国家级高新区总数的4.73%；数量排名位列各省（区市）高新区总量的第6位，与辽宁、湖南、四川并列。排名在浙江之前的省市分别为：江苏（18个）、广东（14个）、山东（13个）、湖北（12个）及江西（9个）。从各省（区市）高新技术企业海归人数情况来看，2019年全国高新技术企业内汇集的海归人员增加到143 759人，较上一年增加9 822人。其中，浙江省内高新技术企业中的海归人数增加到9 577人，较2018年有大幅增加，增加人数为2 249人；占全国高新技术企业中海归总人数的比例增长到6.66%，在全国各省（区市）中排名保持在第5位（如图5－11所示）。这说明，浙江高新技术企业对海归的吸引力越来越大。

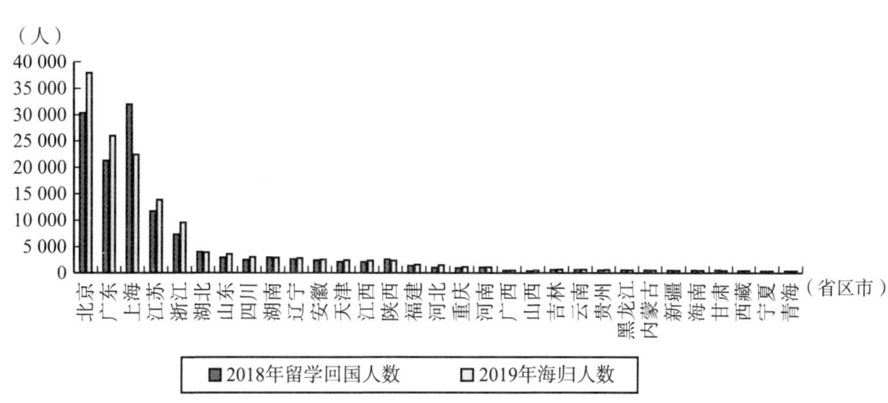

图5－11　2018年、2019年全国各省（区市）高新技术企业中海归人数

资料来源：《中国火炬统计年鉴》（2019）（2020）。

5.2.3　浙江"海归"对浙江经济社会发展的重大作用

日益增加的海归人才凭借先进的商业理念、丰富的技术经验、成熟的经营管理手段、熟悉国际通行规则，在语言和海外网络资源等方面的明显优势，对浙江的经济建设发挥了重要作用。

5.2.3.1　浙江"海归"有利于激发浙江省的创业新活力

浙江历来民营经济活跃，创业氛围浓厚。浙江海归凭借独有的国际视野和敢于冒险的精神，创建了大批高科技领域的新企业。例如，丁列明院士创立的贝达药业、姚力军创立的江丰电子、任永坚创立的信核数据、林东创立的绿盛和林东新能源、范渊创立的安恒信息等。浙江海归人才创立的高新技术企业，不仅为浙江带来了国际尖端技术与专利，更有高质量的人才团队、更国际化的风险投资渠道和规范的运营管理流程体系，以及高于行业平均水平的企业绩效。就浙江省的情况来看，2018 年，浙江省留学人员创业园的技工贸总收入达到 1 314. 5 亿元；2019 年，这一数字增长到 2 081. 7 亿元[①]，较上一年提高了 36. 85%。

企业家通常对企业的资源分配有决策权，海归创业者对企业研发投入的影响尤为显著。一方面，他们掌握国际最新科技动态和发展趋势，能依靠敏锐直觉发现国家间技术和商业现实的差距，迅速发现并抓住创新机会，为企业提高技术创新投入从而获得技术竞争上的优势提供便利；另一方面，他们与国际研发、技术机构及产品市场具有深厚的联系，重视对新技术与新产品开发的投资及国际创新人才的引进，具有很强的自主创新意识和自主研发能力（杨芳娟等，2018）。一大批掌握着高科技领域核心技术的海归创业者，为浙江的创业生态注入了新的活力。

5. 2. 3. 2 浙江“海归”有利于强化浙江经济的创新能力

自 2015 年以来，中国的经济增速有所下滑，进入“新常态”时期。面对创新驱动发展的新要求，通过引进留学人员回国创新、创业，发展具有国际竞争力的高新技术产业是一条更为有效且潜力巨大的路径（王辉耀，2019）。作为独特的人才群体，海归及其所掌握的国际前沿技术与专利等，尤其是创业千人所拥有的新型科技绝大多数处于我国战略新兴产业链中的关键环节，是浙江发展高端/智能装备制造、通信网络与智能终端、专用集成电路与新型元器件、物联网、云计算、大数据和工业软件、生物医药和高性能医疗器械、新材料、绿色石油化工等新兴产业的重要力量。

---

① 资料来源：具体数据由浙江省人力资源和社会保障相关部门负责人提供。

鉴于人才的重要地位，浙江省通过实施省级“千人计划”&“精英引领计划”等人才发展战略，引进了涉及生命科学、新兴信息技术、节能环保等国家战略性新兴产业的高科技项目，孵化了一大批科技、金融、文创等多个领域的优秀留学人才和项目。同时，这些海归群体不断辐射出的聚集和示范效应（杨芳娟等，2018），正在吸引更多全球英才来到浙江寻求发展。高层次海归人才已经成为浙江战略性新兴产业的先锋力量，在培育和壮大科技企业助推高新产业的发展中发挥了重要作用。

5.2.3.3 浙江“海归”有利于增强浙江制造升级的动力

浙江传统制造业包括消费品、原材料、机械设备及零部件3大领域17个行业，占浙江工业比重的70%以上[①]，是浙江实体经济的主体，也是浙江经济发展之基、富民之源。加大对传统制造业的改造，形成浙江制造新优势，能够为浙江的经济建设提供强大动能。

虽然大部分的留学人员在回国发展时更倾向于新经济领域，但是也有很多海归凭借其国际化管理经验、先进技术，以职业经理人等各种身份进入传统产业的企业，通过各种方式参与到浙江传统制造业的优化发展之中。例如，老板电器的任富佳、天士力集团的闫凯境、正大制药的谢其润等浙江“创二代”们在接手父辈事业后，均担负领导企业转型升级的使命。又如，信核数据等海归创业的技术型企业，助力传统制造业企业实现将数据搬上云，保障企业数据的安全。这些海归们在传统制造业基础上进行技术嫁接，正在逐步实现浙江传统制造业的数字赋能与“智造”升级，汇聚浙江经济高质量发展的澎湃动能。

5.2.3.4 浙江“海归”有利于提高浙江对外资的吸引力

改革开放以来，海外留学人才帮助大量跨国公司顺利进驻浙江，并成

---

① 资料来源：破茧成蝶 涅槃重生 浙江传统制造业改造提升再吹号角［OL］. 浙江在线－浙江日报，https：//zjnews. zjol. com. cn/zjnews/201911/t20191115_11360280. shtml，2019－11－15.

功实现本土化。截至 2019 年 9 月底，世界 500 强企业在浙江投资额超 387.2 亿美元①。2020 年，仅在浙江—欧洲数字经济和高新技术产业高峰对接会上就现场集中签约了 61 个外资项目，总投资 109 亿美元。投资来自美国、英国、荷兰、意大利、德国、加拿大、西班牙、阿联酋、新加坡等国家和地区，涉及智能制造、生物医药、汽车制造、新材料、石油化工、环保能源、5G 通信、数字经济、供应链、休闲旅游等行业。其中世界 500 强和行业龙头企业投资项目共 16 个，场内签约项目 8 个，场外签约项目 8 个②。

这些跨国公司成功“引进来”的背后，离不开海归精英的参与。几乎所有在华的跨国公司都招募了具有国外经历的海归人员，有的海归还成为世界跨国公司 500 强在浙江公司的 CEO。这些海归们熟悉母公司所在国与浙江当地文化，具备足够的经验、语言能力和专业能力，在促成跨国公司“引进来”，帮助跨国公司顺畅地实现本土转化等方面发挥了巨大的桥梁与纽带作用。

5.2.3.5 浙江“海归”有利于提升浙企海外市场开拓力

在经济全球化、多边贸易兴盛的时代，企业只有走出去，吸收好国外的先进技术和经验，才能保持旺盛的生命力和持久的竞争力。从 2010 年吉利收购沃尔沃开始，浙江企业迎来了大步迈向国际化的“走出去”步伐。此后，万向于 2013 年挺进美国、万丰奥特于 2013 年收购加拿大镁瑞丁等，浙江企业出现了一批典型的海外并购案例。近年来，浙江的龙头企业对外投资脚步还在不断加大③。浙江民营企业“走出去”在取得巨大成就的同时也遇到了不少困难与挫折，面临诸多水土不服的症状。大量国际

① 资料来源：任永坚：“以信为核”，首创中国制造［OL］. 千人智库网站，http://www.1000thinktank.com/ztbd/26520.j.html，2018-09-12.

② 资料来源：承接进博会溢出效应，浙江外资再创佳绩！［OL］. 浙江商务，https://mp.weixin.qq.com/s/JYf8rsP9H4vLj69kI10NXw，2020-11-05.

③ 资料来源：2019 年浙江跨国公司 30 强出炉 4 家企业首次上榜［OL］. 浙江在线，http://zj.cnr.cn/zsfc/20191011/t20191011_524810785.shtml，2019-10-11.

化的、具有国际商务经验的海归人才，在引领浙江企业走向世界的征程中发挥了不可替代的作用。

5.2.4 浙江"海归"创业的典型案例：信核数据公司

5.2.4.1 公司简介

杭州信核数据科技有限公司（以下简称"信核数据"）成立于2006年，总部位于杭州市萧山经济开发区，在北京、广州、南京、武汉、成都、珠海、烟台、内蒙古等全国各大中心城市设有分支机构，是一家由"海归"软件精英为主导创立的高科技企业。公司创始人兼总裁任永坚将公司取名"信核数据"，"信"既指"信息"，又表示"信任"；"核"也包含两层意思：一是数据是企业信息化的核心；二是诚信是企业的核心[①]。任永坚认为，中国人唯有掌握自己的存储系统核心技术，中国的数据管理与信息安全才能真正"安全"。公司的历年发展大事记如图5－12所示。

图5－12 信核数据的历年发展大事记

信核数据掌握着代表国际领先水平的存储软件关键核心技术，是国内首家在数据虚拟化存储和信息安全保护领域拥有完全自主知识产权的高科

① 资料来源：任永坚："以信为核"，首创中国制造［OL］. 千人智库网站，http：//www.1000thinktank.com/ztbd/26520.j.html，2018－09－12.

技企业，已被选入华为、腾讯等企业的供应商体系。信核数据的产品主要有四大类，即用于构建双活业务系统的存储网关，包括业务系统的本地双活、同城双活和两地三中心的双活系统；用于业务系统分钟级快速恢复的数据方舟；用于多源数据管理和共享的企业共享云盘及为业务系统不停机上云的云迁移服务和云灾备/云备份系统。所有产品都围绕着保障计算机系统在故障或灾难发生时，业务系统能够保持在线和实现快速恢复①。

5.2.4.2 创始人简介

1993 年，任永坚毅然放弃当时已是浙江大学最年轻副教授和中国力学界最年轻学科带头人的身份选择出国留学，边研究原专业边攻读当时新兴的计算机专业。在 1998 年，任永坚 35 岁时，他获得了佛罗里达大西洋大学（Florida Atlantic University）博士学位。早在 90 年代初留美期间，任永坚便致力于“Storage Virtualization”（存储虚拟化）的相关研究，是这一技术领域的开创者之一。直到 2001 年，“存储虚拟化”技术概念才正式列入国际存储工业协会的研讨主题，各大主流厂商推出相关技术产品的时间均在 2003 年之后②。

博士毕业后的任永坚决心到企业去“做一些真正能够解决实际问题的东西”。凭借过硬的技术能力，他顺利进入美国一家专门做计算机储存硬件的公司 Encore，成为一名高级工程师。一年后 Encore 被收购，当原公司管理层选择重新创业时，任永坚凭借过硬的技术能力被邀请一同创业。在共同创立的新软件公司 DataCore，任永坚具体负责存储产品的设计开发。37 岁，任永坚开发的第一款虚拟存储产品 DataCoreSANsymphony 正式推向市场，这款产品旋即在一向被几大计算机厂商垄断的高利润存储市场掀起轩然大波……在 DataCore 的八年里，任永坚主导开发了公司的大部分产

① 资料来源：任永坚：“以信为核”，首创中国制造［OL］. 千人智库网站，http://www.1000thinktank.com/ztbd/26520.j.html，2018-09-12.

② 资料来源：归十年创业　信核初圆梦［OL］. 杭州市归国华侨联合会官网，http://www.hzsqlxxw.org/zwdt/gzdt/201612/t20161207_681808.html，2016-12-07.

品，也经历了一个海外公司从无到有、发展壮大的全过程。这段联合创业的经历，使得任永坚不仅拥有了高额年薪、丰厚的股份和红利、高档社区里带游泳池的高档别墅及美国的绿卡（丁伟标，2007），而且积累了比一般海归创业者更为丰富的创业经验。

在任永坚海外打拼的同时，中国的经济和社会也迎来了改革开放的大好时机，计算机与网络技术日新月异，存储技术领域也得到了较快速发展。在信息行业沉浸多年的任永坚敏锐地意识到，相较传统以硬件为基础的存储技术，虚拟化的存储技术可以实现更好的数据保护与安全，将成为未来的一个趋势。然而当时，虚拟化存储技术这项在信息领域扮演着重要角色，甚至关乎国防安全的技术，在国内基本处于“零”的状态。这让任永坚深深感受到中国与全球IT行业间存在着的巨大差距，他期待用自己掌握的领先技术为祖国服务，让中国的数据管理与信息保护实现真正“安全”①。

5.2.4.3 初创期：嵌入双重网络，实现起步

2006年，在美国学习生活已有14年的任永坚做出了一个出乎许多人意料的决定，放弃在美国成功的事业，回到中国再次创业。借助在国外积累的先进技术、前卫的行业发展思路，以及国内好友的帮助，任永坚最终开启了他的国内创业征程。

在新兴技术行业，领域技术瞬息即变、行业内部竞争日益激烈，创业企业唯有选择嵌入外部网络中获取发展所需资源才能获取成长。海归创业企业由于创业者的国外经历而在嵌入海外网络过程中具有天然的优势，能够获取更多优质资源。对信核数据而言，在不同的发展阶段，如何基于自身的战略目标、资源禀赋及面临的外部环境适时从恰当类型的网络中获取所需要的资源，是确保其实现可持续发展并获取最大收益的关键。

---

① 资料来源：【追梦人】“保姆式”配套服务引来虚拟化存储软件研发“技术大牛”任永坚：横琴的人才政策很有吸引力［OL］. 搜狐网，“横琴在线”专栏，https://www.sohu.com/a/360444778_213872，2019-12-14.

（1）基于海外网络获取技术与人才资源。在创业初期，国外的技术与经验及关系网络成为任永坚创立信核数据的基石，主要表现在以下三个方面：第一，经过十多年的国外学习钻研，任永坚积累了深厚的知识技能，这是他创业的最大资本。早在被邀请加入 DataCore 的创业团队时，其他八位联合创始人看中的就是他卓越拔群的技术实力。技术研发作为企业在行业中突出重围的利器，也助推信核数据始终保持国内存储虚拟化与数据容灾保护领域的领头企业。第二，作为公司创始人的任永坚融合了国内外双重文化背景与经历。出生于浙江绍兴的任永坚从小受绍兴师爷文化的熏陶，做事踏实谨慎，讲究筹谋。而十多年的留美经历也让任永坚融入了美国人的那份创新、严谨和守则。经历过海外公司的创立全过程，任永坚清楚地知道整个产品的研发过程；了解技术、产品、市场、资本之间的关系，明白如何运作一家初创公司，并使其健康稳健地成长。第三，因为国外的创业经历，任永坚找到了志同道合的合伙人。当年，与任永坚一起回国的，还有他之前的两位同事。出于想共同做成一件实事的愿景和对任永坚的信任，他们追随任永坚一起回国创业。在 15 年的艰辛创业过程中，他们三个明确分工，各司其职。任永坚始终是创始团队中的核心领导者，把握公司大方向，另外两位分守在市场和技术两个最重要的部门，为信核数据披荆斩棘（郑燕女等，2020）。与个人创业相比，创业团队的异质性和互补性可以实现技能互补，提供人脉等资源，实现企业高层的协同配合及优化决策，因而能有效提升合作和创业成功的概率（Timmons & Spinelli, 2004）。任永坚的创业团队具有较高的互补性和信任度，使得创业团队能够长期稳定并具有较高的凝聚力。

（2）基于国内网络获取资金与场地资源。当 2006 年任永坚回国时，中国的面貌已经发生了翻天覆地的变化。即使具有海外创业的丰富经验，长期习惯了美式生活方式和思维方式的任永坚跟大部分海归一样，同样面临着团队尚小、规则不熟、人脉未开、市场陌生等种种难题和再次本土化的困境。受益于国内好友的帮助，任永坚为信核数据找到了第一个投资人——萧山的一家民营企业为信核注资 800 万元，这成为信核数据的第一笔启动资金，帮助信核数据迈出坚实的第一步。在解决启动资金问题后，公司选址成为信核数据的另一大重要决策。当时的杭州还没有出台海外引才政策，也没有建成像如今未来科技城一样的大型科技与产业园。萧山相对而言起步较早，在当时已成立了国际创业中心，正在招商引资。在投资人朋友的搭线牵桥之下，国际创业中心免费为信核数据提供了一个30平方米的办公室，希望他们能落户国际创业中心。最终在回国当年，杭州信核数据科技有限公司在萧山注册成立。

（3）整合利用多种资源顺利度过初创期。2008年之后，随着国家对海归创业与高新技术企业的扶持政策不断加强，信核数据基于自身技术优势，充分挖掘、配置并整合国内外双重网络中的互补性资源，顺利度过了创业企业最为关键的存活期。这一创业阶段的绩效主要表现在市场拓展、技术创新和荣誉资质三个方面。

在市场拓展方面，信核数据作为海归创业者中的高科技企业和领头企业，获得了国家和萧山政府的关心与大力支持。在自身技术基础、研发投入和战略布局的动态支撑之下，信核数据实现了产品的多元化发展，企业规模不断扩大，成立5年时间即在长三角、珠三角和北京等地设立了子公司或办事处，正式拓展当地市场。

在技术创新方面，信核数据推出了多项具有完全自主知识产权的产品，填补了国内在高端存储资源管理、数据安全管理、云存储服务等方面的空白。在研发投入上，信核数据崇尚以技术立本，技术上的研发投入远高于同行业水平。在创业初期，信核数据的研发投入大约占到公司销售额的50%以上（郑燕女等，2020）。

荣誉资质方面，2008年，公司获得首批省级高新技术企业认证、软件企业认证。公司还培养了数据存储技术人才数十名，并协助指导浙大计算机软件专业研究生多名，达到了公司定下的人才培养目标。任永坚个人也因其科技创新和创业方面的显著业绩入选国家中组部首批“千人计划”专家，首批入选省高级专家信息库，获得“钱江人才”称号，市新世纪“131人才”第一层次人选，“2008萧山区十佳人才之首”等荣誉称号，拥有教授级高工职称，受聘为杭州电子科技大学的特聘教授。

5.2.4.4 成长期：融入本土为主，持续发展

随着企业发展阶段和外部环境的变化，信核数据的创业网络及其所能获取的资源也随之改变。如在近几年“迁云”和反勒索病毒的市场上，他力排众议，及时抓住商机，分得了市场的一杯羹。与此同时，作为经验丰富的技术型创业者，任永坚同样重视市场、人才与资金等资源，寻求信核数据的可持续发展。

（1）基于双重网络整合合作研发资源。通过嵌入国际尖端知识网络是科技型企业谋求成长的理想选择。借助任永坚等团队成员的国内外关系网络及强大的技术实力，信核数据与海内外高校、科研机构及潜在客户建立前沿合作关系。例如，在产品研发方面，信核数据与 Intel、Microsoft、IBM、VMware、Qlogic、Xyratex 等国际公司及 FCIA、STA、SNIA 等专业机构长期开展研发级合作；与 IBM、Fujitsu、曙光、Acer 等多家存储厂商长期开展产品方案级合作①。

（2）基于双重网络吸收国际尖端人才。随着信核数据顺利度过创业生存期，任永坚加大了引进本土及留学回国人才的力度，不仅吸引了众多计算机专业毕业的高才生，而且吸纳了一批国际尖端人才。例如，于2011年担任信核数据技术副总裁的陶宇博士，不但是任永坚当年的浙大同学，更是综合能力突出的国际顶尖技术人才；从资深媒体人转行为信核数据副总裁的童伟民，其深厚的行政、市场人脉对于这个海归团队是极其重要的补充；资本运作则是副总裁芮琨博士擅长的领域，他同时负责南京市场；同年加盟的还有担任售前售后技术总监的北大董博士，以及曾是“东软”区域销售经理的曹树敏等②。同时，信核数据不仅为内部员工提

① 资料来源：任永坚：“以信为核”，首创中国制造［OL］．千人智库网站，http：//www.1000thinktank.com/ztbd/26520.j.html，2018-09-12.

② 资料来源：任永坚：危机和我绝缘［OL］．浙江日报，http：//zjrb.zjol.com.cn/html/2011-12/30/content_1284386.htm?div=-1，2011-12-30.

供了具有较大吸引力的福利，更是通过“H”型的专业类和管理类双通道晋升体系的人才管理机制设计为每一个人才提供了晋升平台。到2019年，公司达到员工150多人，其中本科及以上学历人员占到总员工数的77.3%（如表5-6所示）。

表5-6 信核数据员工的学历分布情况

信核数据员工的教育程度	员工人数	员工占比（%）
博士	5	3.33
硕士	14	9.33
本科	97	64.67
专科	30	20.00
专科以下	4	2.67
员工总计	150	100.00

资料来源：杭州信核数据科技股份有限公司2019年半年度报告。

（3）基于国内网络融资并持理性态度。作为一个强创业型领导，任永坚一直亲自把握公司的发展方向和业务领域，并清醒地认识到，在国内办企业，前期确实需要以技术为支点起步，但是之后一定是以市场为主。拥有市场前景就能够获得融资的注入，才能产生可持续的收益。

由于高科技企业在实现盈利前往往需要较长的研发投入周期，为助力信核数据拥有充分的资金流更好地发展，任永坚也在不断寻求新的合作伙伴，并愿意出让一定比例的股份。例如，为获得企业发展所需资金，信核数据分别在2010年和2013年接受了两轮融资。其中，A轮融资由盈瓯创投注入900万元人民币，B轮融资由弘瑞创投注入800万元人民币①。截至2019年底，公司前五大股东情况如表5-7所示。总体而言，任永坚始

① 资料来源：信核数据［OL］. https：//www.qcc.com/product/c1e88fc1-9063-4400-a25a-61e5bb2db7c9.html.

终对资本保持着冷静的态度，不急于求成，要求自己和团队专注于做好能力范围内的事情。

表5－7　　　　信核数据的前五大股东情况

股东名称	持股数（万股）	占比（%）
任永坚	1 180.73	41.43
童伟民	720.00	25.26
杭州鹰湾科技有限公司	371.51	13.04
浙江盈瓯创业投资有限公司	222.22	7.80
江苏弘瑞成长创业投资有限公司	135.72	4.76

资料来源：杭州信核数据科技股份有限公司2019年半年度报告。

（4）基于国内网络得到政府持续支持。2014年，国家成立网络安全领导小组，国务院颁发信息系统安全保护条例，表明国家对信息安全的重视程度在不断提高。信息安全既包括在前端防攻击等形式的网络安全，也包括后端数据的可靠性和业务的在线保障。信核数据的主营业务即致力于提升后端数据的安全保障。随着国家对海归创业与高新技术企业扶持政策的不断加强，各级政府的多方面支持，也为信核数据的发展锦上添花。例如，2015年，信核数据的研究项目列入萧山区海外高层次人才来萧创业创新“5213”计划“一事一议”政策扶持，获得800万元资金支持①。

2016年，珠海横琴新区富有吸引力的人才政策吸引了信核数据和任永坚，除提供200万元创业启动资金及免费的办公场地外，还配备了“保姆式”的资金支持和平台保障配套服务。2016年7月，信核数据分公司——珠海信核数据正式注册成立，作为整个公司的南方总部。珠海信核数据科

① 资料来源：人才兴则萧山兴　人才强则萧山强　萧山“5213”计划　再发全球征集令［OL］. 杭州日报，https：//hzdaily. hangzhou. com. cn/hzrb/page/1/2015－07/22/A05/20150722A05_pdf，2015－07－22.

技研发费用超过50%，大部分员工是研发人员。短短2年，珠海信核数据科技已被认定为高新技术企业，2017年该公司的"云灾备技术研发团队"入选珠海市创新创业团队。同年，珠海信核数据科技就计划与广东城智科技有限公司合作，充分利用珠海市大数据中心资源，创新业务模式，帮助珠海企业将现有业务更平滑、安全、快速地搬迁上云，实现数据安全的妥善保障①。

（5）整合利用多种资源实现稳中求进。进入成长阶段以来，信核数据在有效配置已有资源之外，同样注重从国内外网络中引进新的优质资源。经过十余年发展，信核数据的绩效主要体现在国内外市场、技术创新等方面。

在国内市场方面，信核数据在数据保护软件领域和虚拟化存储软件领域的产品销量和技术创新都名列前茅，块级CDP市场占有率较高，产品广泛应用于政府、公安、教育、医疗、金融、能源及企业等诸多领域的数据中心②。2019年上半年，信核数据的市场占有率进一步提高，订单金额达到4 976万元，较2018年上半年订单额1 981万元上涨151%③。此外，信核数据获得军工保密资质，并被列入国防装备供应商名录；信核数据产品两次入围中央国家机关政府采购协议供货项目，这是中国政府采购领域级别最高、覆盖面最广的采购项目之一。在海外市场方面，信核数据产品被IBM、DELL、曙光等多家合作厂商测试认证，并作为整体解决方案长期推荐单位。2014年，信核数据入选为高德纳咨询公司（Gartner）中国区最酷供应商之一。目前，信核数据已经成立海外事业部及台湾办事处，正逐步开拓东南亚地区等海外市场④。

① 资料来源：【追梦人】"保姆式"配套服务引来虚拟化存储软件研发"技术大牛"任永坚：横琴的人才政策很有吸引力［OL］．搜狐网，"横琴在线"专栏，https：//www. sohu. com/a/360444778_213872，2019－12－14.

② 资料来源：信核数据公司官网［OL］. http：//www. infocore. cn/news/gongsidongtai/2021/0126/847. html.

③ 资料来源：杭州信核数据科技股份有限公司2019年半年度报告.

④ 信核官网. http：//www. infocore. cn/news/qianyuexinwen/.

在技术创新方面，信核数据始终坚持以技术立本，技术研发投入远高于同行业水平。在企业进入成长期，销售额不断增长的情况下，研发投入仍保持在销售收入的30% ~40% 。经过 10 多年的努力，信核数据已拥有自主知识产权发明专利多项，其中著作项 4 项、专有技术 13 项、承担各级政府科研项目 8 项[①]，包括国家科技部课题项目共 3 项、“十二五”国家科技支撑计划项目 1 项、解放军原总装备部课题项目 1 项[②]。

5.2.4.5 案例小结

从信核数据公司创业发展历程的分析，我们探析了海归创业企业基于创业网络，取得创业资源，进而产生创业绩效的公司先求生存后求发展的成长逻辑。在初创期，由于创始人任永坚具有 10 多年的海外留学与工作经历，已经构建了一定的海外网络，从而为信核数据在创立初期了解行业技术、招引海外优秀人才，奠定了良好的基础。信核数据组建的具有国际化背景的创业团队，吸引了来自萧山国际创业中心等机构与企业在资金来源、办公场地方面的大力支持。依靠国内外网络与对资源的优化配置，信核数据成功度过了最为艰难的初创阶段，并在市场份额、技术创新及资质荣誉等方面取得不错的业绩。当企业进入成长期，信核数据的关系网络在获取资源的广度与深度上都发生了演变。具体表现为从创业初期主要依赖于国际网络获取技术、人才等核心要素，逐步演变到各种资源获取的双重网络化。同时，随着时间推移，信核数据更好地融入并根植于国内环境，对本土网络的嵌入程度不断深化。在有效整合和利用资源的基础上，信核数据不仅扩大了本土的市场份额，还同时进军海外市场，开创了“基于双重网络，利用双重资源，开拓双重市场”的发展新局面（如表 5 - 8 所示）。

---

① 资料来源：任永坚：“以信为核”，首创中国制造［OL］. 千人智库网站，http：//www.1000thinktank.com/ztbd/26520.j.html，2018 - 09 - 12.

② 资料来源：杭州信核数据科技有限公司招聘信息［OL］. https：//s.dajie.com/gongsi/1002233.html.

表5－8 信核数据创业历程的总结

创业阶段	网络类型	获取的资源	创业绩效
初创期	国外网络	技术/产品	市场拓展绩效；技术创新绩效；荣誉资质绩效
		创业团队等人才	
	国内网络	启动资金	
		创业场地	
		政府政策扶持	
成长期	国外网络	与国外专业机构开展研发级合作	国内外市场绩效；技术创新绩效
		国际尖端人才等	
	国内网络	与国内高校、科研院所合作	
		国内尖端人才等	
		资金	
		政府的持续支持	

5.3 "非科技型海归"创业的实证研究

综上所述，随着我国国际化人才所呈现"大进大出"局面——回国与出国人数的"逆差"正逐渐缩小（施雨岑，2019）及我国"大众创业、万众创新"战略的持续深入，归国创业已成为海外归国人员重要的就业选项和个人价值的实现途径。海归创业已成为社会关注和学术研究的热点。

海归创业是指从海外留学归国人员在母国创业的现象（李乾文、蔡慧慧，2016）。综观国内已有的研究成果，一方面，多将海归理解为高层次科技人才，且普遍得出以下研究结论：海归或具有海外经历的高管对企业研发投入、技术创新等具有显著的正向促进作用（郑明波，2019），也就是说高新技术是海归创业的核心特质（胡洪浩，2014）。另一方面，几乎所有较规范研究都将海归界定为以下三类人员之一（侯佳薇等，2018）：（1）经教育部留学人员服务中心等国家权威留学机构认定的留学人员；（2）在知名海外企业或海外机构工作满1年以上的归国人员；（3）在海外获得本科以上学位且生活居住满1年以上的人员。但随着海外留学的动机越来越多样化（诸如开拓国际视野、语言学习或其他原因等），非科技型留学比重不断上升。据《2018中国海归就业创业调查报告》显示，获得海外本科和硕士学历或学位的海归已占海归总体的94%①。因此，认真思考上述研究成果，有一个疑问摆在我们前面：对于仅在海外待1年（诸如参加某类培训和进修）的海归与在国外著名大学和研究机构长期从事科研工作的海归，以及对于获得海外本科或硕士（相比国内硕士普遍学制2～3年，国外硕士普遍存在时间较短的情况，一般以1年居多）的海归与在国外经过长期科学训练获得博士学位的海归，上述两类海归在母国从事的创业行为难道不会存在显著差异吗？也就是说“海归”创业一定能促进企业创新吗？

为回应上述“疑问”，本节按以下逻辑进行研究。首先，创造性地提出有别于获得海外博士学位或海外长期从事科研工作（2年以上）的高科技归国创业人才（科技型海归），将海外获得硕士及以下学位或经历短期培训（2年以内）的海归归类为“非科技型海归”。其次，基于企业创新主要依赖于知识的获取（Kogut & Zander，1992）及海归创业者所具有的同时嵌入海外和本地两类创业网络的“双重嵌入性”特征（郑玮等，2016），在提出相关假设的基础上构建“创业网络强度—资源获取—创业绩效”研究模型，研究“非科技型海归”创业者在创业网络强度与资源获取、资源获取与创业绩效等关系的特殊性，以探究其创业过程主要利用何种资源，从而判断其创新性。最后，以浙江创业“海归系”

① 全球化智库.2018中国海归就业创业调查报告［R/OL］. http：//www. ccg. org. cn/research/view. aspx? id＝9643，2018－09－22.

创业聚集地——杭州"海创园"① 的195家"非科技型海归"的创业企业为研究对象，通过问卷调研收集相关资料，实证研究"非科技型海归"创业活动的创新性。

5.3.1 研究基础与研究假设

5.3.1.1 创业网络强度与资源获取的关系

资源是创业的基础。创业资源是企业在创业过程中投入的各种资源的总和（Barney，1991），它可以分为知识资源和资产资源两类（Wiklund & Shepherd，2003）。前者是指知识产权、技术诀窍、市场信息等无形资源，后者是指风险投资、机构贷款、场地设备等有形资源。由于创业企业现有的内部资源往往相对缺乏，因此借助创业网络既可扩大资源获取的范围（Efring & Hulsink，2003）、种类（Uzzi，1996），还可借助网络成员间的高信任关系降低资源获取的交易成本（Starr & Macmillan，1990；蒋天颖等，2013）。研究发现，网络强度越高意味着创业者与网络成员间关系越紧密，越有利于企业获得外部资源并提高创业绩效（陈寒松、陈金香，2016）。

在以集体主义为核心的中国文化情景下，基于情感信任的强关系对企业资源获取具有更强的支持作用（朱秀梅、李明芳，2011），它既反映在海归人才通过嵌入本地网络获得产业链上下游企业和政府等的支持（杨俊，2005），也反映在通过嵌入海外网络使其得到海外的客户、供应商、同行、科研机构等的帮助（侯佳薇等，2018）。另外，现有研究表明：海

① 杭州余杭海创园于2011年挂牌成立，规划面积近123.1平方千米。启动仅1年的海创园，经中组部、国务院国资委评定成为全国四大未来科技城之一，同年还被列为国家级海外高层次人才创新创业基地。2016年，海创园成功获选全国首批双创示范基地，更成为城西科创走廊的核心区域。截至2019年6月，海创园已累计引进培育海外高层次人才3 226名；"两院"院士11名、海外院士5名；国家万人计划人才2名、国家级海外高层次人才142名、省级海外高层次人才195名、市"521"人才63名；浙江省领军型创新创业团队11支。

归创业企业同时嵌入海外和本地两个网络，能更有效地获得上述两类资源（何会涛、袁勇志，2012）。综上所述，海归创业企业网络强度对创业资源获取有正向影响。基于此，我们提出：

假设 1a：本地网络强度对知识资源获取有正向影响；

假设 1b：本地网络强度对资产资源获取有正向影响；

假设 2a：海外网络强度对知识资源获取有正向影响；

假设 2b：海外网络强度对资产资源获取有正向影响；

假设 3a：网络交互对知识资源获取有正向影响；

假设 3b：网络交互对资产资源获取有正向影响。

5.3.1.2 资源获取与创业绩效的关系

创业资源将直接影响着创业绩效的提升（Timmons，1999）。一方面，知识资源将帮助创业企业识别创业机会、研发产品和提高服务从而促进新创企业的生存和发展（Hallen et al.，2014）。另一方面，充裕的资产资源将帮助创业企业生产高品质的产品并快速地开拓市场（Osiyevskyy et al.，2015）。综上所述，海归创业企业资源获取对创业绩效有正向影响。基于此，我们提出：

假设 4a：知识资源获取对创业生存绩效有正向影响；

假设 4b：知识资源获取对创业成长绩效有正向影响；

假设 5a：资产资源获取对创业生存绩效有正向影响；

假设 5b：资产资源获取对创业成长绩效有正向影响。

5.3.1.3 资源获取的中介作用

创业网络对企业绩效的正向促进作用并不是直接和即时的。一方面，借助创业网络可以有效地获取创业资源进而最终影响创业绩效（朱秀梅、李明芳，2011），因此创业资源是创业网络和创业绩效间的桥梁（彭学兵等，2017）。另一方面，创业网络活动往往需要一段时间后才能体现对创业成绩绩效的提升作用（Havnes & Senneseth，2003）。综上所述，海归创业网络强度在资源获取与创业绩效间起到中介作用。由此，我们提出：

假设6a：知识资源获取在创业网络强度与创业绩效间起中介作用；

假设6b：资产资源获取在创业网络强度与创业绩效间起中介作用。

综合上述假设间的内在逻辑关系，我们提出本研究的概念模型（如图5-13所示）。

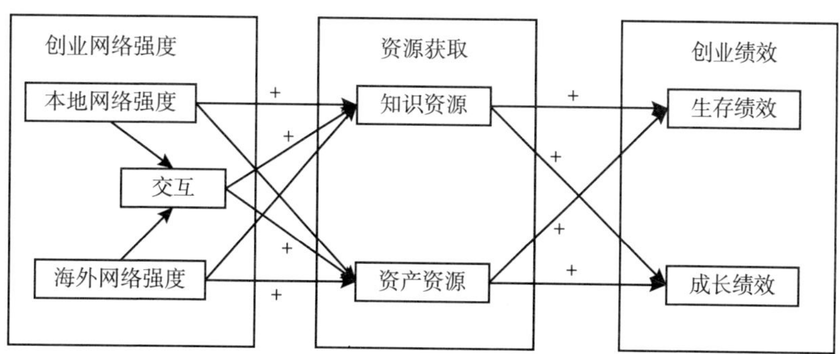

图5-13 "创业网络强度—资源获取—创业绩效"的概念模型

5.3.2 数据与方法

5.3.2.1 数据收集

为验证上述假设与模型，本书研究选取杭州余杭海创园（以下简称"海创园"）的"非科技型海归"创业企业作为研究对象。其理由主要有以下三个方面：第一，杭州对于海归的吸引力逐年提升。在海归回国目的地选择中，杭州已排在上海、北京、深圳、广州四个城市之后，位列第五。第二，杭州拥有良好的创业生态环境，目前已形成了除"阿里系""浙大系""浙商系"以外的"海归系"，并形成了"创业新四军"。第三，2011年挂牌成立的"海创园"是浙江省内海归人才创业的最主要集聚区。截至2018年底，“海创园”已累计引进我国两院院士11名、海外院士5名、各类创业人才15 200名（其中海归人才3 084名）。目前，园内注册企业已突破1万家，其中上市企业5家、新三板挂牌企业28家（李剑平，2018）。

本书研究采用问卷调查收集相关数据，问卷对象为“海创园”内部分创业企业的核心成员和高级管理人员。本次研究共发放问卷300份，回收有效问卷229份，剔除非海归创业企业和具有博士学位的海归创业企业共34份，属于“非科技型海归”创业企业的共195份，问卷有效率为85%。195个样本企业整体特征表现为成立时间相对较短（6年以下占74.3%）、创始人学历以硕士研究生为主（硕士占62.12%，本科和短期培训经历占37.88%）、企业规模相对较小（员工数量小于100人占58.7%），行业分布主要在服务中介（24.6%）、电子信息（21.0%）、生物医药（14.4%）和装备制造（13.8%）等领域。

5.3.2.2 变量测度

为保证量表的信度与效度，本书研究模型中的变量均采用现有研究中较为成熟的量表。本文选择李克特5级量表打分法，从1分到5分表示完全不同意、不同意、一般、同意、完全同意。解释变量为海归创业企业的本地创业网络强度和海外网络强度。本地网络强度和海外网络强度参考蒋天颖等（2013）、朱秀梅和李明芳（2011）的测量指标，各用4个题项对网络强度进行度量，分别为交流的时间（频率）、情感的紧密程度（信任、亲密度）、熟悉程度和互惠性4个方面。用本地网络强度和海外网络强度的乘积表示两者的交互作用。中介变量为资源获取，共12个题项，主要参考韦克伦德和谢帕德（Wiklund & Shepherd，2003）、朱秀梅和李明芳（2011）等的分类方式，即将资源获取分为知识资源获取和资产资源获取。知识资源包括技术诀窍、知识产权、信息资源；资产资源包括财务资源、物质资源、人力资源。再将以上6个资源类别与不同的创业网络（海外网络—本地网络）进行组合，形成12

个题项。被解释变量为创业绩效，包括生存绩效和成长绩效两个方面共6个题项。生存绩效参考西瓦雷拉（Civarella，2004）的研究，包括企业目前的生存年限及未来至少持续经营8年以上的可能性两项指标。成长绩效参考格舍夫斯基和肖（Gerschewski & Xiao，2015）的研究成果，包括企业销售增长率、利润增长率、市场份额增长率、未来发展前景四项指标。另外，考虑到研究对象为海归创业企业，且企业生存绩效中已经考虑了企业年限，因此将企业的规模、行业类别及创始人学历等作为控制变量。

5.3.3 实证结果

5.3.3.1 信度和效度分析

信度是反映样本数据的可信度，表示在控制调研方法的前提下对测量对象进行多次测试，测试结果的一致性程度。在信度满足的前提下方能进行效度的分析，因此信度分析是对样本研究的首要步骤。据信度分析结果可知（如表5-9所示），本地网络强度、海外网络强度、知识资源、资产资源、生存绩效和成长绩效的Cronbach' α值分别为0.918、0.941、0.943、0.948、0.720、0.927，均超过0.7，信度理想。在删除变量所含的任一题项后，Cronbach' α值并未出现明显上升，且各题项经过校正CITC值均大于0.5的临界标准，表明各题项同变量之间相关性很强。由此可得，本书研究中变量量表的信度非常理想，能够达到研究所需。此外，通过组合信度（CR）和收敛效度（AVE）对量表进行效度检验，各变量的AVE值均超过了0.5，这表明各量表具有较好的收敛效度。另外，各变量AVE值的平方根大于该变量与其他变量的相关系数，这说明各变量具有较好的区分效度（如表5-9所示）。

表 5 -9　　各变量信度和效度检验结果

变量	题项	问项 - 总相关	删除问项时内部一致度	Cronbach' α	CR	AVE
本地网络强度	Q8	0. 816	0. 892	0. 918	0. 919	0. 738
	Q9	0. 830	0. 889			
	Q10	0. 816	0. 893			
	Q11	0. 791	0. 902			
海外网络强度	Q12	0. 852	0. 926	0. 941	0. 941	0. 8
	Q13	0. 864	0. 922			
	Q14	0. 864	0. 922			
	Q15	0. 859	0. 923			
知识资源	Q18	0. 810	0. 935	0. 943	0. 943	0. 735
	Q19	0. 819	0. 934			
	Q20	0. 820	0. 933			
	Q21	0. 851	0. 929			
	Q22	0. 813	0. 934			
	Q23	0. 857	0. 929			
资产资源	Q24	0. 876	0. 935	0. 948	0. 949	0. 757
	Q25	0. 830	0. 940			
	Q26	0. 848	0. 938			
	Q27	0. 815	0. 942			
	Q28	0. 862	0. 937			
	Q29	0. 829	0. 940			
生存绩效	Q1	0. 598	—	0. 720	0. 751	0. 601
	Q30	0. 598	—			
成长绩效	Q31	0. 851	0. 897	0. 927	0. 927	0. 760
	Q32	0. 834	0. 903			
	Q33	0. 788	0. 918			
	Q34	0. 846	0. 899			

5.3.3.2 结构方程模型建立

在相关假设和概念模型（如图5-13所示）的基础上，结合变量的信度和效度的分析，最终确定了本书研究的结构方程模型（如图5-14所示）。

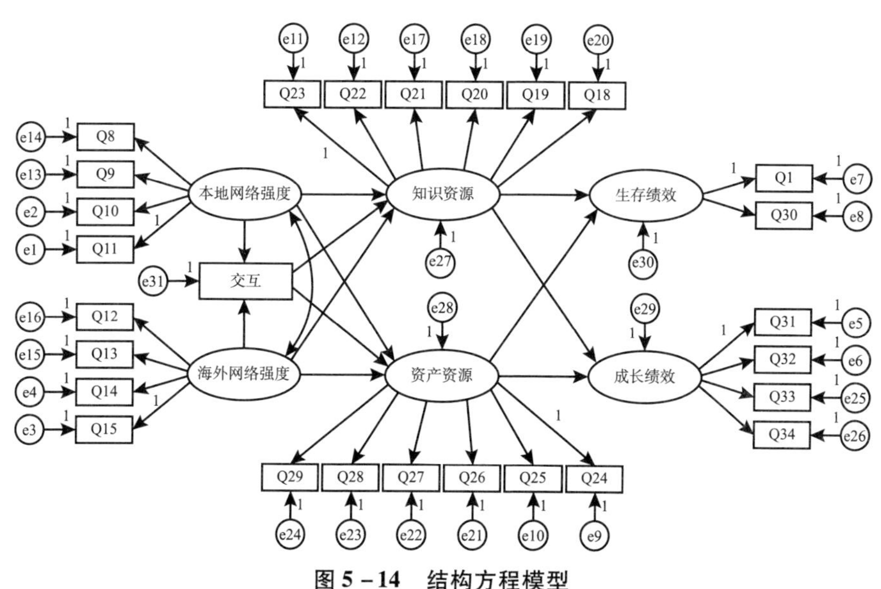

图5-14 结构方程模型

5.3.3.3 模型拟合与修正

应用AMOS软件对上述模型（如图5-14所示）进行拟合，具体拟合指标如表5-10所示。由表5-10可知，拟合指标均达到标准且整体模型的拟合数据均处于较高水平，模型的整体质量良好。

由模型标准路径系数（如表5-11所示）可知，本书研究的大部分假设都通过了验证，但是海外网络强度对知识资源获取（假设2a）、双重网络交互对资产资源获取（假设3b）两条路没有达到统计上显著性，其临界比值C.R.分别只有-0.763和-1.764，因此需要对模型进行修正。

表 5-10　　　　结构方程拟合分析结果

指标	绝对适配度指标				增值适配度指标			简约适配度指标	
名称	X^2/df	GFI	AGFI	RMSEA	NFI	TLI	CFI	PGFI	PNFI
标准	<3	>0.8	>0.8	<0.08	>0.9	>0.9	>0.9	>0.5	>0.5
结果	1.453	0.861	0.831	0.048	0.909	0.966	0.969	0.711	0.808
评价	非常好				非常好			非常好	

表 5-11　　　　结构方程模型的路径系数估计

路径			Estimate	Standardized Estimate	S. E.	C. R.	P
交互	←	本地网络强度	1.864	0.457	0.200	9.304	***
交互	←	海外网络强度	2.433	0.613	0.191	12.750	***
知识资源	←	本地网络强度	0.216	0.208	0.091	2.364	0.018
资产资源	←	本地网络强度	0.459	0.421	0.105	4.365	***
资产资源	←	海外网络强度	0.488	0.460	0.116	4.203	***
知识资源	←	交互	0.126	0.494	0.031	4.085	***
资产资源	←	交互	-0.061	-0.228	0.035	-1.764	0.078
知识资源	←	海外网络	-0.077	-0.076	0.101	-0.763	0.445
生存绩效	←	知识资源	0.120	0.194	0.047	2.545	0.011
成长绩效	←	知识资源	0.189	0.196	0.071	2.667	0.008
生存绩效	←	资产资源	0.329	0.556	0.053	6.158	***
成长绩效	←	资产资源	0.293	0.316	0.069	4.269	***

注：*** 表示 P<0.001（下同）。

模型修正包括两个部分：一是删除不显著的路径；二是建立合理的共变关系。考虑到本书研究模型的修正指数 MI 较小，且模型拟合度很好，故只删除不显著的路径。

修正后模型的显著性水平和路径系数结果如表5－12所示。由表5－12可知，模型各路径在修正后都通过了显著性检验。其中，本地网络强度对双重网络交互、知识资源、资产资源获取有显著的正向影响；海外网络强度对双重网络交互、资产资源获取有显著正向影响；资源获取的两个维度（资产资源、知识资源）对创业绩效的两个维度（生存绩效、成长绩效）均有显著的正向影响。假设1a、假设1b、假设2b、假设3a、假设4a、假设4b、假设5a、假设5b得到验证。修正后的最终模型如图5－15所示。

表5－12 模型修正后各路径系数及显著性水平

路径			Estimate	Standardized Estimate	S. E.	C. R.	P
交互	←	本地网络强度	1.856	0.456	0.200	9.259	***
交互	←	海外网络强度	2.431	0.612	0.192	12.679	***
知识资源	←	本地网络强度	0.238	0.228	0.084	2.822	0.005
资产资源	←	本地网络强度	0.337	0.310	0.078	4.315	***
资产资源	←	海外网络强度	0.335	0.316	0.075	4.476	***
知识资源	←	交互	0.109	0.427	0.020	5.463	***
生存绩效	←	知识资源	0.120	0.193	0.048	2.513	0.012
成长绩效	←	知识资源	0.190	0.196	0.072	2.651	0.008
生存绩效	←	资产资源	0.328	0.553	0.054	6.119	***
成长绩效	←	资产资源	0.291	0.314	0.069	4.206	***

注：*** 表示 $P<0.001$（下同）。

5.3.3.4 中介效应检验

（1）知识资源对创业网络强度与创业绩效的中介效应检验。假设知识资源为创业网络强度与创业绩效的中介变量。借鉴方杰等（2014）关于中介变量的检验程序，首先将创业网络强度作为预测变量，将创业绩效作为因变量，进行回归分析；其次，以创业网络强度作为预测变量，以知识资源作为因变量，进行回归分析；最后，以创业网络强度、知识资源作为预测变量，将创业绩效作为因变量，进行回归分析。结果如表 5 – 13 所示。

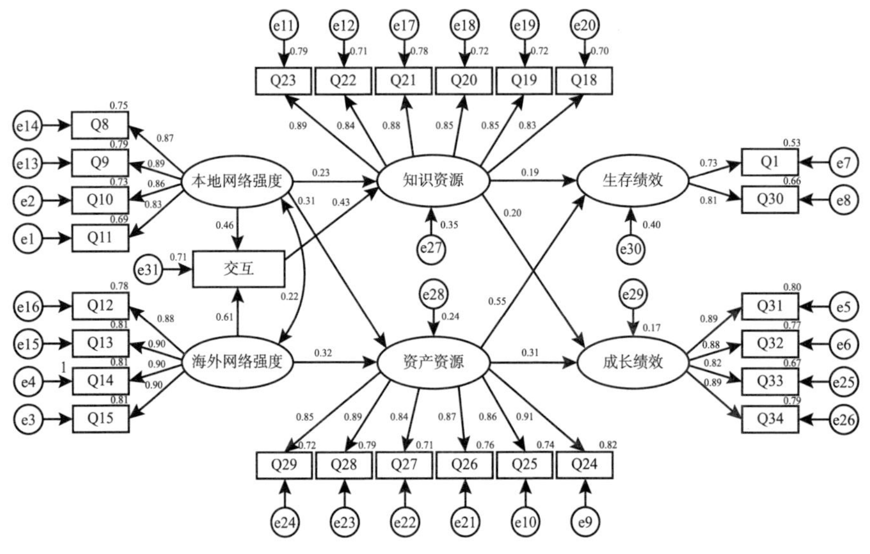

图 5 – 15　修正后的最终模型

表 5 – 13　　　　　　　　　　知识资源的中介检验

变量	回归模型 1	回归模型 2	回归模型 3	
回归方程	$y = cX + e_1$	$M_1 = aX + e_2$	$y = c'X + bM_1 + e_3$	
自变量	X	X	X	M_1
标准化回归系数	0. 420	0. 248	0. 333	0. 353
t 值	6. 434	3. 559	5. 313	5. 634
t 值显著性	0. 000	0. 000	0. 000	0. 000
R	0. 420	0. 248	0. 542	

续表

变量	回归模型1	回归模型2	回归模型3
R^2	0.177	0.062	0.293
调整 R^2	0.172	0.057	0.286
F值	41.395	12.664	39.863
F值显著性	0.000	0.000	0.000

注：X 为创业网络强度，M_1 为知识资源，y 为创业绩效。

从表5－13的回归分析结果可知，创业网络强度在单独作为自变量预测创业绩效的时候，标准化后的回归系数 $\beta=0.420$（$t=6.434$，$p<0.001$），$R^2=0.177$，能解释创业绩效总变异17.7%；当创业网络强度单独预测知识资源的时候，$\beta=0.248$（$t=3.559$，$p<0.001$），$R^2=0.062$，能解释知识资源总变异的6.2%；当创业网络强度与知识资源同时预测创业绩效的时候，创业网络强度对创业绩效的标准化回归系数 $\beta=0.333$（$t=5.313$，$p<0.001$），$R^2=0.293$。因此，在加入知识资源这个变量之后，创业网络强度对创业绩效的标准化回归系数从0.420下降到0.333，解释总变异量由17.7%上升到29.3%。即创业网络强度对创业绩效的影响部分是通过中介变量知识资源实现的。中介效应值为 $0.248\times0.353=0.088$，中介效应与总效应的比值 $0.248\times0.353\div0.420=0.208$，也就是说，创业网络强度对创业绩效造成影响时，有20.8%的变异是由知识资源引起的。假设6a得到验证。

（2）资产资源对创业网络与创业绩效的中介效应检验。假设资产资源为创业网络强度与创业绩效的中介变量。首先，以创业网络强度为预测变量，创业绩效为因变量做回归分析；其次，以创业网络强度为预测变量，资产资源为因变量做回归分析；最后，以创业网络强度、资产资源作为预测变量，将创业绩效作为因变量，进行回归分析。回归分析结果显示（如表5－14所示），当创业网络强度单独预测资产资源时，$\beta=0.342$（$t=$

5. 059，$p<0.001$），$R^2=0.117$，能解释资产资源总变异的11. 7%；当创业网络强度与资产资源同时预测创业绩效时，创业网络强度对创业绩效的标准化回归系数$\beta=0.166$（$t=3.729$，$p<0.001$），$R^2=0.665$。因此，当加入资产资源这个变量后，创业网络强度对创业绩效的标准化回归系数从0. 420下降到0. 166，解释总变异量由17. 7%上升到66. 5%。即创业网络强度对创业绩效的影响部分是通过中介变量资产资源实现的。中介效应值为0. 342×0. 744＝0. 254，中介效应与总效应的比值0. 342×0. 744÷0. 420＝0. 606。因此，创业网络强度对创业绩效造成影响时，有60. 6%的变异是由资产资源引起的。假设6b得到验证。

表5－14　　　　资产资源的中介检验

变量	回归模型1	回归模型2	回归模型3	
回归方程	$y=cX+e_1$	$M_2=aX+e_2$	$y=c'X+bM_2+e_3$	
自变量	X	X	X	M_2
标准化回归系数	0. 420	0. 342	0. 166	0. 744
t值	6. 434	5. 059	3. 729	16. 743
t值显著性	0. 000	0. 000	0. 000	0. 000
R	0. 420	0. 342	0. 816	
R^2	0. 177	0. 117	0. 665	
调整R^2	0. 172	0. 113	0. 662	
F值	41. 395	25. 593	190. 814	
F值显著性	0. 000	0. 000	0. 000	

注：X为创业网络强度，M_2为资产资源，y为创业绩效。

通过上述检验，最终得到的修正后的概念模型（如图5－16所示）。

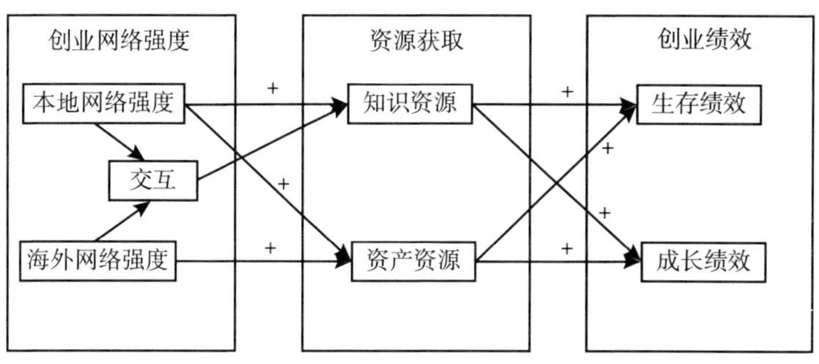

图 5-16 修正后的模型

5.3.4 结论与启示

本节以杭州“海创园”中“非科技型海归”创业企业为研究对象，通过研究其创业网络强度（本地网络强度、海外网络强度以及两者交互）如何通过资源（知识资源和资产资源）的获取进而对创业绩效产生影响，以揭示其与“科技型海归”创业行为——对海内外两种资源获取和利用方面的差异性。研究得到以下三个方面的重要结论。

第一，在资产资源获取方面，本地网络强度和海外网络强度对其都有正向影响且影响程度几乎相当，即在“非科技型海归”的创业过程中，资产资源获取既可以通过提高本地网络强度也可通过提高海外网络强度来实现。

第二，在知识资源获取方面，海外网络强度对其无显著影响，本地网络强度对其有正向影响，本地和海外网络强度的双重交互对其有正向影响且大于本地网络强度对其的影响程度。这说明，在“非科技型海归”的创业过程中，知识资源获取主要通过提高本地网络强度来实现，也可通过提高其海内外网络强度整合来实现且效果会更好。

第三，资源获取在网络强度与创业绩效间起到中介作用。就创业的生存绩效和成长绩效而言，资产资源在两者中的作用均表现为更大。这说明，在“非科技型海归”的创业过程中，资产资源起到更为重要的作用。由于企业创新主要依赖于知识的获取，而资产资源对于创业的创新作用无显著相关。因此，“非科技型海归”的创业并不是基于“基于创新的创业”，即海归创业不一定能促进企业创新。

上述三个结论给我们的重要启示主要表现在以下三个方面。

首先，与以往研究结论（侯佳薇等，2018）不同的是，本书研究发现“非科技型海归”与本土创业者存在重要的相似之处，即“非科技型海归”利用国外先进知识和科技资源作用不明显，其创业仍主要依靠资产投入来实现。因此，并非所有类型的海归在其创业过程中都能实现“基于创新的创业”。

其次，与本土创业者不同的是，“非科技型海归”具有更多的获取海外融资渠道、机会及更强的海外融资能力。也就是说，应充分发挥他们的海外学习和培训经历及语言优势，获取比本土创业者更多的海外融资渠道和机会。另外，针对在某个领域的创新困惑和知识不足，在国内研发基础上针对性地获得海外的科研支持，也是“非科技型海归”可发挥的重要优势。

最后，对于沿海和经济发达地区的地方政府和政策制定者而言，随着海归人才的大量涌现，在重视和鼓励海归创业的同时，应针对性地细化和调整相关鼓励政策。最重要的是要坚持“竞争中性”原则，要从身份奖励过渡到成果奖励，即从奖励海归转变成奖励业绩，促进更多创业企业实现“基于创新的创业”。

5.4 本章小结

本章围绕“海归系”创业行为议题，综合采用文献资料回顾、典型案例研究及统计实证分析方法对海归的基本概念和历史发展、浙江海归的基本情况及海归创业的影响因素三个部分内容展开探讨。具体而言，在5.1的海归基本概念部分，首先通过梳理国内外最新研究文献与政府政策文件，给出本书研究对于海归概念的界定，这是后续讨论分析的基础。在此基础上，结合中国近现代史梳理海归这一现象产生的历史背景及其发展演变。鉴于改革开放以来我国经济社会文化等方面的巨大发展及其对留学和海归人群的重要影响，本节深入剖析了改革开放40多年来我国海归的变迁过程，并借助统计年鉴等资料系统梳理了21世纪以来我国海归的总体规模、回国动因、地域/行业分布等维度的整体情况。5.2基于浙江海归对浙江经济社会发展的重大作用，调研浙江海归的总体情况并与全国海归进行对比；在此基础上，通过信核数据及其创始人任永坚回国创业的典型案例，深度剖析了海归创业所特有的国内国外双重网络、资源获取及其对创业绩效的影响。5.3以杭州“海创园”195家“非科技型海归”创业企业为研究对象，通过问卷调研与统计分析方法，实证研究本地/国外双重创业网络对“非科技型海归”创业企业绩效的影响，以及资源获取对上述机制的中介作用。

研究主要得出以下结论。

一是中国“海归”的发展史是中国近现代史的剪影，体现了中国海归从探索开创到报国奉献，再到创新交融的演变发展史。正是在国家的有力推动下，一大批留学人员在学成后选择回国工作与生活，成为中国与世界全方位接轨的天然纽带和中国现代化建设中不可替代的重要力量。并且，随着中国经济的持续健康发展，中国对全球人才，包括出国留学人才的吸引力正在不断提升。

二是浙江依托蓬勃发展的民营经济和创业传统，为怀抱爱国心和创业梦的海归群体提供了梦想落地的丰沃土壤与平台。特别是，海归人员中有较高比例进入战略性新兴产业，海归企业拥有较高比例的自主知识产权。当然，从浙江省内现有的8个国家级高新技术产业开发区情况来看，省内各市在留学归国人员的存量规模和增量趋势上还存在一定的差距。

三是本章选取信核数据公司及其海归创始人任永坚的典型案例，从初创期和成长期两个阶段深入剖析了海归创业企业基于国内/国外双重创业网络，取得本土与全球双重创业资源，进而开拓双重市场、产生创业绩效的公司先求生存后求发展的成长逻辑。

四是通过对杭州“海创园”195家“非科技型海归”创业企业的实证检验发现：(1) 本地网络强度和海外网络强度对资产资源获取都有正向影响且影响程度几乎相当；(2) 海外网络强度对知识资源获取无显著影响，本地网络强度对其有正向影响，本地和海外网络强度的双重交互对其有正向影响且大于本地网络强度对其的影响程度；(3) 资源获取在网络强度与创业绩效间起到中介作用。由此提出并非所有类型的海归在其创业过程中都能实现“基于创新的创业”；“非科技型海归”可发挥自身的重要优势以针对性地获得海外科研支持；要从身份奖励过渡到成果奖励三个方面的重要启示。

第 6 章
“阿里系”创业行为研究

6.1 阿里巴巴的发展历史

1999 年，以马云为代表的“十八罗汉”在杭州创立了“阿里巴巴”(Alibaba)。“阿里巴巴”创立的初衷是“让天下没有难做的生意”，定位于建设全球批发贸易的网上市场。后来，因蔡崇信等的加入，使得阿里巴巴开始规范化运作。另外，由于高盛、软银在内的数家投资机构融资的引入，使其获得更多的投资并快速扩张。2005 年，阿里巴巴收购了雅虎开启了投资这一重要业务。据 VC - Saas 统计，截至 2016 年底，阿里资本投资最多的项目在 A 轮（20.89%）、B 轮（14.67%）和战略融资(16%)，其投资领域主要聚焦于电子商务、金融领域、生活服务和文化娱乐等方向。从企业服务角度来看，阿里巴巴已构建了为企业提供信息平台→开展信用认证→发展海外市场→涉农电商、大数据业务和跨境电商等系列服务的业务网络。

“阿里巴巴”的企业文化和组织架构如表 6 - 1 和图 6 - 1 所示。

表 6-1　　阿里巴巴的企业文化

核心理念	核心价值观	➢坚持“客户第一、员工第二、股东第三”的原则 ➢核心价值观：客户第一、团队合作、拥抱变化、诚信、激情、敬业
	核心使命	➢促进开发、透明、分享、责任的新商业文化
未来前景	目标	➢让天下没有难做的生意 ➢打造开放、协调、繁荣的电子商务生态圈
	企业愿景	➢分享数据的第一平台 ➢成为员工幸福指数最高的企业 ➢成为一家“活 102 年”的企业

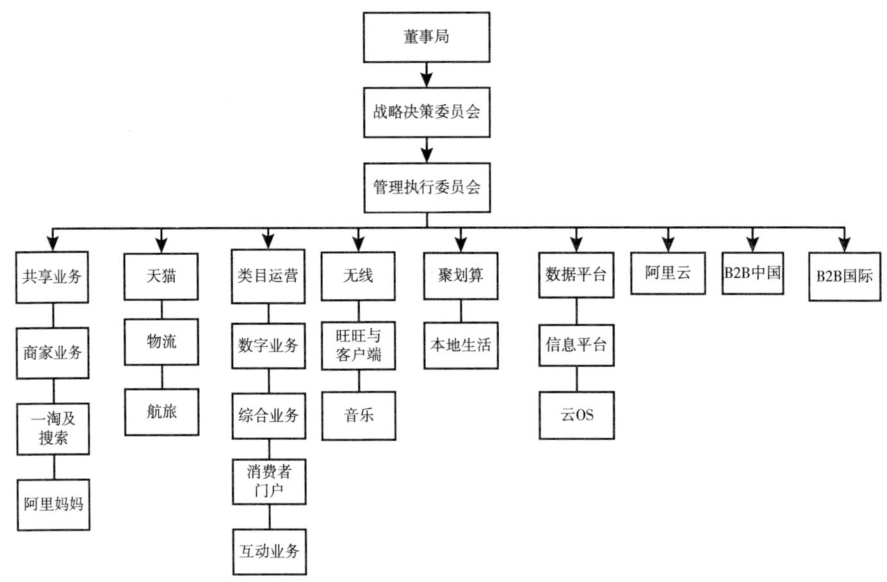

图 6-1　阿里巴巴组织结构

综观阿里巴巴的发展历史，我们可将其归纳为三个重要阶段：第一阶段（1999～2009 年），其业务发展实现了从 2B 到 2C 的转变，即从商户交易撮合者向个体交易多选择方向转变，主要事件是支付宝诞生及网商诚信体系搭建和完善；第二阶段（2009～2012年），阿里生态布局初期，业务发展从以电商主业为基础向投资、孵化关联产业转变；第三阶段（2012年至今），业务从PC向无线转型，大数据、云计算、人工智能多点开花。简言之，经过20余年的发展，目前阿里巴巴已经形成了一个将电商、导流、金融、本地生活、大健康、影视娱乐和智能终端融合在一起的商业生态。目前，阿里巴巴不仅是互联网的标杆企业，也是影响中国乃至世界的科技型公司。

2014年9月，阿里巴巴集团在纽约证券交易所正式挂牌交易。同时，以创业新姿备受瞩目的杭州，也被给予了“中国硅谷”的美誉。这里不仅孕育着充满创新活力的初创型公司，更有众多估值超10亿美元的独角兽企业不断诞生和成长。据《2016杭州创业生态白皮书》[①] 统计，截至2016年年底，杭州公开披露的创业项目有2 655个。2013～2015年杭州创业项目处于“井喷式”增长，年均增长率在35%以上，甚至达到了45.1%。

目前，研究阿里巴巴发展成功经验的书籍和相关文献已有许多，在此我们不作更多阐述。但是有一个有趣的现象值得我们去关注。一方面，随着阿里巴巴IPO的同时，许多年轻人却离开阿里巴巴出来自己创业。根据IT桔子数据库[②]显示，截至2015年底，具有阿里工作经历的创业者共有466名，比百度系数量多了近1倍，其中2015年新增的阿里系创业者为187名。随着阿里巴巴上市给员工带来的巨大财富及员工股的逐步解禁，杭州互联网创业圈越发火热。据统计，阿里系的创业领域约有1/2集中在电子商务、旅游户外、金融服务。另一方面，截至2014年12月底，据IT桔子数据库[③]统计，创业派系中获得投资的创业企业占比大多在40%以

① 资料来源：2016杭州创业生态白皮书．http：//www.360doc.com/content/17/0313/21/8732494_636592663.shtml.

② 资料来源：IT桔子．https：//www.itjuzi.com/search？type＝juzi_person&word＝阿里．

③ 资料来源：IT桔子．http：//blog.itjuzi.com/2015/03/01/2014－itjuzi－annual－report－8－2014－big－companys－entrepreneurs/.

上，“人人系”占比高达65.6%，其次为百度系占比62.24%，阿里系占比46.75%。从中我们可以发现，创业派系能给创业公司带来更大的支持。

综上所述，有两个问题亟待我们去研究。其一，创业生态对于地区创业活动有何影响，即以龙头企业为核心的创业派系对于创业企业的诞生和发展会产生怎样的作用？其二，创业派系对于派系内部创业企业的创业行为有何影响，即不同派系孵化出来的新创企业是否会有“原始印记”存在？

6.2 “阿里系”的刻画与分析

6.2.1 “阿里系”的刻画

目前，“阿里系”已是杭城创业的“橙色大军”。从公开披露的工作经历来看，有78%的杭州创业者曾在阿里巴巴工作①。这些曾在阿里巴巴工作过的创业者及他们的新创企业，不仅构建了创业的“阿里系”，而且也构成了一个阿里巴巴的商业生态链或生态系统。就“阿里系”的龙头企业而言，目前阿里巴巴已不单是一个电商平台，在社交类领域，有新浪微博、来往、虾米；在本地生活服务类领域，有高德、美团、快的、丁丁、墨迹、淘淘；在金融服务类领域，有天弘、众安等；在物流服务类领域，有菜鸟、日日顺等。另外，在足球领域也投资了恒大足球俱乐部。

据虎嗅网的相关统计显示，截至2016年底，“阿里系”创业公司已达到618家，总估值超过了1万亿元②。我们根据相关数据整理了2013～

---

① 资料来源：2016杭州创业生态白皮书.

② 资料来源：中国互联网创业派系盘点，https：//www.huxiu.com/article/139034/1.html？f=index_feed_article.

2016年阿里系的创业企业数据，其中包括已经死亡的创业企业（如表6－2所示）。从表6－2可知，阿里系在2015年创业企业同比增加最多，接近200%的增长率。这在很大程度上得益于阿里上市给员工带来的巨大财富及员工股的逐步解禁。这些创业者不仅从阿里的发展看到了机会，同时阿里股票也让他们的创业“如虎添翼”，其效果延续到了2016年。在2016年，当杭州创业增长率趋于平稳状态时，阿里系创业的增长率也比杭州市的增长率高出27个百分点。其实，阿里巴巴曾对此次的IPO感到担忧，他们认为拥有了巨大财富的这些员工很难再有效地激励他们了，拥有了资本的阿里员工有很大可能性会出去创业。国内对BAT流行的说法是“腾讯的产品、阿里的运营和百度的技术”，这也印证了，腾讯与百度员工相对依赖于平台，阿里系创业者相对更具备灵活性和适应能力。

表6－2　　2013～2016年阿里系创业数量统计

年份	阿里系创业数量	同比增长（%）	杭州创业公司数量增长（%）
2013	123	—	33.0
2014	159	29.3	45.1
2015	466	193.1	36.7
2016	618	32.6	5.8

资料来源：IT桔子数据库。

图6－2显示的是截至2016年底，阿里系创业部分企业的关系图谱[①]。根据业务方向不同，在此将阿里巴巴集团分为了社交、电商、金融、生活四大类，把阿里集团旗下主要的16个公司纳入四大分类中。其中阿里B2B包括1688、全球速卖通、阿里巴巴国际交易市场三个平台。

① 资料来源：IT桔子．https：//www.itjuzi.com/search？type＝juzi_person&word＝阿里．

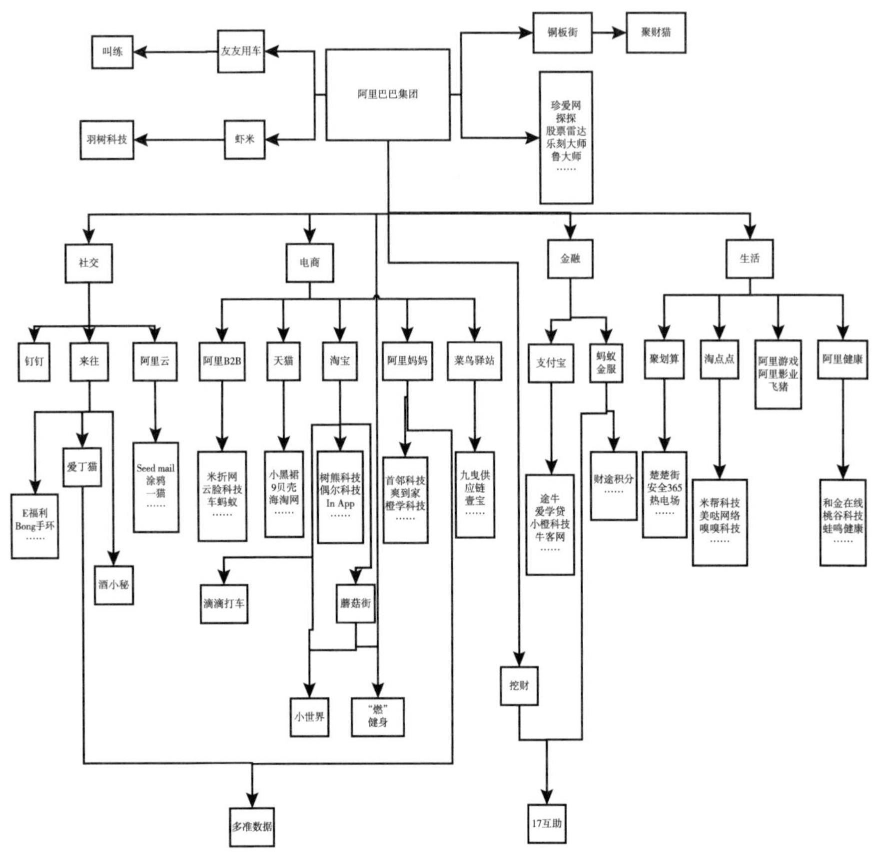

图 6－2　阿里系创业派系图谱

从图 6－3 可以看出，除去从阿里集团走出的创业者，阿里旗下的公司最容易获得创业机会的是淘宝，其次是支付宝。就淘宝而言，淘宝大品类分拆是目前电商投资的热点。如以女装导购为主的美丽说、蘑菇街（陈琪），母婴平台贝贝网（张良伦），通过优化流程，进一步优化供应商、产品品质和物流，提升细分领域用户的用户体验和价值。以洽客创始人、CEO 罗文军来说，他在阿里巴巴工作多年，曾担任阿里巴巴几个核心业务的负责人，经历了从淘宝 C2C 平台到天猫 B2C 平台的重要转折点。他创立的“洽客”核心业务逻辑是，锁定新市场——线下零售业，提倡新零售，互联网＋实体零售商，将实体门店变成线上线下融合的模式。

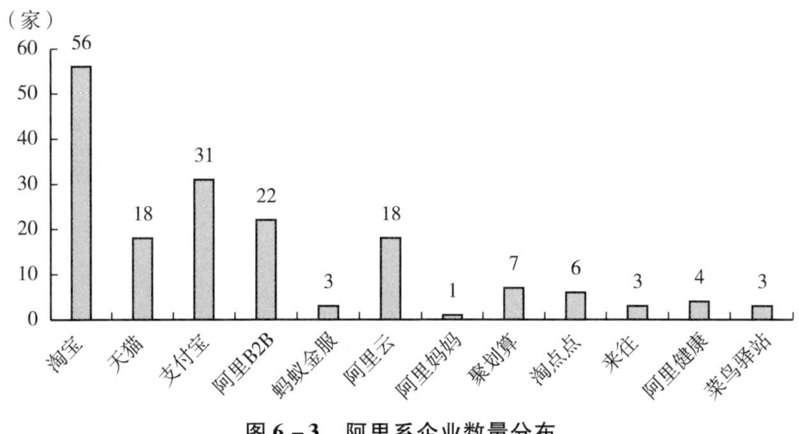

图6-3 阿里系企业数量分布

为进一步分析阿里系的整体概貌，让阿里系内部互相之间的关系更加直观和明了，我们将收录在IT桔子库里的412个阿里系的创业企业与阿里巴巴集团及其旗下的16个主要的业务形成关联。具体处理过程是用Excel处理数据绘制矩阵图，导入到UCINET软件分析网络结构，并在Excel矩阵里进行赋值：0和1。“1”表示该创业企业的创始团队是从对应的公司中出来的，“0”表示A对于B无关系。

蘑菇街的创始人陈琪原来在淘宝工作长达6年，担任淘宝网用户界面设计师、用户体验部经理、产品经理等职。后来离职创立了蘑菇街。在这样的情景下，可作出如下的关系表（如表6-3所示）。首先阿里集团与淘宝相互之间有关系，故对应的值为“1”。蘑菇街与淘宝有直接的关系则为1，而淘宝相对蘑菇街无关系则为0。因此可以通过该表进一步制作网络结构图。

表6-3 网络关系示意表

创业企业	阿里集团	淘宝	蘑菇街
阿里集团	—	1	—
淘宝	1	—	—
蘑菇街	—	1	—

以此类推，将所有的数据都赋予“1－0”的值，用UCINET软件可生成网络结构图，即阿里系派系的网络图（如图6－4所示）。其中中间深色方块的企业是阿里巴巴集团及其旗下业务。由中心性分析得到的结果，节点的大小表示中心性，点越大越是中心。从图6－4可知，阿里巴巴集团处于所有关键词的中心。

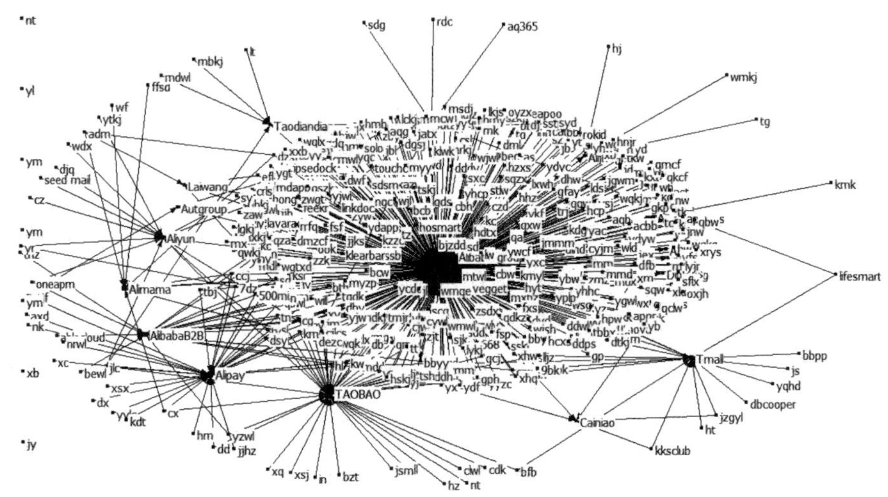

图6－4　阿里系网络图

通过上述研究我们可以发现以下两大规律：其一，创业派系的形成往往是基于派系中龙头企业（核心节点企业）的业务而衍生和发展的。以阿里系为例，由于阿里巴巴的核心业务是围绕中小企业和普通消费者的电子商务、生活服务、金融服务和社交娱乐四大领域（如图6－2所示），因此，整个阿里系的业务领域也聚焦于上述四大领域。其二，创业派系的形成，使得创业者、供应商、竞争者及一般劳动者等之间形成了密切相关的生态体系，或创业生态体系（如图6－4所示）。这种创业生态体系的形成，不仅有利于新创企业的诞生和成长，也有利于龙头企业（核心节点企业）自身的发展，以及整个商业生态的发展。就新创企业而言，派系内的新创企业不仅具有原有企业的特殊因子，由于熟悉此领域或行业及与原有企业和相关企业的深度联系，可以从创业派系中获取创业过程所需要的重要资源、知识和经验。就龙头企业（核心节点企业）而言，大量新创企业的诞生和发展，不仅由于专业化分工使其更有条件聚焦于自身优势的主业，而且同时给其提供了大量新的业务需求。就整个商业生态而言，由派系发展而形成的商业生态，不仅能够完善商业生态体系进而促进商业生态体系的发展，而且使商业生态的社会影响力不断提升，由此引起地方政府的关注和政府资源的投入。

6.2.2 “阿里系”创业行为的分析

综上所述，阿里系创业行为的重要特征是喜欢扎堆创业，即创业行为的相似性。从创业类型来看，阿里系创业项目基本可分为以下两类：一是开发阿里竞争性的平台；二是另辟蹊径，开发阿里可合作的生态业务服务行业。从具体创业业务来看，阿里系最爱的创业领域是电子商务、生活服务、金融服务和社交娱乐四大领域。那么，为什么会存在这种现象呢？究其原因，一方面是阿里系中具有相似创业基因；另一方面是强大的商业生态体系所具有的创业资源让他们在创业事业中事半功倍。

从创业基因来看，圈内人士在分析阿里系时，他们发现阿里系创业者有很多共性，例如年轻、喜欢群居、还用花名、一起吃一起玩一起加班等，而且这些创业者的年龄大多在24～28岁之间。这些年轻的创业者基本都经历了在阿里巴巴的职业熏陶，同时也形成了相似的人生价值。这些往往会形成一种特有的阿里巴巴情怀互相吸引。简言之，阿里人普遍具有理想主义及阿里的企业文化和价值观。另外，前阿里人还建立了“前橙会”的联盟机构，目前已经有25 000余人的规模了。挖财董事长李治国、蘑菇街创始人陈琪、同程旅游CEO吴志祥等都属于“前橙会”。“前橙会”会定期在北京、上海、广州、硅谷等地组织线下活动，为阿里系的创业者与投融资机构牵线搭桥，也会邀请阿里系知名企业家交流经验。如此，大量阿里系创业者之间可以形成创新氛围，搭建派系平台，高效地在派系圈子内找到合适的资金、同道中人、相似的创业路径、合作机会等。

从创业资源来看，首先，这些创业者在阿里工作时平台较大，工作环境、团队能力、公司资源等均较强大，因此这些都为后续创业奠定了良好的条件。其次，从阿里系的创业派系图谱（如图6-2所示）来看，电子商务、生活服务、金融服务和社交娱乐是阿里系创业的主要子派系。从不同的事业部出来的创业者都带有之前工作经历的影子，或是开发了竞争产品，或是成为第三方服务平台，或是成为其上下游，这些都是创业者重要的关系资源。最后，基于相同的创业基因和创业文化，阿里人出来创业，会互相把资源收拢一下。通过构建社会网络，进行抱团创新，形成创业派系。当然，这些创业者一旦脱离了阿里巴巴，尤其是成为阿里的竞争对手，也会遇到强大的挑战。一直以来，外界有传闻阿里巴巴不支持前员工创业。阿里系的创业者——丁香园CTO冯大辉也曾写过一篇《抱歉，阿里巴巴不待见从阿里出来的创业者》。由此可见，阿里系的创业者不仅要练好自身的运营水平和提防外部竞争者，如果想要在阿里布局领域分一杯羹，还需要做足功课，因为没人知道阿里接下来会进军哪块市场。例如蘑菇街，一度被淘宝封杀，无路可走，只能与美丽说合并，并且华丽转型，从依赖于淘宝天猫的社交导购平台变成了以女性消费者为核心用户群的垂直电商独立平台。另外，新的创业者也要打破思维惯性，因为阿里系中的同僚们的思维方式都比较类似，同质化创新资源较多，所以难免会影响他们的创新思路和创新思想。

6.3 杭州创业生态系统对创业活动的影响

前文所述，有两个问题亟待需要我们去进一步思考。其一，阿里系之所以发展这么快，是否与杭州独特的创业环境有关？其二，阿里系形成之后又会如何影响该派系内部创业企业的创业行为。因此，我们分两个部分来研究地方创业生态系统和平台企业对新创企业成长及其创业行为的影响。在本节我们将独角兽企业代表新创企业，在6.4节的研究中，我们研究阿里巴巴核心业务——电商平台对其创业企业创业活动的特殊性影响。

前瞻产业研究院发布的《2018年中国独角兽企业研究报告》显示①，截至2018年12月31日，我国共有独角兽企业203家。从数量分布来看，北京87家、上海40家、广东27家、浙江24家，浙江位居全国第四位。从估值分布来看，北京3 649.04亿美元、浙江3 057.33亿美元、上海1 300.58亿美元、广东912.04亿美元，浙江位居全国第二位（如图6－5所示）。

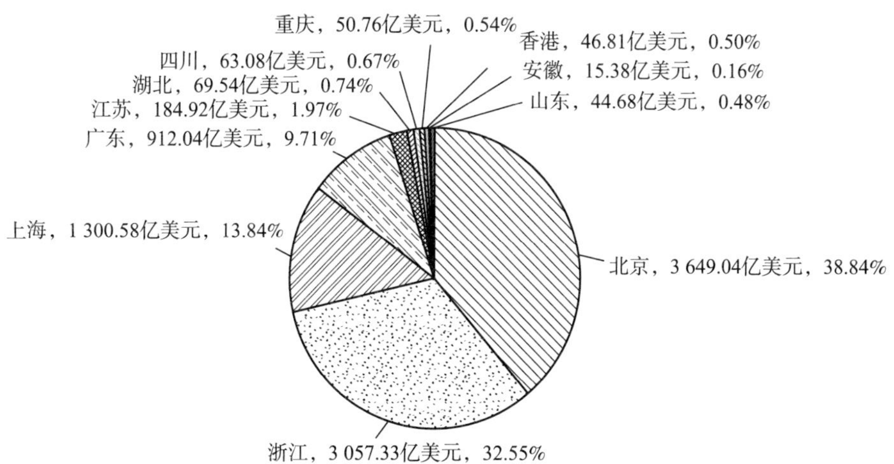

图6－5 2018年中国独角兽企业估值区域分布

资料来源：前瞻产业研究院.2018年中国独角兽企业研究报告［R/OL］. https：//bg.qianzhan.com/report/detail/1902131623391241.html，2019－02－13.

从图6－5可知，一方面浙江已成为我国独角兽企业的重要集聚地和快速发展地，而杭州更以79.1%的数量和97.8%的估值引领浙江独角兽

① 前瞻产业研究院.2018年中国独角兽企业研究报告［R/OL］. https：//bg.qianzhan.com/report/detail/1902131623391241.html，2019－02－13.

的发展[①]。在2018年我国13家超级独角兽企业中，浙江的蚂蚁金服、阿里云、口碑和菜鸟网络4家超级独角兽企业均位于杭州。另外，2019年由中美两国囊括的Waymo、蚂蚁金服、字节跳动（今日头条）、阿里云、滴滴出行、JUUL Labs、阿里本地生活、Airbnb、Stripe和大疆无人机全球前10家超级独角兽企业中，杭州占据3席。蚂蚁金服不仅以1 538.46亿美元估值荣登我国独角兽企业榜首，而且成为全球仅次于美国Waymo的超级独角兽企业。另一方面，从全球创业发展研究院（GEDI）发布的《2018年度全球创业指数》来看，中国仅以41.1分排名全球第43位。这表明，在民众创业热情日趋高涨的同时，我国仍存在整体创业成功率不高的问题（沙德春、孙佳星，2020）。因此，以蚂蚁金服成长为例，深入分析杭州特有的“热带雨林式”的地方创业生态系统对独角兽成长的影响，对于我国促进创新型企业的快速成长有着重要的意义。

6.3.1 地方创业生态系统与独角兽企业

自邓恩（Dunn，2005）首次提出创业生态系统（entrepreneurial ecosystems）概念以来，相关学者对其内涵进行了深入研究，并形成了“环境论”和“主体—环境论”两大学派。前者以科恩（Cohen，2006）和伊森伯格（Isenberg，2008）等为代表并认为创业生态体系是指创业企业所处的外部创业环境，主要包括为创业企业发展所提供的资源及参与组织（政府部门、科研和金融机构等）。后者以沃格尔（Vogel，2013）、林嵩（2011）和蔡莉（2016）等为代表并认为创业生态体系是由创业企业和外部创业环境所构成的整个系统。伊森伯格（Isenberg，2013）认为，对创业生态系统研究的重点在于提炼影响企业创业活动的关键要素。基于本节研究的核心是分析地方创业生态系统对创业企业（独角兽企业）成长的

---

① 陈一良.2019全球独角兽企业500强发布，中国企业数量第一［OL］. 中国经济周刊，https://m.sohu.com/a/361411849_209185，2019-12-19.

影响，因此，我们采用"环境论"学派的思想并借鉴伊森伯格（Isenberg）的"六要素模型"（政策、市场、人力资本、金融、文化和支撑系统），将地方创业生态体系（Local Entrepreneurial Ecosystems）定义为独角兽企业所在地的创业环境，即由地方政府、经济市场、人力资本、金融投资、创业文化和科学技术等所组成的直接作用于独角兽企业成长的支撑体系（如图6－6所示）。

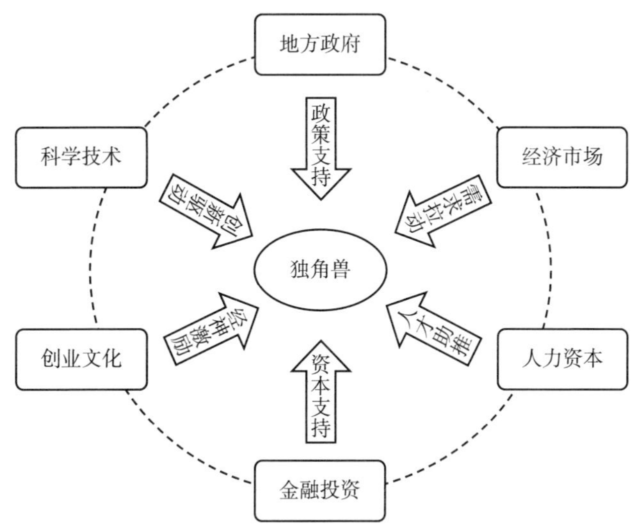

图6－6　地方创业生态体系对独角兽企业成长的影响

需要说明的是，之所以将伊森伯格（Isenberg）"六要素"中的"支撑系统"修正为"科学技术"，主要是基于以下两方面考虑：一方面，原"支撑系统"所包括的基础设施（包括创业园区等各类有形基础性条件设施，以及创业培训、法律援助和各类创业竞赛等）（沙德春、孙佳星，2020）已基本普及且有些内容可以归纳到"创业文化"；另一方面，科技已成为创业企业成长的重要影响因素，新技术和产业革命带来的技术创业机会、全面深化改革及新的人力资源红利已构成新一轮创业潮的三大动力（李春成，2018）。

6.3.2 蚂蚁金服简介

6.3.2.1 公司概况

蚂蚁金服集团（简称“蚂蚁金服”）成立于2014年10月，是一家旨在为世界带来普惠金融服务的创新型科技企业，总部位于中国杭州。目前其主要业务包括移动支付、数字金融、科技服务和社区服务四大板块。自成立以来，其规模快速成长。2015～2017年公司估值每年均增长了150亿美元左右。借助2018年6月8日的Pre－IPO轮140亿美元的融资，使2018年估值实现翻倍增长并达到1 476.92亿美元，2019年估值更达到1 538.46亿美元（如图6－7所示），使其成为中国第一、世界第二的独角兽企业。

图6－7 蚂蚁金服各年估值

资料来源：①前瞻产业研究院.2018年中国独角兽企业研究报告［R/OL］. https：//bg.qianzhan.com/report/detail/1902131623391241.html，2019－02－13.

②新浪财经. 蚂蚁金服跻身中国前10互联网前三，如何撑起万亿市值？［OL］. http：//finance.sina.com.cn/stock/hkstock/ggipo/2018－06－09/doc－ihcscwxc2699879.shtml，2018－06－09.

③科技部.2017年中国独角兽企业名单［OL］. http：//www.199it.com/archives/702604.html，2018－03－23.

④2019全球独角兽500强：蚂蚁金服第二，字节跳动第三［OL］. http：//www.ebrun.com/20191218/365355.shtml，2019－12－18.

6.3.2.2 发展历史

蚂蚁金服的发展史，其实也是其经营业务不断深化和扩展的过程。其发展历史可划分为内部孵化、多元化发展和科技服务发展三个阶段（如图6－8所示）。

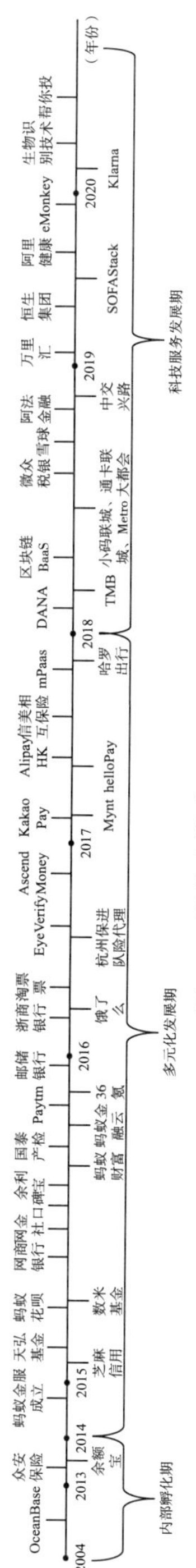

图6-8 蚂蚁金服发展历程的重要事件

内部孵化期（2004～2013年），主要表现为移动（数字）支付业务的继承和拓展。移动支付业务起步于2004年阿里巴巴旗下的“淘宝网”所推出的担保支付工具——“支付宝”。与此同时，此阶段不断拓展相关业务，主要包括科技服务（2010年5月推出金融级分布式数据库OceanBase）和数字金融（2013年3月设立众安保险和2013年6月推出余额宝），这为后续的蚂蚁金服快速发展奠定了良好的业务基础。这个阶段的重点是“支付宝”作为其基础核心业务在全国范围内得到推广。

多元化发展期（2014～2017年），主要表现为海外移动（数字）支付业务的拓展、数字金融业务和社区服务业务的加速布局。2014年10月蚂蚁金服正式成立是其标志性事件。2015年9月蚂蚁金服首次投资印度支付平台Paytm，标志着海外移动（数字）支付业务正式开始。而后，陆续在中国香港、英国和越南等地开展支付业务。另外，2015年1月开始涉及个人征信（芝麻信用）、2015年2月入股天弘基金及2015年4月推出蚂蚁花呗等标志着其数字金融业务的加速布局。2016年4月收购“饿了么”标志其业务开始向社区服务业务的拓展。这个阶段的重点是推进多元化业务以打造金融生态圈。

科技服务发展期（2018年至今）。2018年以来，蚂蚁金服开始注重科技发展，陆续推出多个金融科技产品和平台。其标志性事件是2018年6月推出的蚂蚁区块链BaaS平台及后续推出的技术风险防控平台TRaaS和金融级分布式架构SOFAStack双模微服务平台等。通过建立智能监管科技系统，为技术输出提供了运营平台。这个阶段的重点是强化技术输出，构建高效可信的金融互联网。

6.3.2.3 业务布局

目前，蚂蚁金服业务主要聚焦于移动支付、数字金融、科技服务和社区服务四个板块。

（1）移动支付业务。移动支付是蚂蚁金服的核心业务。最初，“支付宝”作为线上支付工具，主要是为企业提供支付平台。2014年蚂蚁金服成立后，一方面，通过与政府、高校、企业等全方位的合作及多轮融资，将移动支付场景拓展和布局到线下的传媒、生活、教育、旅游、房产、物流、交通和医疗健康等多个领域，逐步融入日常生活中的各个场景。2016年以来，支付宝在国内移动支付的市场份额一直保持在50%左右。另一方面，在完善境内支付的同时，蚂蚁金服开始不断拓展境外支付市场。目前，在全球已拥有10个电子钱包，尤其在2019年全资收购英国跨境支付公司“万里汇”后，全球支付业务市场进一步扩大。

（2）数字金融业务。目前，蚂蚁金服的数字金融业务主要布局“保险与征信”“微贷与银行”和“基金与理财”三个方面。其核心业务包括众安保险、国泰产险、相互宝、蚂蚁花呗、蚂蚁借呗、网商银行、网金社、余额宝、天弘基金、芝麻信用等数字金融业务。通过业务协同性以增强用户黏性是蚂蚁金服发展数字金融的重要战略。一方面，蚂蚁金服的绝大部分数字金融业务都可以实现在“支付宝”软件中直接使用，以实现支付业务与其他数字金融业务的协同性；另一方面，其他数字金融业务同样具有很强的协同性，如用户在芝麻信用进行个人征信，征信后的结果可直接作为蚂蚁花呗的准入条件。

（3）科技服务业务。在面向未来的技术布局上，蚂蚁金服通过实施“BASIC”的科技服务战略，即区块链（blockchain）、人工智能（artificial intelligence）、安全（security）、物联网（IoT）和云计算（cloud computing）等，以推动蚂蚁金服实现技术开放。蚂蚁金融云是其为金融机构提供行业云计算服务的平台。从2010年开始，其先后推出金融级分布式数据库OceanBase、移动开发平台mPaas、蚂蚁区块链BaaS平台、金融级分布式架构SOFAStack双模微服务平台等多个科技产品，利用上述产品为各行各业的客户定制个性化解决方案，为合作伙伴提供金融级的基础技术服务，以实现技术输出的盈利模式。

（4）社区服务业务。通过投资和收购等方式，蚂蚁金服在2014年开始在传媒、本地生活、交通出行和教育等方面也进行了系统布局，以拓宽公司的服务领域，增强用户忠诚度。

上述四大板块的具体情况如图 6 –9 所示。

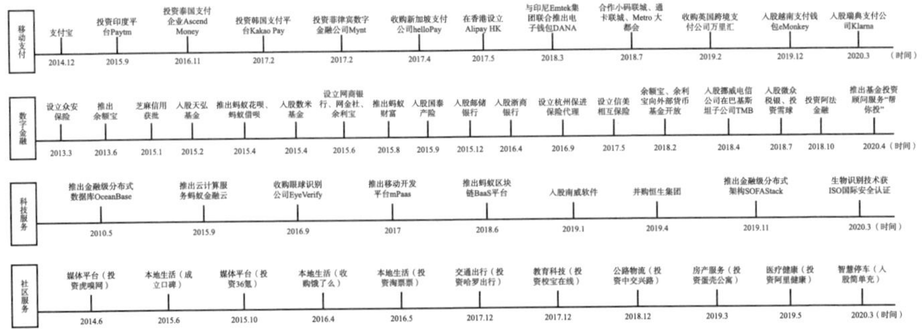

图 6 –9　蚂蚁金服核心业务布局

资料来源：①肖斐斐，冉宇航，彭博．中信证券：如何评估蚂蚁金服的价值［OL］. https：//tech. sina. com. cn/roll/2020 –03 –16/doc – iimxyqwa0734565. shtml，2020 –03 –16.

②亿欧智库．解密万亿独角兽——蚂蚁金服企业案例研究［OL］. https：//www. iyiou. com/intelligence/reportPreview？ id =108001&&did =625，2019 –04 –25.

6.3.3　杭州创业生态系统对蚂蚁金服快速成长的影响

探究蚂蚁金服自成立以来快速发展的成因，主要可归纳为以下六个方面。

6.3.3.1　地方政府的政策支持

浙江是我国数字经济的先发地。早在 2003 年 1 月召开的浙江省第十届人民代表大会第一次会议上，时任浙江省委书记习近平就指出“数字浙江是全面推进我省国民经济和社会信息化、以信息化带动工业化的基础性工程”，同年 9 月浙江发布了《数字浙江建设规划纲要（2003 ~2007 年）》。2017 年 12 月，浙江提出实施数字经济“一号工程”（浙江省数字经济 5 年倍增计划）以全面推进经济数字化转型，即到 2022 年，浙江数字经济总量较 2017 年（2 万亿元，占 GDP 比重 40%）翻一番，力争达到 4 万亿元以上（占 GDP 比重 55%，年均增长率将达到 14.9% 左右），努力把浙江打造成为全国数字经济的“三区三中心”，即全国数字产业化发展引领区、产业数字化转型示范区和数字经济体制机制创新先导区和具有全球影响力的数字科技创新中心、新型贸易中心、新兴金融中心。

作为省会城市的杭州，更是积极推动数字经济和数字金融的发展。2014年，杭州制定了《关于推进互联网金融创新发展的指导意见》，支持互联网金融机构设立发展，加大互联网金融企业培育力度，积极推动互联网金融产业全面发展。2015年11月，从实际出发，制定了《市政府关于推进"互联网+"行动的实施意见》，明确指出要在创业创新、金融、城市运行、交通、教育、健康医疗、旅游、信用等16个重点行业实现"互联网+"，以"互联网+"带动智慧产业发展。2016年11月，为提升金融国际化水平，市政府制定《杭州市金融业发展"十三五"规划》，提出要坚持金融双向开放，鼓励本土金融机构积极引进境外战略投资者，为跨境电子商务提供配套国际金融服务。这些地方政策为像蚂蚁金服这样的数字化科技企业的发展提供了良好的政策支持。

6.3.3.2 经济市场的需求拉动

"十三五"期间，杭州市地区生产总值由2016年的11 050亿元增长到2019年的15 373亿元，经济质效稳步提升。综观杭州"十三五"期间的经济发展，关键是实施并推进了"数字经济第一城"和"数字治理第一城"战略。一方面，大力发展5G商用、集成电路、区块链、量子技术、物联网和电子商务等新兴产业，加快了杭州数字产业发展；另一方面，积极推进产业数字化，注重数字科技创新与应用，积极推进传统制造业与快递物流等优势产业的转型升级。另外，协同推进多领域应用场景，深入推进"城市大脑"建设，加强信用杭州建设，成为全国首批社会信用体系建设示范城市。所有这些为数字科技金融业的发展提供了强大的市场需求拉动。

6.3.3.3 人力资本的人才助推

人力资本是助推蚂蚁金服快速发展的基本保障。一是杭州地方的人才支撑，2016～2018 年杭州的人才净流入率为 13.6%，成为全国人才净流入第一的城市①，并在2019 年继续位居全国第一。杭州高速发展的互联网等新兴产业及特有的“热带雨林式”创新创业生态系统，吸引了全球优秀人才来杭工作和创业，同时也为蚂蚁金服这类创新型企业的快速成长提供了人才保障。二是平台企业的人才支持，蚂蚁金服的高管团队主要源于阿里巴巴或“阿里系”企业的优秀人才。据蚂蚁金服官网信息显示②，蚂蚁金服现任董事会及高管团队中，有 2/3 在蚂蚁金服成立之前任职于阿里巴巴（如表 6－4 所示）。另外，蚂蚁金服旗下多个相关业务（支付宝、网商银行、蚂蚁金融云等）的董事长（执行董事）也多来自阿里巴巴（如表 6－5 所示）。

表 6－4　蚂蚁金服现任高管任职情况

现职位	姓名	原工作单位	入职蚂蚁金服时间
董事长	井贤栋	阿里巴巴	2009 年加入支付宝
董事、CEO	胡晓明	阿里巴巴	2018 年加入蚂蚁金服
董事、CTO	胡喜	阿里巴巴	2007 年加入支付宝
董事	彭蕾	阿里巴巴	2010 年加入支付宝
董事	张勇	纳斯达克证券交易所	2014 年加入蚂蚁金服
董事	蔡崇信	Investor AB	2014 年加入蚂蚁金服
董事	武卫	毕马威华振会计师事务所	2014 年加入蚂蚁金服
首席法务合规官	陈磊明	美国盛信律师事务所	2016 年加入蚂蚁金服
副总裁	曾松柏	麦当劳	2012 年加入支付宝
副总裁	芮雄文	美国运通公司	2017 年加入蚂蚁金服

① 贾晓芸. 13.6%！杭州人才净流入率全国第一［OL］. http：//www. hangzhou. gov. cn/art/2018/4/13/art_812266_17302234. html，2018－04－13.

② 蚂蚁金服. 管理团队［OL］. https：//www. antfin. com/team. htm，2020－03－23.

续表

现职位	姓名	原工作单位	入职蚂蚁金服时间
副总裁	韩歆毅	阿里巴巴	2014 年加入蚂蚁金服
副总裁	纪纲	阿里巴巴	2016 年加入蚂蚁金服
副总裁	徐浩	中国证监会	2015 年加入蚂蚁金服
副总裁	陈亮	南方日报	2008 年加入支付宝
首席市场官兼 CEO 办公室负责人	彭翼捷	阿里巴巴	2012 年加入支付宝
支付宝事业群总裁	倪行军	阿里巴巴	2004 年加入支付宝
数字金融事业群总裁	黄浩	中国建设银行	2015 年加入蚂蚁金服
保险事业群总裁	尹铭	中国人寿财产保险股份有限公司	2015 年加入蚂蚁金服
国际事业群联席总裁	道格拉斯·费根	高盛集团	2016 年加入蚂蚁金服
副总裁、eWTP 金融服务工作组组长	俞胜法	杭州银行	2014 年加入蚂蚁金服
客户服务及权益保障事业部总经理	徐蔚	杭州市公安局刑事侦查支队	2008 年加入支付宝

资料来源：亿欧智库．解密万亿独角兽——蚂蚁金服企业案例研究［OL］. https://www.iyiou.com/intelligence/reportPreview? id = 108001&&did = 625，2019 - 04 - 25；另外，入职“支付宝”的高管均在 2014 年蚂蚁金服成立时入职蚂蚁金服。

表 6 - 5　　蚂蚁金服核心业务板块现任高管任职情况

业务部门	现职位	姓名	加入“阿里系”时间
支付宝	董事长	井贤栋	2007 年加入阿里巴巴
网商银行	董事长	胡晓明	2005 年加入阿里巴巴
天弘基金			
蚂蚁财富			

续表

业务部门	现职位	姓名	加入“阿里系”时间
芝麻信用	董事长	邵文澜	2015 年加入蚂蚁花呗
蚂蚁金融云	董事长	胡喜	2007 年加入阿里巴巴
国泰产险	董事长	韩歆毅	2011 年加入阿里巴巴
数米基金	董事长兼总经理	祖国明	2011 年加入阿里巴巴

资料来源：作者根据相关资料整理而成。

6.3.3.4 金融投资的资本支撑

资本支撑是蚂蚁金服快速发展的主要力量。截至 2018 年底，蚂蚁金服共进行了 10 轮融资。首次融资发生在蚂蚁金服正式创立之前，即 2014 年 4 月完成的战略融资，投资机构包括建信投资和人保资本；在 2015 年蚂蚁金服共完成三次融资，分别为 2015 年 5 月由海尔资本投资的 Pro – A 轮（完成了 2.19 亿元人民币的融资金额）、2015 年 7 月的 A 轮融资（包括全国社保基金、国开金融、国内大型保险公司等在内的 14 家投资机构，共 120 亿元人民币融资金额，使其估值超 450 亿美元）及同年中邮资本对其的战略入股（融资金额在亿元人民币以上）；在 2016 年 4 月的 B 轮融资中获得了 45 亿美元的融资金额，本次融资投资机构有中投海外和建信信托等新的投资机构，也有不少 A 轮投资机构选择继续投资；2017 年 5 月，蚂蚁金服完成了 35 亿美元的债券融资使其更好地进行全球化扩张；2018 年 6 月蚂蚁金服进行了 140 亿美元的 Pro – IPO 融资，是迄今为止全世界最大的单笔私募融资，此次的融资机构不仅有国内的投资机构，还引入了多家海外投资机构；2018 年 6 月，保险巨头太平洋人寿保险对蚂蚁金服进行股权投资，投资金额约 16 亿元；2018 年 7 月，中金祺智投资对蚂蚁金服进行股权融资。2018 年 12 月阿里巴巴收购蚂蚁金服 33% 的股权，完成了蚂蚁金服的最后一轮战略融资。这 10 轮融资有效地解决了蚂蚁金服快速发展过程中的资金问题，极大地促进了公司的市场拓展和技术投入。

6.3.3.5 创业文化的精神激励

一方面，杭州具有良好的生活环境。作为历史文化名城、东方品质之城、创新活力之城和美丽中国样本的杭州，随着2016年成功举办G20杭州峰会，使其在全球的知名度和影响力不断扩大；另一方面，杭州一直打造国际一流营商环境。2020年第一季度，在长三角27个中心城市的营商环境评价中，杭州排名位居第一。尽管受到疫情影响，但是杭州在2020年第一季度的招商引资金额却高于2019年同期。通过着力完善创新链、产业链、人才链、资金链和政策链，推动创新与创业无缝衔接，杭州形成了特有的“热带雨林式”创新创业生态系统，并已形成以阿里系、浙大系、海归系和浙商系为代表的“创业新四军”。良好的地方生活环境和创新创业生态环境吸引了大量创业者聚集杭州，而大量创业者的聚集又带来了大量项目和人才，从而形成了一个良性正向促进闭环。

另外，阿里巴巴的创新创业文化像基因一样影响着蚂蚁金服的成长。蚂蚁金服秉承阿里巴巴“客户第一，员工第二，股东第三”的价值观，传承其优秀的创业文化和公司使命。在2015年，即公司成立的第二年就启动“互联网推进器计划”，旨在帮助金融机构更好地服务所有的用户，助力行业整体升级；2016年又启动“千县万亿”计划，努力促进金融业务在县域落地推广，完善县域营商环境，吸引更多创业人才回乡创业。所有这些对于蚂蚁金服的成长起到了重要的影响。

6.3.3.6 科学技术的创新驱动

一方面，蚂蚁金服自成立以来，先后与清华大学、浙江大学、同济大学、美国麻省理工学院和美国加州大学伯克利分校五所全球顶尖高校进行战略合作。通过创立联合研发实验室，不断提升其科研能力和水平，为蚂蚁金服的快速发展提供智力支持。与此同时，蚂蚁金服还先后与全球综合性科技集团南威软件和以色列企业区块链隐私技术开发商QEDIT达成战略合作，就数字政务平台和数据隐私保护及安全等方面进行技术研发。另一方面，基于其核心业务支付宝最初源于阿里巴巴及阿里巴巴是其重要股东之一，因此蚂蚁金服的发展一直得到了阿里巴巴的大量技术支持，其中最大的技术支持是其旗下的云计算品牌"阿里云"。"阿里云"是全球云计算的技术和服务提供商，它能提供安全、可靠的计算和数据处理能力。"阿里云"的基础设施服务（简称"IaaS"）作为蚂蚁金服金融科技产品的底层基础资源层，提供云服务器、云数据库、云存储、云缓存、云负载均衡和云安全等多项基础服务；基于 IaaS，蚂蚁金服建设金融科技平台（金融云 PaaS）和自研软件服务平台（金融云 SaaS）。这些使其能为银行、基金、保险和支付等多个金融领域提供了更多符合金融级安全的平台及软件产品。如余额宝、众安保险、饿了么等多个金融产品的运行都是建立在以阿里云 IaaS 为基础的金融科技服务平台上的。阿里巴巴的技术支持使得蚂蚁金服具有更高的创业基础。

通过上述研究，我们得到以下三点重要结论。

第一，独角兽企业的快速成长需要地方创业生态系统的支撑。在地方创业生态系统中，地方政府的产业政策、经济市场的需求拉动、人力资本的人才助推、金融投资的资本支撑、创业文化的精神激励和科学技术的创新驱动对于独角兽企业的发展均起到重要的影响作用。而在上述六因素中，明确的产业发展方向、良好的人才集聚环境和特有的创业文化尤为重要。

第二，地方平台企业的人才、科技和资本等对独角兽企业的快速成长起到了重要的推动作用，也使独角兽企业能在更高的起点进行创业。蚂蚁金服的快速发展在某种程度上得益于阿里巴巴这个平台企业的人才助推、技术赋能和资本投入。其国内外高新创业企业"扎堆式"的快速成长更是有赖于平台企业的孵化和衍生。集聚 400 多家羽绒企业的"中国羽绒之乡"——杭州新塘羽绒产业集群，其快速发展源于成立于 1982 年的"北天鹅集团"和成立于 1993 年的"柳桥集团"两家公司（郑健壮、靳雨涵，2015），而集聚了 8 000 多家电子科技和软件公司的美国"硅谷"，更是源于“斯坦福大学”和“仙童公司”两大平台的衍生（郑健壮等，2018）。因此，离开良好的地方平台企业，仅有地方创业生态系统，独角兽企业很难快速成长。

第三，独角兽企业在其不同的发展阶段，需要不同的地方创业生态系统和平台企业的帮助。在孵化期，地方产业政策和平台企业人才的支撑非常重要；在成长期，地方市场需求和平台企业技术的支撑非常重要，地方旺盛的市场需求拉动和平台企业精准的技术赋能有助于新创企业快速成长；在成熟期，地方创业文化和平台企业的资本投入非常重要，随着新创企业快速发展和业务多元化，需要每个部门保持初创期的创新创业精神和持续的资本支持。因此，地方创业文化和平台企业（包括其他渠道）的资本投入就显得尤为重要。

综上所述，我们提出“地方创业生态体系对独角兽企业成长影响的修改模型”（如图6－10所示）。

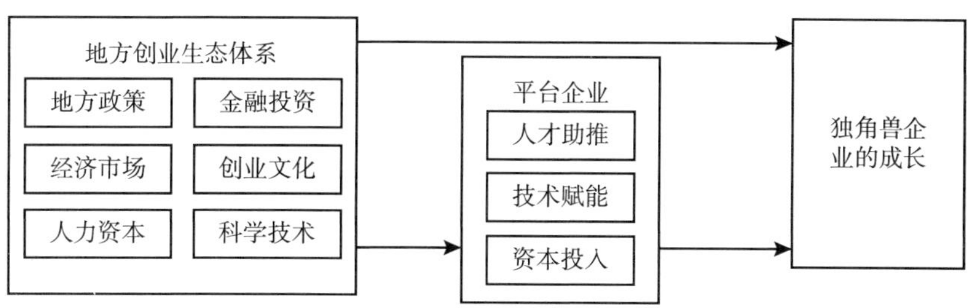

图6－10 地方创业生态体系对独角兽企业成长影响的修改模型

6.4 阿里电商平台衍生企业的创业行为特殊性研究

前文所述，一方面，阿里系的业务主要聚焦于电商、金融、社交、生活四大领域，而且以电商尤为典型。另一方面，平台经济已成为我国新经济模式和重要经济力量。随着以电子商务为主的商业网络平台的快速发展，“电商平台”已成为大众创业的“主战场”。因此，有必要深入研究电商平台上创业企业创业活动的特殊性，既能进一步完善创业理论又可以针对性地促进电商平台上创业企业的良性发展。基于此，为探索电商平台上创业企业创业活动内在特殊规律，本节在构建“创业学习—创业能力—创业成功”概念模型和相关假设的基础上，以“淘宝网”平台上的创业企业为研究对象，研究该类企业创业活动的内在规律，进一步揭示网络平台上创业活动与一般情景下创业活动的差异性。

6.4.1 相关理论、假设与模型

6.4.1.1 创业学习与创业能力

创业本质上是一个学习的过程（谢雅萍、黄美娇，2014）。创业者的创业知识不仅源于其以往的创业经验（Minniti & Bygrave，2001）、观察和了解其他创业者创业行为习得（Chandler & Lyon，2009），也源于其亲身实践（Rae，2005）。因此，创业学习是经验学习、认知学习和实践学习共同作用的结果（单标安等，2014）。创业学习的直接结果是提升创业者的创业能力（谢雅萍、黄美娇，2016；张秀娥、赵敏慧，2017；谢雅萍等，2018）。基于此，本书将创业能力定义为创业者拥有的机会识别开发能力及运营管理创业企业的综合能力并将其划分为机会能力和运用管理能力。机会能力是指企业识别、评估和利用机会的能力，而运营管理能力是指企业运用专业技能，组织内外部资源，做出有效战略规划或决策运行等方面的能力。

伦普金和希腾斯坦（Lumpkin & Lichtenstein，2005）认为组织学习可以强化创业机会的识别能力。进一步而言，创业学习甚至可视为为了创业的一种有目的性的学习能力（Matlay & Thomas，2006）。穆德等（Mulder et al.，2007）通过对10位创业者的访谈后发现，创业学习对创业能力有正向的影响，尤其在机会能力、运营管理能力等方面。拉杜勒费夫雷和雷迪恩-科洛特（Radulefebvre & Rediencollot，2013）实证研究表明教师指导下学生的创业学习对于学生创业者的创业能力（特别是承诺能力）有着正向的影响。综上所述，创业过程中的上述三类学习均对创业能力有着正向的促进作用（张秀娥、赵敏慧，2017；谢雅萍等，2018）。基于此，我们提出：

假设1：经验学习对创业能力有显著的正向影响；

假设1a：经验学习对机会能力有显著的正向影响；

假设1b：经验学习对运用管理能力有显著的正向影响；

假设2：认知学习对创业能力有显著的正向影响；

假设2a：认知学习对机会能力有显著的正向影响；

假设2b：认知学习对运用管理能力有显著的正向影响；

假设3：实践学习对创业能力有显著的正向影响；

假设3a：实践学习对机会能力有显著的正向影响；

假设3b：实践学习对运用管理能力有显著的正向影响。

6.4.1.2 创业能力与创业成功

所谓创业成功，是指新组织能创立并开发新机会、新资源或者新市场，确保组织的财务绩效和非财务绩效达到行业内的一定水平，实现企业可持续性发展的过程（张秀娥、赵敏慧，2018）。

钱德勒和汉克斯（Chandler & Hanks，1994）通过实证研究证实了创业的机会感知能力与创业绩效之间存在正相关。另外，艾森哈特和马丁（Eisenhardt & Martin，2000）和克伦特和巴尔（Kyndt & Baert，2015）等发现，创业者整合资源并科学使用资源是创业者创业成功的关键因素。国内学者蔡莉和汤淑琴（2014）、谢雅萍和黄美娇（2014）理论和实证研究后发现，创业能力是创业成功的关键因素，创业能力对新创企业的企业绩效提升存在正向促进作用。郭钢（2016）通过对133家企业的实证研究后发现，创业能力和创业绩效之间存在正相关作用，并且机会能力对创业绩效有正向促进作用，运营管理能力对创业绩效同样有正向促进作用。刘晓敏（2017）同样认为创业的重要特征可以通过机会能力来体现，机会能力正向影响创业绩效。基于此，我们提出：

假设4：创业能力对创业成功有显著的正向影响；

假设4a：机会能力对创业成功有显著的正向影响；

假设4b：运用管理能力对创业成功有显著的正向影响。

6.4.1.3 创业学习与创业成功

王（Wang，2008）对200多家大中型企业研究后发现，创业学习可以促进企业绩效的提升，而企业战略在两者之间起到调节作用。郑（Tseng，2013）认为创业学习与创业绩效存在着相互作用关系。一方面，创业学习可以创造更好的创业表现；另一方面，创业绩效也会给创业学习带来一定的正向反馈。另外，创业的失败经验（实践学习）对创业成功也有显著正向影响（Atsan，2016）。

国内学者蔡莉、汤淑琴（2014）通过实证研究证明，无论是直接经验的学习还是认知学习都有助于创业企业绩效的提升，认知学习对新创企业绩效的直接作用更大，且符合中国的国情。刘田田（2016）采用结构方程模型证明了经验学习对新创企业绩效有显著的正向影响。经验学习有助于初创公司识别和开发的重点客户，组织内外部资源，促进企业绩效的提升。基于此，我们提出：

假设5：创业学习对创业成功有显著的正向影响；

假设5a：经验学习对创业成功有显著的正向影响；

假设5b：认知学习对创业成功有显著的正向影响；

假设5c：实践学习对创业成功有显著的正向影响。

6.4.1.4 创业能力的中介作用

在大多数情况下，创业学习往往通过创业能力的中介效应影响创业成功。帕里延多和桑佐约（Priyanto & Sandjojo，2005）在对247位中小型企业创业者实证研究后首次发现：创业学习与企业成长绩效间直接效应并不显著，但是创业能力在两者间起到中介作用。而后拉赫曼等（Rahman et al.，2015）也实证了上述规律。蔡莉、汤淑琴（2014）在对长春和杭州两地的比较研究后发现，机会识别能力在经验学习和创业绩效间起完全中介作用，但是在认知学习和创业绩效间起部分中介作用；同时，机会利用能力在认知学习和创业绩效间的中介作用不显著，但是在经验学习和创业绩效间存在完全的中介作用。谢雅萍和黄美娇（2016）通过研究得出，在基于社会网络的创业学习对绩效的正相关关系中同样存在创业能力的影响，但是创业能力的不同维度对创业绩效的促进程度是存在差异的。基于此，我们提出：

假设6：创业能力在创业学习和创业成功之间起中介作用；

假设6a：机会能力在创业学习和创业成功之间起中介作用；

假设6b：运营管理能力在创业学习和创业成功之间起中介作用。

综上所述，我们将上述思想和假设用以下概念模型表示（如图6－11所示）。

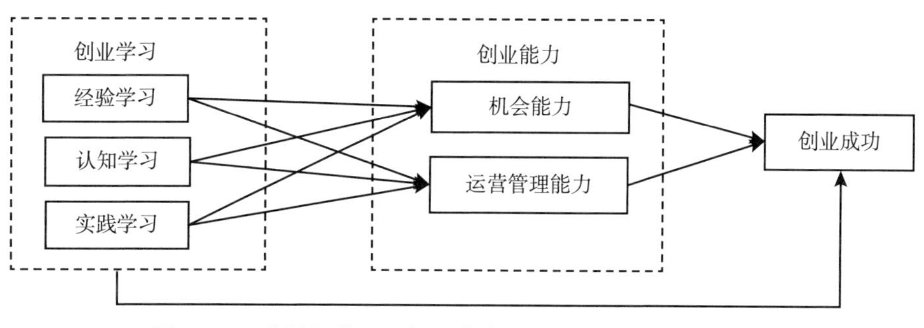

图6－11　“创业学习—创业能力—创业成功”的概念模型

6.4.2　实证分析

6.4.2.1　研究对象

淘宝网是目前中国最主要的网上零售平台，本书研究选择该平台上的创业企业为研究对象。淘宝网总部位于杭州，于2003年5月由阿里巴巴创立。淘宝网创立之初主要是为小型企业和创业者提供发展平台，其主要业务为消费者对消费者（C2C）的零售业。目前，淘宝网注册用户约为5亿人，固定访客数量每天超过6 000万人，每分钟售出4.8万件物品。在C2C市场上，淘宝的市场份额为95.1%。截至2018年3月，淘宝网每月活跃用户超过6.17亿人①。

6.4.2.2 样本企业

本书研究的问卷主要通过微信、阿里旺旺及QQ等互联网渠道进行发放，共回收问卷358份，除去无效问卷13份及51份非淘宝平台来源数据，有效问卷为294份，问卷有效率为82.12%。样本企业（或创业者）具体情况如表6－6所示。

表6－6　　样本描述性统计

指标和题项		频数	百分比（%）
网店是否位于淘宝网平台上	是	294	85.2
	否	51	14.8
网店的所属行业	女装/男装/内衣	16	5.4
	鞋靴/箱包/配件配饰	32	10.9
	童装玩具/孕产用品/奶粉辅食	19	6.5
	家电/数码/手机	28	9.5
	美妆/洗护/保健品	17	5.8
	珠宝/眼镜/手表	22	7.5
	运动/户外/乐器	23	7.8
	游戏/动漫/影视周边	16	5.4
	美食/生鲜/零食	15	5.1

① 资料来源：淘宝网［OL］. https://baike.baidu.com/item/淘宝网/112187?&fromtitle=淘宝&fromid=145661&fr=aladdin.

续表

指标和题项		频数	百分比（%）
网店的所属行业	鲜花/宠物/农资	25	8.5
	工具/装修/建材	17	5.8
	家具/家饰/家纺	23	7.8
	汽车/二手车/汽车用品	14	4.8
	办公/DIY/五金/电子	10	3.4
	百货/餐厨/家庭保障	6	2.0
	学习/卡券/本地服务	6	2.0
	其他产品或服务	5	1.7
贵网店成立年份	1年以内	92	31.3
	1～3年	69	23.5
	3～5年	73	24.8
	5年以上	60	20.4
网店人数	1～5人	146	49.7
	5～10人	58	19.7
	10～15人	48	16.3
	15人以上	42	14.3

资料来源：根据调研问卷整理。

6.4.2.3 变量测量

本书研究的解释变量是创业学习，被解释变量是创业成功，中介变量是创业能力。借鉴单标安等（2014）研究成果将创业学习划分为经验学习、认知学习和实践学习三个指标，每个指标均设置三个题项进行测量。本书将创业能力划分为机会能力和运用管理能力，参考潘建林（2017）的研究成果，两个指标分别设置四个题项进行测量。参考张秀娥和赵慧敏

（2018）的研究成果，将创业成功设置五个题项进行测量。所有题项均采用李克特5级量表进行打分，1～5分别表示完全不同意、不同意、不确定、同意以及完全同意。本书研究选择企业的年龄、规模和行业作为控制变量。

6.4.2.4 结果分析

（1）信度分析和效度分析。因本书研究的自变量、因变量和中介变量的测度均采用主观评价法，故需对问卷的信度与效度进行检验，以检测问卷设计的好坏和数据的真实性。本书研究采用SPSS进行信度和效度分析。检验结果的Cranbach's α系数均大于0.8，这说明各题项的内部一致性较好，问卷数据的结果是可靠的。经过KMO和Barlett检验，KMO值均大于0.8，适合做因子分析。

根据探索性因子分析结果，所有因子旋转后特征值（eigenvalue）大于1，解释累积方差大于60%，表明因子分析结果是可靠的。旋转成分矩阵中，因子载荷都大于0.4且没有交叉载荷，表明所有指标都很好地测量了所要测量的结构变量。进一步检验理论模型中各个维度之间的收敛和区别效度，采用AMOS软件对模型进行验证性因子分析。从拟合结果来看，绝对适配指数RMSEA为0.041，低于0.05，符合标准，GFI等指标均高于0.9，符合标准；CMIN/DF为1.495，小于2，符合标准。各方面的拟合指标均符合相关的标准，拟合程度较高。

综上所述，验证性因素模型的拟合效果很好。对验证性因子模型中各个潜在变量的组合信度和平均变异抽取量进行分析检验，以检验模型的收敛区别效度。各个潜在构念的组合信度（C. R.）均在0.7以上，平均变异抽取量（AVE）均在0.5以上，证明本研究有不错的聚合效度。通过计算变量的相关关系，得到相关矩阵，矩阵下方的相关系数均小于对角线值，说明问卷具备较好的区分效度。

（2）模型的初步验证。根据概念模型（如图6－11所示）和测量指标（题项），本书研究采用AMOS软件建立结构方程模型，具体如图6－12所示。

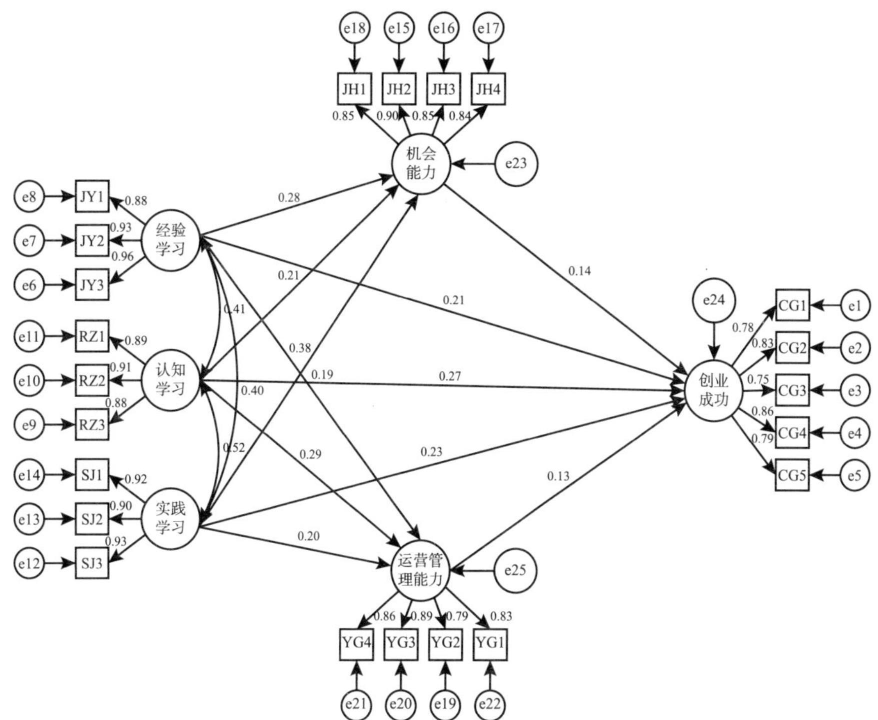

图 6－12 结构方程初始模型

为进一步提高模型的拟合优度得到更好的拟合结果，需要通过以下两种途径对模型进行修正：一是删除不显著路径；二是进行模型扩展（model building）。由于初次拟合的模型中路径系数显著性水平达标，本书主要采用 Amos 提供的 MI 修正指标进行模型修正，建立 e_2 和 e_4，e_{19}和 e_{22}之间的相关性路径。

修正后的模型（见图 6－13）拟合结果如表 6－7 所示。从修正后的模型拟合结果来看，CMIN/DF＝1.34＜2，GFI 等均大于 0.9，RMSEA＝0.034＜0.05，说明模型可以接受，通过验证。

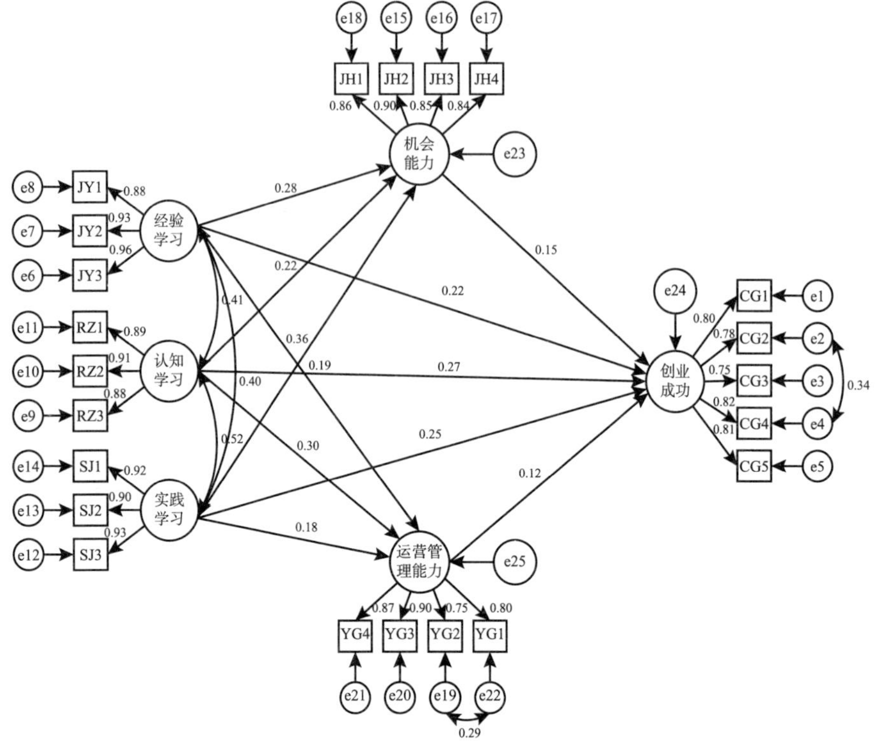

图 6-13　修正后模型

表 6-7　　修正后的模型拟合指标

CMIN	DF	CMIN/DF	TLI	RMSEA	AGFI	GFI	NFI	CFI
259.829	193	1.346	0.985	0.034	0.905	0.927	0.954	0.988

对模型进行标准化路径分析后可得，所有路径在 $P<0.05$ 的水平上均为显著。所以，所有路径系数均通过显著性检验（如表 6-8 所示）。

表 6-8　　模型的路径拟合情况

被影响变量	影响	影响变量	Estimate	S. Estimate	S. E.	C. R.	P
机会能力	←	经验学习	0.231	0.276	0.048	4.858	***

续表

被影响变量	影响	影响变量	Estimate	S. Estimate	S. E.	C. R.	P
运营管理能力	←	经验学习	0.121	0.190	0.042	2.922	0.003
机会能力	←	认知学习	0.198	0.218	0.054	3.679	***
运营管理能力	←	认知学习	0.209	0.302	0.048	4.344	***
机会能力	←	实践学习	0.294	0.356	0.052	5.687	***
运营管理能力	←	实践学习	0.117	0.183	0.045	2.608	0.009
创业成功	←	实践学习	0.247	0.252	0.062	3.984	***
创业成功	←	认知学习	0.284	0.266	0.065	4.393	***
创业成功	←	经验学习	0.220	0.224	0.056	3.926	***
创业成功	←	运营管理能力	0.191	0.124	0.085	2.239	0.025
创业成功	←	机会能力	0.177	0.153	0.076	2.336	0.020

注：*** 表示显著性水平 P<0.001（下同）。

表6-9表示各变量间的直接效应、间接效应和总效应分析。因此，从统计学角度看，12个假设均成立（如表6-10所示）。

表6-9　　各变量间的直接效应、间接效应和总效应

影响因素	被影响因素	总效应	直接效应	间接效应
经验学习	机会能力	0.276	0.276	0.000
	运营管理能力	0.190	0.190	0.000
	创业成功	0.289	0.224	0.065
认知学习	机会能力	0.218	0.218	0.000
	运营管理能力	0.302	0.302	0.000
	创业成功	0.337	0.266	0.070

续表

影响因素	被影响因素	总效应	直接效应	间接效应
实践学习	机会能力	0. 356	0. 356	0. 000
	运营管理能力	0. 183	0. 183	0. 000
	创业成功	0. 328	0. 252	0. 076
机会能力	创业成功	0. 153	0. 153	0. 000
运营管理能力	创业成功	0. 124	0. 124	0. 000

表 6－10　　　　假设检验结果

假设模块	假设内容	检验结果
创业学习与创业能力的关系	假设 1a：经验学习对机会能力有显著的正向影响	支持
	假设 1b：经验学习对运用管理能力有显著的正向影响	支持
	假设 2a：认知学习对机会能力有显著的正向影响	支持
	假设 2b：认知学习对运用管理能力有显著的正向影响	支持
	假设 3a：实践学习对机会能力有显著的正向影响	支持
	假设 3b：实践学习对运用管理能力有显著的正向影响	支持
创业能力与创业成功的关系	假设 4a：机会能力对创业成功有显著的正向影响	支持
	假设 4b：运用管理能力对创业成功有显著的正向影响	支持
创业学习与创业成功的关系	假设 5a：经验学习对创业成功有显著的正向影响	支持
	假设 5b：认知学习对创业成功有显著的正向影响	支持
	假设 5c：实践学习对创业成功有显著的正向影响	支持
创业能力的中介作用	假设 6a：机会能力在创业学习和创业成功之间起中介作用	支持
	假设 6b：运营管理能力在创业学习和创业成功之间起中介作用	支持

6.4.3 结论与启示

6.4.3.1 研究结论

实证分析结果表明，电商平台上创业企业的创业学习对创业能力有显著的正向影响，创业能力对创业成功有显著的正向影响，创业学习对创业成功有显著的正向影响，机会能力和运营管理能力在创业学习和创业成功之间起到了部分中介作用。这些都与谢雅萍和黄美娇（2016）、郭钢（2016）、赵敏慧（2018）和周金平（2015）的研究结果相似或相同。除此以外，我们还针对电商平台上的创业企业发现了以下三个方面的特殊点。

（1）实践学习对机会能力的影响最大，而认知学习对运营管理能力的影响最大。从标准化路径系数来看，对机会能力影响的重要性排序分别为：实践学习（0.356）、经验学习（0.190）和认知学习（0.218）。这与谢雅萍和黄美娇（2014）针对各类小微企业研究得出的交流学习（认知学习）大于模仿学习（实践学习）大于指导学习（经验学习）的结果存在差异。这说明相比于其他情景下的创业活动，在电商平台上的创业机会把握更强调开展实践行动，单纯的理论型的"认知"和"经验"对电商平台上的创业机会能力提升效果有限。创业者通过亲身创业实践纠正已获得的知识而得到的新知识更利于电商平台上机会的识别、评估和利用。

从标准化路径系数来看，对运营管理能力影响的重要性排序分别为：认知学习（0.302）、经验学习（0.276）和实践学习（0.183）。这一结论说明，相较于以往学者的研究，在电商平台上，将观察他人的行为或结果（认知学习）所得和接受成功创业者的指导（经验学习）所得，经过处理加工后形成对创业者自身有价值的知识更利于创业者运营管理能力的提升。电商平台上的运营管理内容与形式较之传统商业模型更为复杂和隐秘，因此单个企业自身通过实践能够获取的知识较为有限，对运营管理能力的提升效果有限。

简而言之，对电商平台上的创业企业而言，注重实践行动的学习所得更有利于创业者创业前期的能力提升，而认知学习更有利于创业者后期能力的提升。此外，经验学习对于机会能力和运营管理能力的影响均不是最重要。这说明电商平台上，创业者自身的认知、实践式的主动学习相较于他人指导传输的被动式学习可能更为重要。

（2）机会能力对于创业成功的影响大于运营管理能力对于创业成功的影响。郭钢（2016）和周金平（2015）的研究发现，机会相关能力对创业绩效的影响大于相关管理能力，本书同样证实了这个规律。目前电商平台上的创业企业通常在同类平台上创业，这些机会的识别、评估和利用结果往往能更好地获得客户的青睐，占据市场。事实上，基于互联网的创客经济、体验经济等经济形态的形成，促使了企业的创新思维、运营逻辑和商业模式发生改变。因此，电商平台上的创新创业实践活动也更加关注以顾客价值为核心促使企业实施市场导向型创业。

（3）创业学习对创业成功的直接效应大于其通过创业能力中介作用的间接效应。创业者的先前经验不仅直接影响创业绩效还通过创业能力间接影响创业绩效（周金平，2015）。本书针对电商平台上的创业实证结果也证实了这一点，且得出创业学习对创业成功的直接效应大于其通过创业能力中介作用的间接效应。这可能是由于在电商平台上，除了机会能力和运营管理能力外，还存在与创业相关的其他能力影响创业成功（Van Der Heijden，2001）；同时，电商平台上的创业学习对创业成果产生的直接效果并不完全体现在能力的提升上，还可能是电商平台的其他共享资源的提升上。电商平台上的创业学习所形成的“资源池”对平台上创业企业的成功存在一定影响（Saini & Johnson，2005）。

6.4.3.2 启示

基于上述研究结论，为进一步推进电商平台上的创业，以下三点值得我们关注。

（1）在创业前期，创业企业（尤其是创业者）应该大胆进行创业实践，通过亲身的创业实践纠正已获得的知识并得到更利于机会识别、评估和利用的新知识。在后期的运营管理中，要持续对平台上其他优秀创业者（标杆企业）及其他同行的经营行为（包括失败行为）进行关注，提升自身的运营管理能力。

（2）要取得创业成功，创业企业（尤其是创业者）需要积极观察未被满足的市场需求，花更多的时间和精力去寻找机会，给消费者带来真正有价值的产品或服务，并在风险评估基础上迅速转化为新的产品和服务以满足市场需求。

（3）要取得创业企业的可持续发展，创业企业（尤其是创业者）需要通过在创业中不断学习积累各个方面的创业能力。另外，电商平台也要通过集聚特有的"资源池"帮助企业的创业活动。淘宝网规范的管理服务，支付宝、阿里旺旺等工具的集成应用，淘宝大学为网店创业者群体提供的课程培训等，都是电商平台的"资源池"，所有这些对于平台企业的创业有着重要的作用。

6.5 "阿里系"对其衍生企业创业行为的双重影响机理研究

从20世纪后半叶至今，在创业研究领域，逐步从机会、认知、资源和环境等单个维度转向基于网络视角的对创业行为的研究。基于利益或情感等某种关联，使创业者（新创企业）形成创业网络。随着创业网络规模、强度和多样性的不断提高，网络内会形成一种高聚合度的子群结构，即"派系"（罗家德，2013）。"派系"的形成会使派系内成员产生"行为的相似性"（一致排外性）（张佳音、罗家德，2007）和派系间成员"行为的差异性"（万炜等，2013）。因此，"创业行为嵌入于这种网络之中"（张婷，2012）不仅可理解为整个创业网络会一般地影响创业者的创业行为，更反映由创业网络演化而成的“派系”（子网络）对创业者创业行为的直接影响。因此，在暂时撇开创业网络如何形成的基础上，有必要探究一般创业网络及由其演化而成的“派系”对企业创业行为的双重影响的内在机理。

6.5.1 假设与模型

6.5.1.1 创业网络与创业行为

创业行为主要包括创新（innovation）、战略更新（strategic renewal）和风险投资（venturing）三类活动（Zahr，1995）。基于战略更新和创新具有很大的相似性及重叠性（Agarwal & Helfat，2009），因此，我们将创业行为理解为创业企业的创新和风险投资。与社会网络相似，创业网络结构特征同样包括网络规模、网络强度、网络多样性三个方面（赵炎等，2016；朱秀梅、李明芳，2011）。

网络规模是指创业企业所有直接联系企业和组织的数量（Roberts et al.，2009）。网络规模增大能使创业企业从网络中获取更多的技术诀窍、市场机会等创新资源（Hammarfjord & Roxenhall，2017），从而有助于提高其创新和风险投资。基于此，我们提出：

假设 7a：创业网络规模对创新有显著的正向影响；

假设 7b：创业网络规模对风险投资有显著的正向影响。

网络强度指网络成员之间联系的紧密程度（尹苗苗、蔡莉，2010；梅强、花文超，2010）。有别于弱关系网络所产生的创业模仿行为（Lechner & Dowling，2003），高网络强度有助于创业者之间创建稳定的合作关系，获得更多互补资源及复杂的、高质量的或隐性的知识，并了解投资项目和降低违约风险，从而实现创新和增加风险投资（Granovetter，1977）。基于此，我们提出：

假设 8a：创业网络强度对创新有显著的正向影响；

假设8b：创业网络强度对风险投资有显著的正向影响。

网络多样性是指网络内创业企业与其他所联系组织的差异化程度（朱秀梅、李明芳，2011）。与不同类型企业建立广泛联系，更能获得多样化资源，并有助于创新和风险投资（单标安等，2015）。基于此，我们提出：

假设9a：创业网络多样性对创新有显著的正向影响；

假设9b：创业网络多样性对风险投资有显著的正向影响。

6.5.1.2 创业网络与派系

网络规模的扩张、网络强度的增强及网络多样性水平的提高，都会通过资源（Fang et al.，2010）、心理认同（张佳音、罗家德，2007）和促进社会分类（Wincent et al.，2014）等机制进一步促进"派系"的形成和发展。基于此，我们提出：

假设10a：创业网络规模对"派系"发展有显著的正向影响；

假设10b：创业网络强度对"派系"发展有显著的正向影响；

假设10c：创业网络多样性对"派系"发展有显著的正向影响。

6.5.1.3 派系的中介作用

"派系"内部，"局部"信息和创新资源（如缄默知识）的共享效率将会提高，从而进一步促进创新活动（Schilling & Phelps，2007）；随着机会主义行为减少，也使"派系"内部企业在风险投资方面有更强的竞争优势（赵炎等，2016；冯志军，2006）。基于此，我们提出：

假设11a：派系对企业创新有显著的正向影响；

假设11b：派系对企业风险投资有显著的正向影响；

假设12：派系在创业网络特征与企业创业行为的关系中起到中介作用。

综上所述，我们可以将上述思想和假设简单用以下概念模型表示（如图6-14所示）。

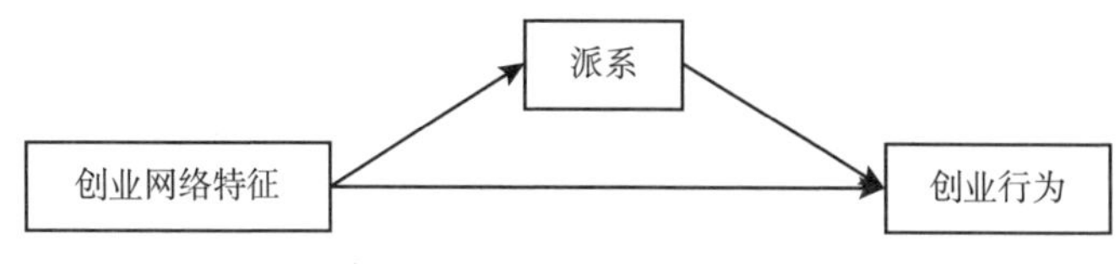

图 6-14　创业网络特征对企业创业行为的影响

6.5.2　实证分析

6.5.2.1　研究对象："阿里系"

前文所述，经过 20 多年的发展，"阿里巴巴"已形成了一个包括电子商务、扩展支付场景、金融服务、物流、泛娱乐、智能终端、教育、旅游、入口导流、健康医疗和本地生活服务的完整商业生态圈。通过 IT 桔子库内收录的 412 个"阿里系"的创业企业及与阿里巴巴集团主要业务联系分析，"阿里系"已成为一个由上述 11 个"子派系"所构成的庞大商业网络（如图 6-15 所示）。

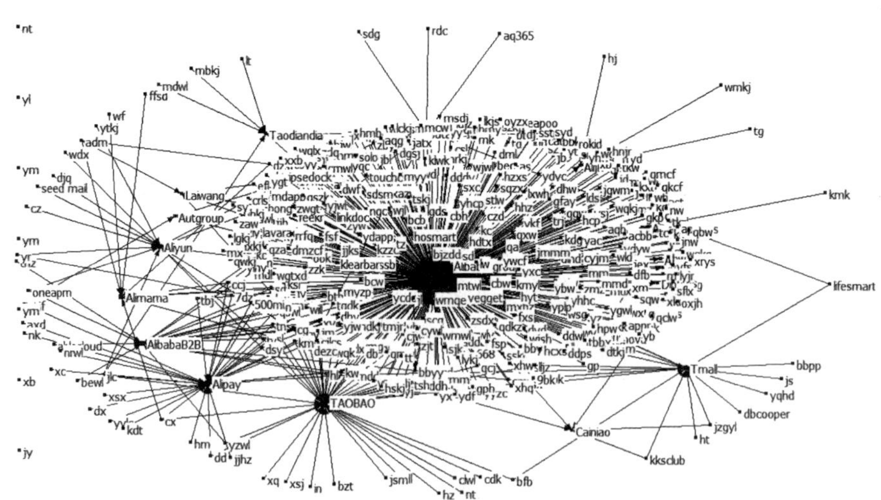

图 6-15　"阿里系"及其内部"子派系"的网络示意

注：节点名称即企业名（用拼音首字母缩写代替）。

6.5.2.2 样本企业

本书研究通过网络形式发放问卷进行数据收集。共发放问卷230份，回收问卷206份，有效问卷195份（占84.78%），剔除不属于"阿里系"的58份问卷（主要是"浙大系"），属于阿里系创业公司的共有137份。在这137家样本企业中：从行业来看，主要包括金融业（20%）、通信业（15.38%）和快速食品饮料业（9.23%）；从企业年龄来看，60.51%的企业创立年限为1~5年；从企业人数来看，58.45%的企业员工数在100人以下。

6.5.2.3 变量测量

本书研究中被解释变量是企业创业行为（包括创新和风险投资两个指标），解释变量是创业网络特征（包括网络规模、网络强度、网络多样性三个指标），中介变量是"派系"（包括派系内部和外部关系）。为探究一般创业网络及"派系"对企业创业行为的双重影响的内在机理，上述"创业网络特征"的相关题项是询问创业者对整个"阿里系"网络特征的评价，而上述"派系"的相关题项是询问创业者对"阿里系"内部"子派系"（诸如电子商务、金融服务等11个子群）内其他企业关系的评价。本书研究采用李克特5级量表对各变量相应的题项（共30个）进行打分：1~5表示完全不同意到完全同意的不同程度。在题项设计中，在借鉴已有成果（赵炎等，2016；梅强、花文超，2010；冯志军，2006；戴维奇，2010）的基础上，对少量题项进行了补充设计。选择企业的年龄、规模和行业作为控制变量。年龄以企业成立年限作为度量指标，规模用企业员工数来体现，行业按照国民经济行业分类（GB/T 4754—2011）二级代码划分。

6.5.2.4 结果分析

（1）信度分析和效度分析。因本书研究的自变量、因变量和中介变量的测度均采用主观评价法，故需对问卷的信度与效度进行检验，以检测问卷设计的好坏和数据的真实性。本书采用 SPSS 23.0 进行信度和效度分析。根据通常的标准：Cranbach's α 系数在 0.6 以上被认为可信度较高（Nunnally，1978），而检验结果的 Cranbach's α 系数均大于0.7，这说明各题项的内部一致性较好，问卷数据的结果是可靠的。经过 KMO 和 Barlett 检验（如表6－11 所示），KMO 值大于0.8，适合做因子分析。

表6－11　　　　KMO 和 Bartlett 检验

取样足够度的 Kaiser－Meyer－Olkin 度量		0.841
Bartlett 的球形度检验	近似卡方	2 863.781
	df	435
	Sig.	0.000

根据 SPSS 探索性因子分析结果，所有因子旋转后特征值（eigenvalue）大于1，解释累积方差大于50%，表明因子分析结果是可靠的。旋转成分矩阵中，因子载荷都大于0.50，并且没有交叉载荷，表明所有指标都很好地测量了所要测量的结构变量。进一步检验理论模型中各个维度之间的收敛和区别效度，采用 AMOS 23.0 软件对模型进行验证性因子分析。从拟合结果来看，绝对适配指数 RMSEA 为0.054，低于0.08，符合标准，GFI 与 AGFI 值均高于0.7，符合标准；增值适配指数 NFI 值与 CFI 值均大于0.7，符合标准；简约适配度指数 χ^2/df 为1.568 小于2，符合标准。各方面的拟合指标均符合相关的标准，拟合程度较高。

综上所述，验证性因素模型的拟合效果很好。对验证性因子模型中各个潜在变量的组合信度和平均变异抽取量进行分析检验，以检验模型的收敛区别效度。各个潜在构念的组合信度均在0.7以上，平均变异抽取量均在0.5以上，各个题项的标准化因素载荷均在0.6以上，模型的各个拟合优度指标拟合非常好，以上指标均符合要求，说明测量模型具有较好的收敛和区别效度。

（2）模型的初步验证。根据概念模型（如图6-14所示）和测量指标（题项），本书研究采用AMOS软件建立结构方程模型，具体如图6-16所示。

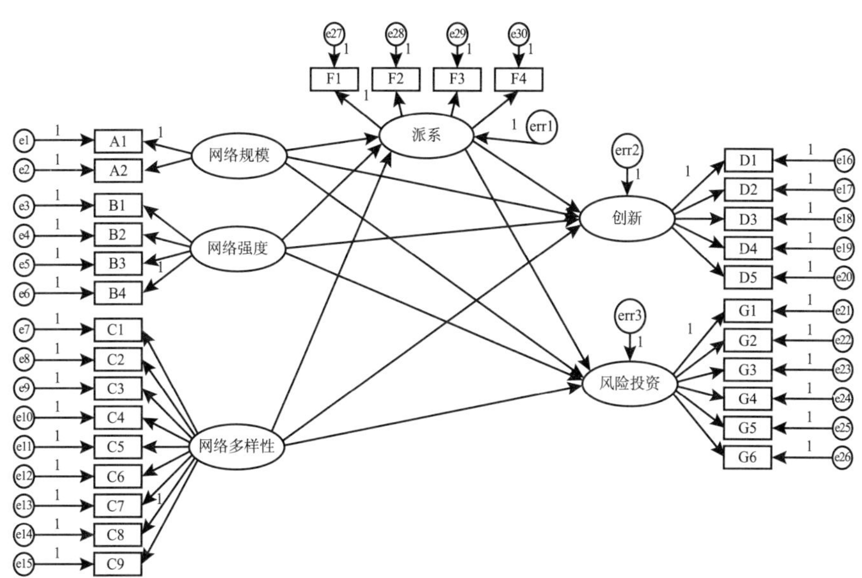

图6-16　结构方程初始模型

为进一步提高模型的拟合优度得到更好的拟合结果，需要通过以下两种措施对模型进行修正：一是删除不显著路径；二是进行模型扩展（Model Building）。从AMOS的输出结果看，网络规模对风险投资、网络强度对创新、网络多样性对创新的影响在0.1的水平上均不显著，因此删除此三条路径。我们根据MI指标对误差项建立共变关系，通过进一步修正来提高模型的拟合优度。具体修正措施如表6-12所示。

从拟合结果来看（如表6-13所示）：RMSEA为0.055，符合标准，GFI与AGFI值均高于0.7，符合标准；相对拟合指标NFI值、CFI值与TLI值均高于0.7，符合标准；χ^2/df为1.557，小于2，符合标准。综合来看，模型的拟合指数评价结果符合相关标准，数据与理论模型相适配。

表 6 – 12　　模型的修正措施

删除路径	建立共变关系
风险投资←网络规模	e11 和 e12，e13 和 e14
创新←网络强度	e16 和 e19，e22 和 e26
创新←网络多样性	—

表 6 – 13　　拟合程度检验

指标名称		拟合指标评价标准		初次拟合	最终拟合
		好	可以接受		
绝对拟合指数	χ^2/df	1.0 ~ 2.0	<0.3	2.001	1.577
	GFI	>0.9	[0.7，0.9)	0.806	0.841
	RMR	<0.05	<0.08	0.080	0.067
	RMSEA			0.072	0.055
相对拟合指标	NFI	>0.9	[0.7，0.9)	0.740	0.796
	TLI			0.833	0.903
	CFI			0.848	0.913
信息指数	AIC	理论模型值小于独立模型值，且同时小于饱和模型值		930.417 >930.000 930.417 <3 097.235	763.586 <930.000 763.586 <3 093.159
	CAIC			1 229.527 >2 916.945 1 229.527 >3 225.425	1 071.242 <2 916.945 1 071.242 <3 221.349

结合图 6 – 17 和表 6 – 14，修正后的模型路径在 $P<0.05$ 水平上均是显著的。与初始模型（如图 6 – 14 所示）相比，“网络规模与风险投资”“网络强度与创新”“网络多样性与创新”未能建立联系。表 6 – 15 表示影响创业行为的作用分析。因此，从统计学角度看，修正后的模型是可以被接受的。因此，假设 1b、假设 2a、假设 3a 不成立，除此以外的 9 个假

设均成立（如表6－16所示）。

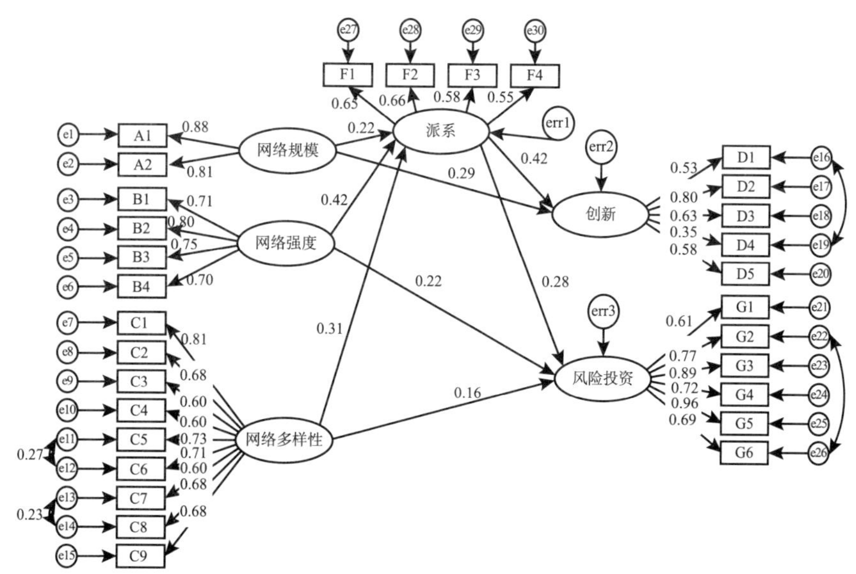

图6－17　修正后模型

表6－14　　　　　　　　模型的路径拟合情况

影响变量	影响	被影响变量	标准化估计	S. E.	C. R.	P
网络强度	→	派系	0. 422	0. 086	4. 376	***
网络多样性	→	派系	0. 308	0. 037	3. 56	***
网络规模	→	派系	0. 22	0. 068	2. 472	0. 013
网络规模	→	创新	0. 292	0. 071	2. 995	0. 003
派系	→	风险投资	0. 276	0. 125	2. 624	0. 009
派系	→	创新	0. 422	0. 105	3. 787	***
网络强度	→	风险投资	0. 218	0. 096	2. 403	0. 016
网络多样性	→	风险投资	0. 162	0. 041	2. 021	0. 043

表 6 – 15　影响创业行为的作用分析

创业行为	直接影响变量	作用	作用来源
创新	网络规模	0.292	由网络规模本身直接产生
	派系	0.422	由派系本身直接产生
		0.4009	由网络规模（0.22）、强度（0.422）和多样性（0.308）三者通过派系发挥作用。0.4009 =（0.22 + 0.422 + 0.308）× 0.422
投资	网络强度	0.218	由网络强度本身直接产生
	网络多样性	0.162	由网络多样性本身直接产生
	派系	0.276	由派系本身直接产生
		0.2622	由网络规模（0.22）、强度（0.422）和多样性（0.308）三者通过派系发挥作用。0.2622 =（0.22 + 0.422 + 0.308）× 0.276

表 6 – 16　假设检验结果

假设内容	检验结果
假设 7a：创业网络规模对企业创新有显著的正向影响	支持
假设 7b：创业网络规模对企业风险投资有显著的正向影响	不支持
假设 8a：创业网络强度对企业创新有显著的正向影响	不支持
假设 8b：创业网络强度对企业风险投资有显著的正向影响	支持
假设 9a：创业网络多样性对企业创新有显著的正向影响	不支持
假设 9b：创业网络多样性对企业风险投资有显著的正向影响	支持
假设 10a：创业网络规模对派系有显著的正向影响	支持
假设 10b：创业网络强度对派系有显著的正向影响	支持
假设 10c：创业网络多样性对派系有显著的正向影响	支持
假设 11a：派系对企业创新有显著的正向影响	支持
假设 11b：派系对企业风险投资有显著的正向影响	支持
假设 12：派系在创业网络特征与企业创业行为的关系中起到中介作用	支持

6.5.3 结论与启示

6.5.3.1 研究结论

本章利用“阿里系”137个样本创业企业的调查数据并通过实证研究，探究创业网络特征（规模、强度和多样性）及“派系”对企业创业行为（创新和风险投资）的双重影响机理。研究得到以下三个主要结论。

第一，在创业行为的“创新”方面，存在由网络规模的直接影响（0.292）、“派系”的直接影响（0.422），以及由网络的规模、强度和多样性通过“派系”产生的间接影响（0.4009）。后两者合计为0.8229，这说明影响创业者创新的主要动力来自“派系”的影响，它占总影响达到73.81%，而一般网络作用相对较弱。

第二，在创业行为的“投资”方面，存在由网络强度的直接影响（0.218）、网络多样性的直接影响（0.162）及“派系”的直接影响（0.276）。另外，由网络强度和多样性通过“派系”产生的间接影响（0.2622）。由“派系”产生的直接和间接影响总和为0.5382。这说明，除了网络强度和网络多样性以外，影响创业者投资的另外一个动力来自“派系”的影响，它占总影响达到58.61%。这说明，对于“投资”的影响，一般网络和“派系”的作用基本平分秋色。

第三，网络规模对创业行为的创新因素有显著的正向影响，而对风险投资没有显著的影响。这是因为网络规模越大，企业能获得的信息和资源的可能性就越大，这不仅为企业迅速识别和捕捉创业机会提供了帮助，也为企业进行创新提供了资源的保障。但是过多的信息资源会降低企业的独立判断能力，对企业风险投资带来干扰；网络强度和多样性对风险投资有正向影响，而对创新没有显著影响。这是因为强度和多样性的增加表明企业间信任程度的提高，信任程度的提高能帮助企业更加方便地融资，从而有利于风险投资。但是当网络强度增加时，企业可能会产生路径锁定，从而降低变革的可能性。

6.5.3.2 启示

上述研究给予我们的启示，主要有以下两个方面。

第一，就理论而言，企业的创业行为不仅嵌入于整个创业网络，更是嵌入于创业网络中的子网络——“派系”。这是因为派系是创业网络结构中更密集的群聚，是在局部形成了一种“自播组织”，它可以剔除网络结构中降低企业创业行为的因素，更为精准地帮助企业创新与风险投资。

第二，就政策而言，针对高新技术产业的创业和传统产业的创业，政府应采取不同的创业政策。由于高新技术产业多为创新驱动发展，而传统产业的发展多基于规模的扩张。因此，对于以高新技术产业为主的地区，政府的创业政策主要应该通过“培大育强”和“招商引资”，形成以有竞争优势的“龙头企业”为主的大量创新型中小企业为外围的特殊企业网络——“派系”。对于以传统产业为主的地区，政府的创业政策应聚焦于“产业链招商引资”——“补链、延链和建链”，既实现网络多样性提升，又避免“同质竞争”而实现网络强度。当然，还应鼓励各个子产业以龙头企业为核心形成其不同的“业务板块”。

6.6 本章小结

阿里巴巴不仅是互联网的标杆企业，也是影响全国乃至世界的科技型公司。综观阿里巴巴的发展历史，可以将其归纳为以下三个重要阶段：第一阶段，其业务发展实现了从 2B 到 2C 的转变，即从商户交易撮合者向个体交易多选择方向转变，主要事件是支付宝诞生及网商诚信体系搭建和完善；第二阶段，阿里生态布局初期，以电商主业为基础投资、孵化关联产业；第三阶段，从 PC 到无线转型，大数据、云计算、人工智能多点开花。经过20余年的发展，阿里已形成了一个将电商、金融、生活、影视娱乐融合在一起的商业生态。

随着阿里巴巴的发展及大量原来在阿里工作的员工离开阿里后创业，形成了以阿里集团和阿里主要业务（电子商务、生活服务、金融服务和社交娱乐等）为核心的创业派系。创业派系的形成，使得创业者、供应商、竞争者及一般劳动者等之间形成了密切相关的生态体系，或创业生态体系。这种创业生态体系的形成，不仅有利于新创企业的诞生和成长，也有利于龙头企业（核心节点企业）自身的发展，以及整个创业生态的发展。

创业派系对于派系内部新创企业的创业行为有着重要的影响作用。具体而言，第一，比较而言，“派系”对创业者创新的影响程度远大于网络规模的影响；网络强度和多样性与“派系”对风险投资的影响程度几乎平分秋色。第二，新创企业的创业学习对创业能力有显著的正向影响，创业能力对创业成功有显著的正向影响，创业学习对创业成功有显著的正向影响，机会能力和运营管理能力在创业学习和创业成功之间起到了部分中介作用。第三，新创企业在遵循“创业学习—创业能力—创业成功”的规律下，同时具有以下特殊性：实践学习对机会能力的影响最大，而认知学习对运营管理能力的影响最大；机会能力对于创业成功的影响大于运营管理能力对于创业成功的影响；创业学习对创业成功的直接效应大于其通过创业能力中介作用的间接效应。

第7章
“浙大系”创业行为研究

7.1 大学衍生企业及其创业行为

7.1.1 大学衍生企业及其研究

朱承亮和雷家骕（2020）在《中国软科学》发表的《中国创业研究70年：回顾与展望》一文中，将中国创业研究分为“计划经济创业研究阶段”“草根为主创业研究阶段”“精英为主创业研究阶段”“互联网创业研究阶段”和“大众创业研究阶段”五个阶段。其实，上述划分是按照我国创业阶段的时间特征而非研究主题进行划分的。因此，应将其表述为“计划经济阶段的创业研究”“草根创业为主阶段的创业研究”“精英创业为主阶段的创业研究”“互联网创业为主阶段的创业研究”和“大众创业阶段的创业研究”更为妥当。从上述五个阶段来看，大学师生开始创业应该始于20世纪80年代而兴盛于1992～2000年的精英创业为主阶段。这个阶段之所以会成为大学师生开始创业的重要阶段，主要有以下三个原因：其一，受到20世纪80年代开始的一大批政府单位和科研院所知识分子创业成功的影响。这个阶段主要以柳传志（1984 年）创办“联想”、王文京（1985 年）创办“四通”、苏启强（1988 年）创办“用友”和后来徐少春（1994 年）创办“金蝶”等为代表。上述创业者基本都是高级知识分子，相同的文化背景和事业情怀影响着同为知识分子的大学教师并触动他们的创业行为。其二，邓小平南方谈话的鼓励。受到南方谈话精神的鼓舞，大批高校教师正式开始了创业行动。其典型的例子包括“北大方正”“清华同方”“浙大海纳”和“科大讯飞”，以及俞敏洪（1993 年）创办了北京市新东方学校等。其三，受到国家从 1995 年开始不包分配和自主择业政策的影响。这个就业政策的改变对于大学生创业的影响是巨大的。

“北大方正”的创业始于 1985 年初。当年，北大物理系讲师张玉峰和其他四位教师在未名湖畔一间 10 平方米的小屋里，靠着北大提供的 3 万元资金筹备了北大科技开发部。1986 年 8 月，正式注册成立了北京大学新技术公司。到 1988 年，公司年销售额达 5 000 万元，成为中关村颇具影响的民营科技企业。此时，北京大学得到当时国家经济贸易委员会的许可，决定将王选教授主持开发的“汉字信息处理与激光照排系统”专利与技术转让给公司，这奠定了方正集团的起家之业。1991 年，方正公司又进一步将华光系统发展成为北大方正 91 电子出版系统，并实现整版传输、区域网络化、光盘存档等功能。之后又迅速推出方正彩色激光照排系统，使我国自行研制的彩色桌面系统走进了国内及海外市场，掀起了印刷出版业的“彩色革命”。1993 年初，北大方正集团正式成立。截至 2018 年底，方正集团总资产 3 606 亿元，净资产 655 亿元。2018 年，方正集团年收入 1 333 亿元，年净利润 14. 9 亿元。遗憾的是，2020 年 2 月，方正集团因债务危机正式宣告破产重组。

“清华同方”起步源于现为中国工程院院士清华大学孙家广教授在 20 世纪 90 年代开发第一批国产自主 CAD 的历程。1993 年 10 月，他开始和广东顺德一个个体户合作，成立了高华公司，后以分手而告终。后来还与科龙公司进行了合作。1999 年 5 月 8 日，孙家广担任清华同方软件股份有限公司筹备组的负责人。随后，同方软件公司进入孵化期。经过400多天的孵化，2000年6月28日清华同方软件股份有限公司终于完成孵化破壳而出。同时，孙家广和他的另外三位同事已将个人科技成果以无形资产形式折价入股，占得公司8%的股份。2019年12月30日，中国核工业集团资本控股有限公司通过股权收购，获得同方股份21%的股权，成为同方股份的控股股东，同方股份实际控制人由教育部变更为国务院国有资产监督管理委员会。2020年7月27日，同方股份位列2020年《财富》中国500强排行榜第401位。

“浙大海纳”，前身为“浙大中控”。20世纪90年代，而立之年的褚健教授，毅然决定下海创业。当时，浙江大学先后建成12家产学研一体化的学科性公司，褚健依靠筹借20万元打造的浙江大学工业自动化公司就是其一，这也是“中控梦”的开始。此时，正值中国工业自动化行业的寒冬，市场长期成为国际品牌的舞台与角力场。自动化控制系统作为控制装置的核心，更是被西方发达国家所掌控，国内企业使用的集散控制系统（DCS）均为国外品牌。就是在这样的条件下，褚健带领中控从单一流程工业自动化领域做起，直到拓展出智慧城市、数字医疗、机器人等新兴领域，成功打破DCS系统被国外品牌垄断的状况，使产品价格降为最初的1/3，为国家至少节省下400亿元的设备引进投资费用。此外，中控自身也得到了长足发展，从1993年的40万元合同额涨到2002年的4亿元，9年时间暴涨1 000倍，到2012年时产值更是达到30多亿元，背后的实际控制人褚健也凭此摇身一变，成为当时的“浙大首富”。1999年，浙大决定将浙大工业自动化公司等一同并入拟上市的“浙大海纳”，并将浙大工业自动化公司更名为浙大海纳中控自动化公司。2003年1月，“浙大海纳”由于资金紧张，董事会最终决定剥离浙大海纳中控公司，以360万元的价格，转让给由当时由褚健控制的中控科技。从浙大海纳剥离出来后，经褚健带领团队打造多年，最终使得中控成为国内工业自动化领域科技水准最高的企业之一。

与前面三家公司由大学教师为主创业不同，“科大讯飞”的创业主要源于大学毕业生（樊天、樊春良，2021）。成立于1999年底的“科大讯飞”，其前身为中国科学技术大学19位大学毕业生所建立的创业公司，而创业团队主要源于中国科学技术大学人机语音通信实验室。其核心技术——语音合成技术来自中国科学技术大学王仁华教授几十年技术积累的成果。1988年，科大讯飞创始人刘庆峰带领实验室团队设计的语音合成系统初步达到实用化水平，在国家863计划成果比赛中获得第一名，创业机会由此出现。在王仁华教授的授权和支持下，与同实验室的师弟和校友以语音合成技术为基础，共同组成了科大讯飞创业团队。1999年10月，在合肥市政府的担保下，安徽信托投资公司、美菱集团和合肥永信公司的共同投资3 060万元，改组为中科大讯飞信息科技公司。2000年，从华为的订单开始，科大讯飞摸索出了“为应用开发伙伴提供语音系统集成模块”的“讯飞 inside”商业模式。2002年，科大讯飞获得联想集团的第一笔融资和在管理与运营方面的大力支持。2008年科大讯飞成为中国第一个上市的在校大学生创业公司和中国语音产业唯一的上市公司。

从上述四家创业公司的成长历程来看，存在以下三个共性之处：第一，都是以技术创业为特征；第二，创业者或创业团队均来自大学的教师或学生；第三，最初的技术也基本来自大学。上述这些创业企业在学术上一般称为“大学衍生企业”。

目前，学术界对大学衍生企业的界定主要基于以下两个视角：一是从成员背景的角度，一般将大学衍生企业理解为在大学就读或任教的人员创办的企业；二是从技术来源的角度，一般认为大学衍生企业是利用大学产生的知识和技术成果而创办的企业（樊天、樊春良，2021）。综合以上观点，我们可以将大学衍生企业定义为由大学的人员依靠在大学中产生的核心技术而创办的企业。与发端于20世纪80年代的国外大学衍生企业研究相比，国内研究起步相对较晚且数量较少，主要集中于最近几年。高晟、王世权（2020）认为，大学衍生企业表现出以下四项基本特征，具体包括：企业主要由学术型创业者建立；企业依托于来自高校的技术知识；从大学衍生而来并获得大学孵化机制的有力支持；经历技术知识向商业创意转化，进而演变为组织的完整创业过程。因此，他们将大学衍生企业定义为：学术型创业者在大学孵化机制支持下将技术知识转化为商业创意，进而建立的一种特殊企业（高晟、王世权，2020）。目前，国内外围绕大学衍生企业，主要聚焦于“大学衍生企业的内涵及类别”“大学衍生企业不同成长阶段的影响因素”及“大学衍生企业的价值创造功能”三个方面的研究。因此，从创业行为的特殊性视角研究大学衍生企业仍然是学术界的一个空白。

7.1.2 大学衍生企业的典型案例：硅谷

案例研究有助于捕捉和追踪管理实践中涌现出的新现象，是构建和验证理论的有效方法（Yin，2013）。本书选择“硅谷”作为研究案例，主要基于以下两点的考虑：其一，“硅谷”作为高科技产业的创业典范已取得巨大的成功；其二，“硅谷”近100年的创业历史可以帮助我们进行纵向的深入研究，以探究大学衍生企业创业的规律性。

经过近百年的发展，“硅谷”已集聚了8 000多家电子科技和软件公司，在全球前100名的高科技公司中占了20%（巫彬，2013），如英特尔（Intel）、惠普（HP）、国际商业仪器（IBM）、思科系统（Cisco Systems）、硅图（SGI）、甲骨文（Oracle）、苹果（Apple）等。“硅谷”的创业历史可简单归纳为以下四个阶段（如表7－1所示）。

表7－1　“硅谷”创业的四个阶段

创业阶段	时间跨度	典型创业事件
孕育期	斯坦福大学（Stanford University，1891～）成立至二战前	在雷德里克·特曼的倡议和带领下，通过师生创业，将“硅谷”带入了电子工业领域。到1931年，创业成立联邦电报、海因茨—考夫曼和利顿工厂实验室等知名公司

续表

创业阶段	时间跨度	典型创业事件
发展期	二战开始至20世纪70年代	美国军方把大量军事合同交给“硅谷”的公司。到20世纪50年代，计算机行业初露头角。1955年，威廉·肖克利建立了肖克利半导体实验室，并由此衍生出了仙童公司，开创了“硅谷”乃至世界的集成电路时代
成熟期	20世纪70~80年代	20世纪70年代，风险资本代替军方成为“硅谷”的主要投资来源，促使“硅谷”半导体行业又一次衍生。到20世纪80年代末，“硅谷”已发展成为一个专门生产与计算机产品有关的基地（阿伦·拉奥，2014）。Intel、SUN等成为“硅谷”规模最大、发展最快的公司
转型期	20世纪90年代至今	随着万维网（WWW）的发明，各种与之相关的企业开始诞生，“硅谷”开始进入智能电话、云计算和社交网络时代。General Magic（云计算），Google（互联网）、Apple（音乐）、Facebook和Twitter（新闻）等相继创建

“硅谷”作为“生态系统”式的创新集群（尚晓燕等，2016），其内部企业大多是通过师徒企业间衍生而形成的，其中有两个典型的企业衍生系统：“斯坦福大学的产学研衍生”和“仙童衍生”。

7.1.2.1 斯坦福大学的“产学研”衍生

虽然斯坦福大学没有一家真正意义上的校办企业，但是该校师生创办的高技术公司超过1 000家，是“硅谷”名副其实的“黄埔军校”（如图7-1所示），它为“硅谷”提供了众多企业家、工程师、律师、银行家和风控资本家。

斯坦福大学的“产学研”企业衍生主要表现为以下三个特征。

（1）企业衍生路径表现出“师傅—徒弟（师傅）—徒弟”的动态递进过程（如图7-1和表7-2所示）。

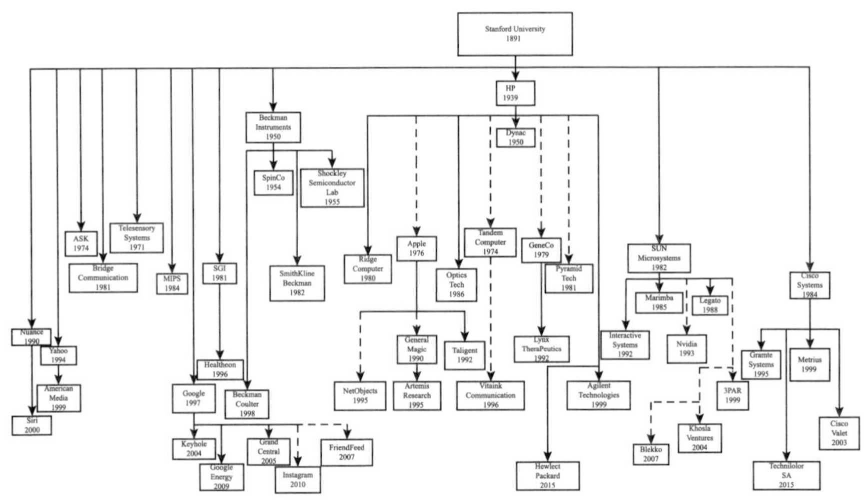

图 7－1　斯坦福大学的衍生族谱

注：作者整理，其中：实线表示主动衍生，虚线表示被动衍生。

（2）从衍生类型来看，主动衍生多于被动衍生。所谓主动衍生就是“师傅企业”主动投资形成“徒弟企业”，而被动衍生一般是指员工非鼓励地离开原单位的创业过程。除了图 7－1 中四条没有二次衍生的路径（Stanford University－ASK，－Bridge Communication，－Telesensory System &－MIPS），其他 8 条衍生线路中，第一代衍生均为主动的孵化衍生（郑健壮，靳雨涵，2016）（如表 7－2 所示）。另外，从第二代企业衍生来看，除了主动的孵化衍生外，还存在部分以裂变衍生（郑健壮、靳雨涵，2016）为主的被动衍生。如果将二代衍生合起来看，既存在单一衍生，也存在两种类型的混合衍生。其中，单一的主动衍生包括第 1、第 2、第 3、第 5、第 8 条衍生线路（典型的是第 5 条），混合型衍生包括第 4、第 6、第 7 条衍生线路（典型的是第 4 条）（如表 7－2 所示）。

（3）从衍生方式来看，水平衍生多于垂直衍生。所谓水平衍生是指产业链横向的企业衍生，而垂直衍生一般是指产业链纵向的企业衍生。就衍生线路数量而言，水平衍生（第 4、第 5、第 6、第 7、第 8 条）多于垂直衍生（第 1、第 2、第 3 条），且衍生路径较长；就衍生企业网络分布特征而言（如图7－2所示，通过Pajek软件刻画），水平衍生关系多位于网络的中心或较中心位置（Google、BI、HP、SUN & CS等），而垂直衍生多位于网络的边缘（Siri、SGI—Healtheon & Yahoo—AM）。就现实情况来看，水平衍生的HP，不仅主动创建了Dynac（数字设备）、Aglient Tech（通信和生命科学）、Hewlect Packad（个人电脑和打印机），还被动衍生出了Apple（电子产品）、Tandem（容错计算机系统）、GeneCo（集成系统遗传分析）。在水平衍生中，除Beckman和SUN已被别的企业收购外，剩下的企业均为全球500强企业，如Google（排名第1位）、Apple（排名第2位）、Cisco（排名第55位）和HP（排名第198位）①。而垂直衍生的企业大都被合并（Nuance、Healtheon）、收购（Siri）或申请破产（SGI）。

表7－2　　斯坦福大学的企业衍生路径

衍生线路	具体内容［Stanford University（1891）］
第1条衍生线路	Nuance（1990）—Siri（2000）
第2条衍生线路	Yahoo（1994）—American Media（1999）
第3条衍生线路	SGI（1981）—Healtheon（1996）
第4条衍生线路	Google（1997）—Keyhole（2004）、Grand Central（2005）、*FriendFeed*（2007）、Google Energy（2009）、*Instagram*（2010）
第5条衍生线路	Beckman Instrument（1950）—SpinCo（1954）、Shockley Semiconductor Lab（1981）、SmithKline Beckman（1982）、Beckman Coulter（1998）
第6条衍生线路	HP（1939）—Dynac（1950）、［*Tandem Computer*（1974）—*Vitaink Communication*（1996）］、［*Apple*（1976）—*General Magic*（1990）、Taligent（1992）、*NetObjects*（1995）］、［*GeneCo*（1979）—Lynx TheraPeutics（1992）］、Ridge Computer（1980）、*Pyramid tech*（1981）、Optics Tech（1986）、Agilent Technologies（1999）、Hewlect Packard（2015）

① The most valuable brands of 2017［EB/OL］. http：//brandirectory. com/league_tables/table/global－500－2017，2017－03－12.

续表

衍生线路	具体内容［Stanford University（1891）］
第7条衍生线路	SUN Microsystems（1982）—Marimba（1985）、Legato（1988）、Interacive Systems（1992）、*Nvidia*（1993）、3*PAR*（1999）、*Khosla Ventures*（2004）、*Blekko*（2007）
第8条衍生线路	Cisco Systems（1984）—Granite Systems（1995）、Metrius（1999）、Cisco Valet（2003）、Technicolor SA（2015）

注：作者整理，公司名称后括号内数字表示公司诞生的年份，斜体并加粗表示被动衍生，下同（如表7-3所示）。

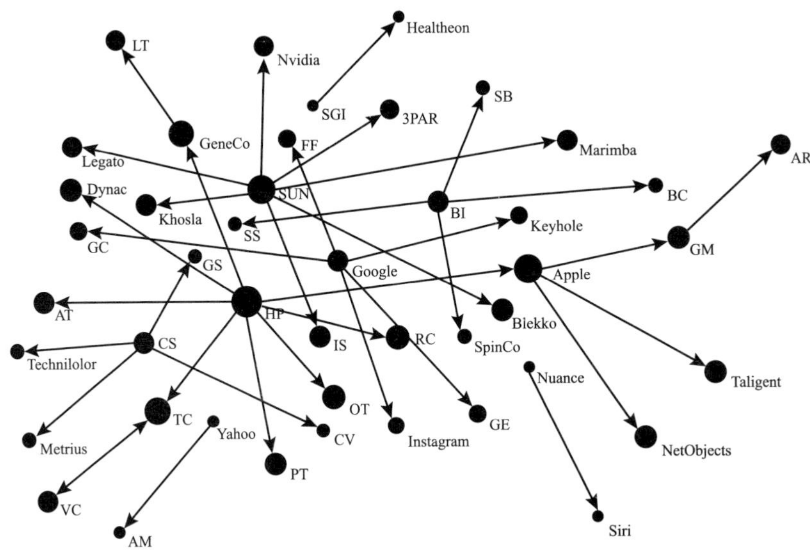

图7-2　斯坦福大学"产学研企业衍生"关系网络

注：箭头方向表示从师傅企业到徒弟企业，圆圈大小表示该企业衍生出徒弟企业的数量的多少。下同（如图7-4所示）。

7.1.2.2　仙童半导体公司的"仙童衍生"

仙童公司（Fairchild Semiconductor）起源可追溯到斯坦福大学，在"贝克曼仪器"的支持下，1955年肖克利建立了肖克利半导体实验室（Shockley Semiconductor Lab）。而后由于肖克利与8位下属在公司的研发思想上产生巨大分歧，这8位年轻的工程师离开肖克利半导体实验室创办了仙童半导体公司。它不仅成为"硅谷"半导体晶片的先驱，也衍生了国民半导体（National Semiconductor）、Intel、超微（AMD）等，触发了半导体产业创业和繁荣（如图7－3所示）。

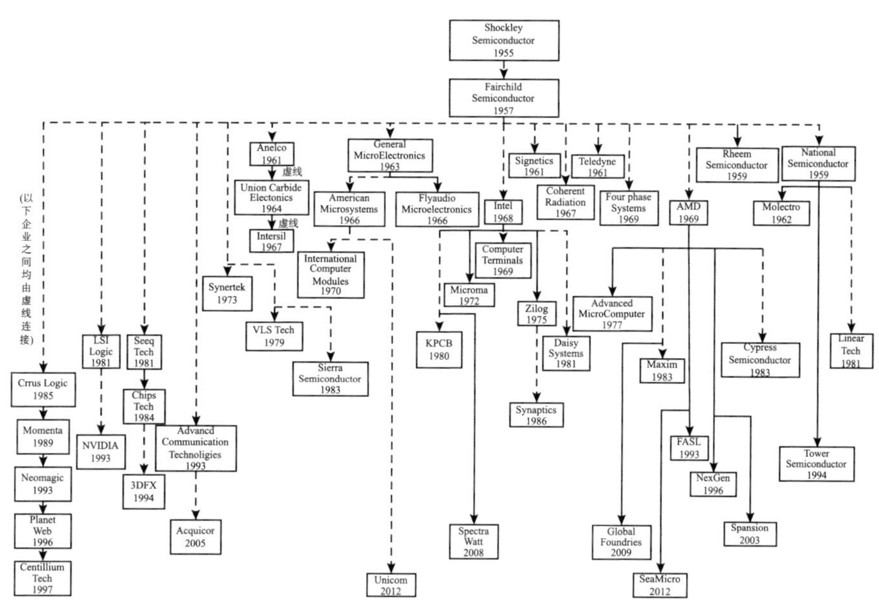

图7－3 仙童公司的衍生族谱

注：作者整理，实线表示主动衍生，虚线表示被动衍生。

仙童半导体公司的创业衍生也表现为以下三个特征。

（1）同样存在"师傅—徒弟（师傅）—徒弟"的动态递进过程（如图7－3所示）。剔除图7－3中只有一代衍生的6条路径（Synertek，Signctics，Coherent Radiation，Teledyne，Four phase Systems，Rheem Semiconductor），剩下有9条衍生路径（如表7－3所示）。

（2）从衍生类型来看，与斯坦福大学"产学研"主动衍生为主不同的是，第一代以被动衍生为主，第二代开始主动衍生和被动衍生不分伯仲（如图7－3和表7－3所示）。从第二代企业衍生来看，同样既存在单一被动衍生，也存在混合衍生。单一被动衍生有第1、第2、第3、第4、第5条衍生线路（典型的是第3条线路）。Chips Tech公司是由Seeq Tech公司的前职员创建的，而3DFX则是从Chips Tech中被动衍生的；混合衍生有第6、第7、第8、第9条衍生线路（典型的是第7条线路）。Intel不仅主动创建了Microma、Zilog、Spectra Watt，也有许多Intel员工带着已有的技术创办了新企业，如KPCB、Computer Terminals、Daisy Systems等。

表7-3　仙童公司的企业衍生路径

衍生线路	具体内容（Fairchild Semiconductor（1957））
第1条衍生线路	*Cirrus Logic*（1985）—*Momenta*（1989）—*Neomagic*（1993）—*Planet Web*（1996）—*Centillium Technologies*（1997）
第2条衍生线路	*LSI Logic*（1981）—*NVIDIA*（1993）
第3条衍生线路	*Seeq Technology*（1981）—*Chips & Technology*（1984）—3*DFX*（1994）
第4条衍生线路	*Advanced Communication Technologies*（1993）—*Acquicor*（2005）
第5条衍生线路	*Anelco*（1961）—*Union Carbide Electronics*（1964）—*Intersil*（1967）
第6条衍生线路	*General MicroElectronics*（1963）—Flyaudio Microelectronics（1966）、[*American Microsystems*（1966）—*International computer modules*（1970）、*Unicom Global*（2012）]
第7条衍生线路	*Intel*（1968）—Computer Terminals（1969）、Microma（1972）、*KPCB*（1980）、*Daisy Systems*（1981）、SpectraWatt（2008）、[Zilog（1975）—*Synaptics*（1986）]
第8条衍生线路	*AMD*（1969）—Advanced MicroCompuer（1977）、*Maxim*（1983）、*Cypress Semiconductor*（1983）、FASL（1993）、NexGen（1996）、Spansion（2003）、Global Foundries（2009）、SeaMicro（2012）
第9条衍生线路	*National Semiconductor*（1959）—Molectro（1962）、*Linear Technology*（1981）、Tower Semiconductor（1994）

（3）从衍生方式来看，垂直衍生数量略多于水平衍生，但水平衍生

绩效更佳。从数量而言，垂直衍生有第1、第2、第3、第4、第5条等5条衍生线路（尤以第1条为典型，如从Crrus Logic到Centillium Tech形成4层次的单一垂直线路），比水平衍生方式（第6、第7、第8、第9条线路）略多（如表7-3所示）。从绩效上来看，在对表7-3中的41个企业衍生关系运用Pajek软件进行刻画后（如图7-4所示）可知：一方面，垂直衍生大多位于图形边缘或偏边缘位置（第1~第5条线路），如"C L—…—Centillium"（图中上方）、"ACT—Acquicor"（图中上方）、"Anelco—UCE—Intersil"（图中上方）、"LSI——NVIDIA"（图中左下）、"Seeq—Chips—3DFX"（图中右上），而水平（或混合）衍生的线路（如AMD、Intel、GME、NS等）位于图的中心或较中心位置。另一方面，从后续经营来看，垂直衍生的企业除Crrus Logic、Neomagic、NVIDIA这三家企业仍在经营中，其余均已被收购（如LSI Logic、Intersil等）或破产。而水平衍生企业大部分仍快速发展（如AMD、Intel、KPCB、Daisy Systems、Linear Technology等十几家企业）。典型的是Intel，在2017年全球

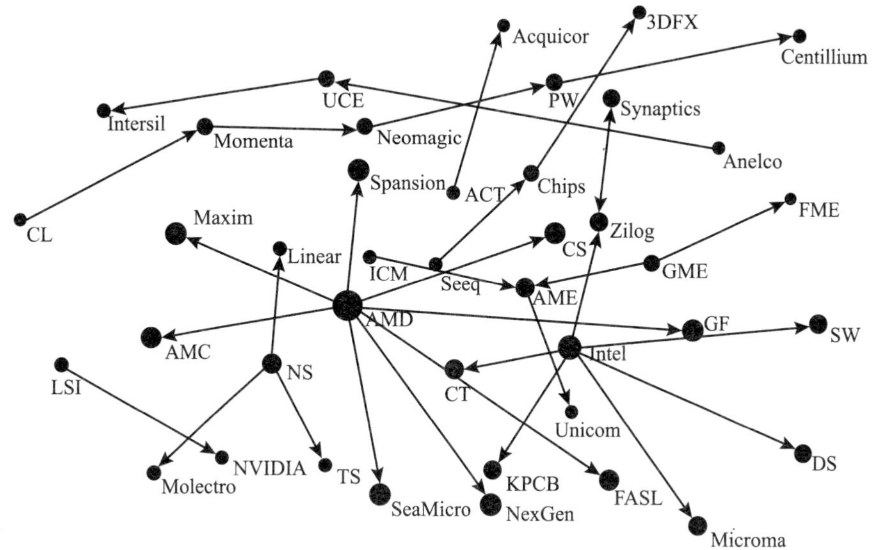

图7-4　仙童公司企业衍生的关系网络

500强品牌企业中排名第59位[①]。另外，水平型衍生中的新创企业仍在不断产生（如2000年以后的企业比垂直型路线多了5倍）。因此，主动水平型衍生更具有可持续发展的潜力。

7.1.2.3 主动水平型创业衍生路径高绩效性的原因

通过对“硅谷”创业案例的深度分析，我们发现：不管是斯坦福“产学研”衍生还是“仙童衍生”，在高技术产业创业网络中，主动（或混合）水平衍生所形成的创业行为相对具有更好的绩效和更强的生命力。

与其他三种创业传导路径相比（如表7－4所示），“主动水平衍生”路径之所以更具生命力，其主要原因在于以下三个方面。

表7－4　四种创业衍生路径、网络特征与相应创业行为

创业衍生路径	网络特征	创业行为
主动垂直型	高强度和低多样性	师傅企业主动培育徒弟企业，师徒企业从事同一产业或类似业务
主动水平型	高强度和高多样性	师傅企业主动培育徒弟企业，师徒企业从事不同的产业或业务
被动垂直型	低强度和低多样性	徒弟企业“逃离”师傅企业，师徒企业从事同一产业或类似业务
被动水平型	低强度和高多样性	徒弟企业“逃离”师傅企业，师徒企业从事不同的产业或业务

首先，从网络结构对于创新的影响来看，主动水平衍生所形成的网络结构能较好地保证徒弟企业的创新活动。乌齐（Uzzi）等认为，强关系能促进信任与合作，进而有利于企业技术创新；彼得森（Petersen）却认为，

① The most valuable brands of 2017［EB/OL］. http：//brandirectory. com/league_tables/table/global－500－2017，2017－03－12.

强关系减少网络成员的多样性，进而会导致创新来源的减少（连远强，2016）；而卡帕尔多（Capaldo，2007）认为过分的强或弱连接都不利于创新。之所以存在上述三种不同的观点，一个重要的原因在于网络强度和多样性共同影响网络的创新绩效。网络强度对创新绩效的正向效应会随着环境的不确定性增加而降低，而网络开放度（多样性）对创新绩效的正向效应会随着环境的不确定性增加而增强（Eisingericha & Bell，2010）。对于主动水平衍生而言，一方面，其与单纯低强度相比，由于其强度较强而能促进知识的流动；另一方面，与纯粹的高强度相比，高多样性又能够很好地弥补随着联系强度不断提高所带来的对于创新的负面影响，即能够达到一种相对较优的"平衡"。

其次，从知识整合对创新的影响而言，主动水平衍生具有保证徒弟企业知识创新的较好机制。高技术产业中企业创业的成功率主要取决于对技术（知识）组合的创新程度（Fagerberg，2005）。在主动水平衍生中，师徒企业间往往能形成互补的知识结构，这既可帮助徒弟企业根据师傅企业的发展过程来把握整体的技术发展轨迹，减少徒弟企业创新的风险；又能借助认知、组织等邻近性来实现在产业链纵向领域对师傅企业知识的整合及在产业链横向领域对其他企业知识的整合，实现知识创新的规模效应和网络效应。另外，由于徒弟企业涉及产业链纵横两个方面，使其对于网络的整体了解比较丰富，不仅能帮助其吸收其他企业所拥有的相对较为明晰的组件式知识，而且也较易吸收相对隐性形态地存在于网络中的架构式知识（Tallman et al.，2004）。

最后，从创业行为对创新的成功率影响而言，主动水平衍生能够实现较高的成功率。主动水平衍生对师徒关系而言是主动衍生（师傅企业帮助其创业），但是对具体业务而言，在某种程度上又是被动衍生（并非从事师傅企业原来的业务）。因此，其创业行为既具有惯例型创新模式和创业型创新模式的特点，即既有顺着师傅企业原有产业顺序稳定的创新又有在新领域探索性不稳定的创新，实现低风险低回报与高风险高回报的统一。

通过上述研究，我们可以发现大学创业对于地方经济和科技发展的重要性。我们在鼓励“市场创业”的同时，更要鼓励“技术创业”。当务之急就是要鼓励科技人员（尤其是大学师生）创业及鼓励“风投”等关注技术创业活动，以培育技术创业或聚焦高技术产业的创业。鼓励科技人员创业既包括现有企事业单位科技人员的创业，也包括未来科技人员（大学理工科专业的学生）的创业。目前，大学创业课程要从面向商科类学生为主向理工类学生为主转变，使我国技术创业后继有人。另外，大学创业课程教材的编写不仅需要广泛吸收理工类教师的参与，更需要以理工类教师为主编写基于技术创业为核心的创业教材。另外，既要鼓励“垂直创业”，更要鼓励“水平创业”。在培育和发展高技术产业过程中，既要允许新创企业沿着原来企业的业务进行深度创新，更应鼓励新创企业创新发展领域，与原企业错位发展。因此，为了鼓励“水平创业”，大学或大学科技园区要加快搭建基于不同类型创业者和技术人员的交流平台，通过这些平台，使企业和技术人员在水平方向得到创业的启示。

7.2 “浙大系”创业行为

7.2.1 浙江大学简介

浙江大学是一所历史悠久、声誉卓著的高等学府，被誉为“东方剑桥”。她坐落于拥有“人间天堂”美誉的浙江省省会城市杭州。其前身是创立于1897年的求是书院，是中国人自己最早创办的新式高等学校之一，1928年定名为国立浙江大学。由于战争的原因，1937年浙江大学举校西迁，在贵州遵义、湄潭等地办学，1946年秋回迁杭州。在这120多年办学期间，浙江大学一直秉承以“求是创新”为校训的优良传统，逐步形成了“勤学、修德、明辨、笃实”的浙大人共同价值观和“海纳江河、启真厚德、开物前民、树我邦国”的浙大精神。

浙江大学是中华人民共和国教育部直属的综合性全国重点大学，中央直管副部级建制，位列首批“世界一流大学和一流学科”“211 工程”“985 工程”建设大学，为九校联盟（C9）、环太平洋大学联盟、世界大学联盟、医学“双一流”建设联盟成员，入选“珠峰计划”“强基计划”“2011 计划”“111 计划”、卓越工程师教育培养计划、卓越医生教育培养计划、卓越法律人才教育培养计划、卓越农林人才教育培养计划、国家建设高水平大学公派研究生项目、中国政府奖学金来华留学生接收院校、全国首批深化创新创业教育改革示范高校和学位授权自主审核单位。

浙江大学是一所特色鲜明、在海内外有较大影响的综合型、研究型、创新型大学，学科涵盖哲学、经济学、法学、教育学、文学、历史学、艺术学、理学、工学、农学、医学、管理学、交叉学科 13 个门类，设有 7 个学部、37 个专业学院（系）、1 个工程师学院、2 个中外合作办学机构、7 家直属附属医院。学校现有紫金港、玉泉、西溪、华家池、之江、舟山、海宁 7 个校区，占地面积 6 223 440 平方米，图书馆总藏书量 787 万册。截至 2020 年底，学校有全日制学生 60 739 人、国际学生 5 596 人、教职工 9 674 人。教师中有中国科学院院士、中国工程院院士（含双聘）52 人、文科资深教授 15 人、教育部“长江学者奖励计划”特聘教授 101 人、国家杰出青年科学基金获得者 154 人。在国家公布的“双一流”建设名单中，学校入选一流大学建设高校（A 类），18 个学科入选一流建设学科，位居全国高校第三。

浙江大学紧紧围绕“德才兼备、全面发展”的核心要求，全面落实立德树人根本任务，着力培养德智体美劳全面发展、具有全球竞争力的高素质创新人才和领导者。在长期的办学历程中，学校涌现出大批著名科学家、文化大师及各行各业的精英翘楚，包括 1 位诺贝尔奖获得者、5 位国家最高科技奖得主、4 位“两弹一星”功勋奖章获得者、1 位“八一勋章”获得者、1位全军挂像英模、5位国家荣誉称号获得者、6位“最美奋斗者”和210余位两院院士等杰出典型，为实现中华民族伟大复兴、推进人类文明交流互鉴做出了积极贡献。

7.2.2 浙江大学创业历史简介

21世纪以来，大众创业、万众创新的浪潮席卷全国。被誉为“中国创业率最高的大学”——浙江大学，在全国的创新创业群体中，滋养培育了一批以“创新驱动的创业”为特色而知名的“浙大系”企业。在浙江、杭州近几年的经济创新发展中，浙大系与阿里系、海归系、浙商系并称为浙江创业“新四军”，是浙江乃至中国创业不可忽视的中坚力量。

20世纪80~90年代，清华系、北大系控股公司在中国资本市场翻云覆雨、遍地开花，从而引发人们对于高校产业走向的深层思考。浙江省，作为一个拥有浓厚创业氛围的区域，自然不甘落后。1999年5月，由当时浙江大学最好的三家企业组成的浙大海纳在深交所独立挂牌上市，主营半导体硬件，上市之初颇有高校系风光，但是单一公司缺乏集团实力的支持，最终未能承担起打造“浙大系”的任务。随后浙江大学2001年6月注册了一家控股企业——“浙大网新”，短短3个月后，以资产并购方式挤进股票市场，并在旗下扩张了20家IT公司；2001年8月9日，以浙江大学为主要发起人的浙江浙大网新信息控股有限公司完成了对浙江天然科技股份有限公司（600797）的收购。时任“浙大网新”总裁的陈纯阐述自己的想法：“我们希望在市场上形成浙大企业群。4所高校合并之后的新浙大完全具有这样的实力。”陈纯同时还担任着浙江大学软件与网络学院院长、计算机系主任和软件研究所所长。而后，“浙大网新”集结其他投资人开始按照计划对上交所上市公司浙江天然科技股份有限公司的控股与重组、改造。其他8个机构投资人分别为天声投资、深圳瑞银润泰、浙江金科创业、金威电子技术、中泰投资管理、长龙电机、绍兴越通房产、杭州金义。自此拉开了浙江创业中坚力量“浙大系”的序幕。

经过20余年的发展，浙江大学创业人才源源不断。除了巨人集团史玉柱、步步高段永平、绿城集团宋卫平、汉鼎股份王麒诚和吴艳、深圳光启刘若鹏、盘石股份田宁、in APP黑羽等极具影响力的上市公司企业家外，还有滴滴出行陈伟星、赵冬、闻诚，美丽联合集团（蘑菇街）陈琪、魏一博，个推方毅、摩拜单车胡玮炜、一加手机刘作虎等一大批优秀的创业者争先恐后崭露头角。目前，"浙大系"已经成为浙江乃至全国创业的中坚力量，创业率长期维持在4.61%左右，为中国高校之首。浙大校友所拥有或掌控的企业遍地开花。

7.2.3 "浙大系"的基本分析[①]

基于灵魂深处的创新基因，在浙江创业的四大派系中，"浙大系"有其独特的创业行为。浙江大学作为中国首批，更是浙江省内唯一的"211工程""985工程"院校，为杭城创新创业输送了最为庞大的创业主力军——"浙大系"。师出同门的创业者，怀揣不同样的理想追求，却传承了共同的精神。正是这些流淌着创新创业基因的浙大创业者，秉持着浙大"求是创新"的精神，传承和点燃了杭州的创业之魂，更有甚者漂洋过海，成为全球创业创新中的活跃力量。正如马一浮先生所作的浙大校歌歌词中所述，拥有"大不自多，海纳江河"之精神、"何以心之，开物前民"之信念的浙大创业者们，也许就是"浙大系"成立之根本，以及"浙大系"含义之所在。

大众创业、万众创新的浪潮之下，浙江大学涌现出一批以"创新驱动的创业"为特色的"浙大系"校友企业。随着科创板的开通，浙大校友企业上市步伐也越来越快。根据上市公司的公开资料，截至2022年5月

---

① 本部分的数据和许多文字来自藕舫天使、浙江大学管理学院科技创业中心（ZTVP）联合发布《2022浙江大学校友上市公司榜单》。资料引用于"浙大校友创业观察"公众号，时间为2022-05-21。特此说明。

20 日，“浙大系”[①] 企业家担任上市公司创始人、实际控制人、董事长或总经理级别 311 人，管理或控制了 280 家主流上市公司（含 A 股/北交所/港股/美股等，不含新三板）。下面我们根据上市公司的数据从不同维度分析“浙大系”整体的创业特征。具体数据可见本书附录。

（1）2018～2021 年 4 年上市情况，新上市公司数量稳步增加。自 2019 年科创板开通以来，浙大校友企业加速了上市步伐：2018 年 13 家、2019 年 16 家、2020 年 26 家、2021 年 31 家。担任公司实际控制人的数量和比例也在逐年提高。2018～2021 年校友是实际控制人的上市公司数量依次是 7 家、10 家、17 家、25 家；实际控制人占比依次是 53.85%、62.50%、65.38%、80.65%（如图 7－5 所示）。

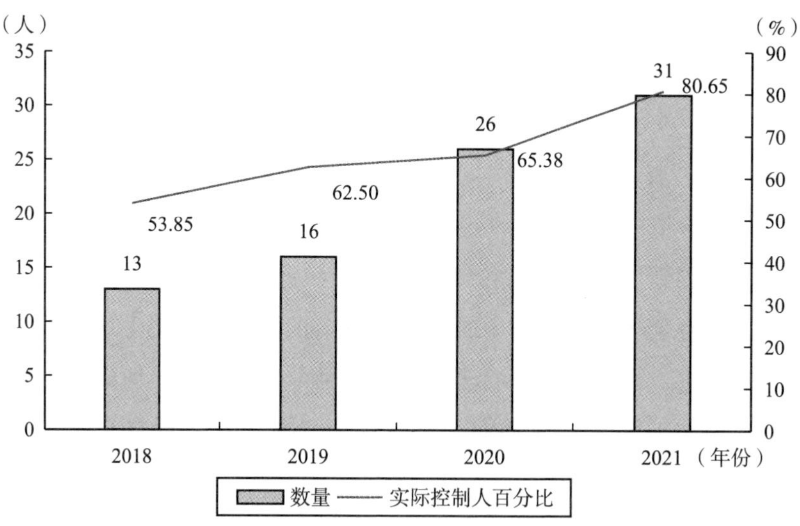

图 7－5　2018～2021 年浙大系上市公司数量变化和实际控制人变化

① 标的对象：四校合并前的浙江大学、杭州大学、浙江农业大学、浙江医科大学和四校合并后的浙江大学校友（以学历教育为主）、教职工。对象范围：浙大系上市公司实际控制人、创始人、董事长、总经理、行政总裁（行政总裁是 CEO 的中文翻译，多见于港股上市公司），不包含其他董监高信息，2017 年以后统计包含联合创始人。职务：是上市公司实际控制人的，职务仅体现了实际控制人。非实际控制人的，以董事长/总经理体现，同时是董事长总经理的，仅体现了董事长。上市交易所：深交所、上交所、北交所、香港交易所、纳斯达克和纽交所等，不包含新三板，同时在多个资本市场上市的公司按照 1 家上市公司进行统计。

（2）从浙大系上市公司领域分布来看，前五大行业分别为信息技术、工业、可选消费、医疗保健、材料，合计占比高达87.86%（如图7－6所示）。在280家主流上市公司中，在信息技术领域（主要集中在半导体与半导体生产设备、电子设备和仪器、电子元件、通信设备、软件与服务等高精尖领域）82家，占比达29.29%；在工业领域（主要集中在电气部件与设备、工业机械等高端制造领域）有70家，占比达25.00%；可选消费主要集中在汽车零部件、服装、酒店、百货等子领域；医疗保健主要集中在制药、生物科技、医疗保健设备等领域；材料行业主要集中在化工（特种化工、化纤、基础化工、化肥与农业化工等）、金属与非金属等领域。

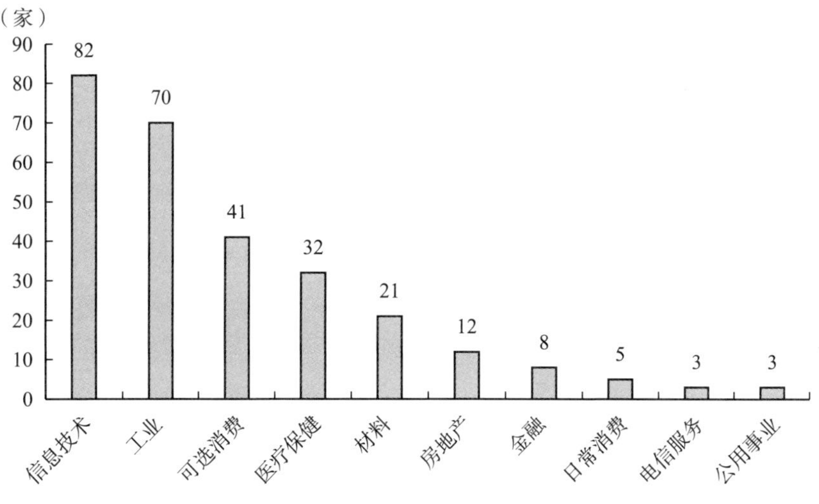

图7－6　浙大系上市公司10大行业分布

（3）从上市公司注册地址分布区域来看，以浙江为中心，长三角、珠三角是重点。各上市公司在浙江省及全国的分布与浙大校友在全国的分布呈正相关。上市公司的地域分布以浙江为中心并分布于26个省份或地区，总体集中在长三角和珠三角。具体发布情况为：浙江149家，占比53.21%；上海24家、广东22家、香港18家、北京13家、江苏12家，总占比为 31.79%。此外，江西 7 家、福建 3 家、山东 3 家、广西 3 家、黑龙江 3 家、天津 3 家、四川 2 家、重庆 2 家、海南 2 家、湖南 2 家、安徽 2 家、辽宁 2 家、甘肃 1 家、贵州 1 家、河南 1 家、湖北 1 家、吉林 1 家、云南 1 家、山西 1 家、新疆 1 家。

（4）从上市公司管理者毕业院系来看，前五家分别为管理学院、机械工程学系、信电系、理学院、计算机科学与技术学院（如图 7－7 所示）。上市公司管理者中，来自管理学院的毕业生拥有数量上的绝对优势，共有 96 人，占总量的 30.87%。其次为机械工程学系、信息与电子工程学系、理学院、计算机科学与技术学院等学院，这同浙大理工科学科较强有直接关系。

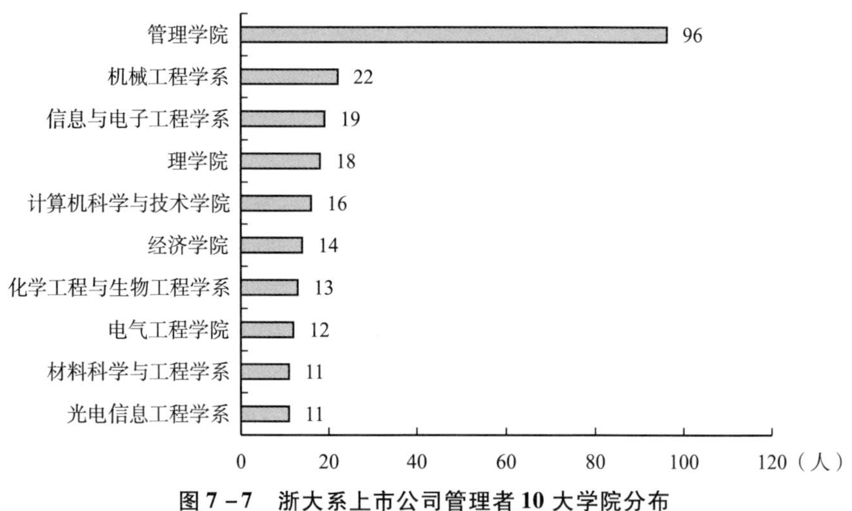

图 7－7　浙大系上市公司管理者 10 大学院分布

（5）从上市公司管理者年龄分布来看，平均年龄 53 岁，中位数年龄 54 岁（如图 7－8 所示）。年龄段为 51～60 岁的数量最多，达 172 人，占比达 55.31%。其次为 41～50 岁年龄段，有 91 人，占比 29.26%。年龄最大的是君亭酒店的吴启元，年龄最小的是掌门 1 对 1 的余腾（32 岁），是唯一的“90 后”。

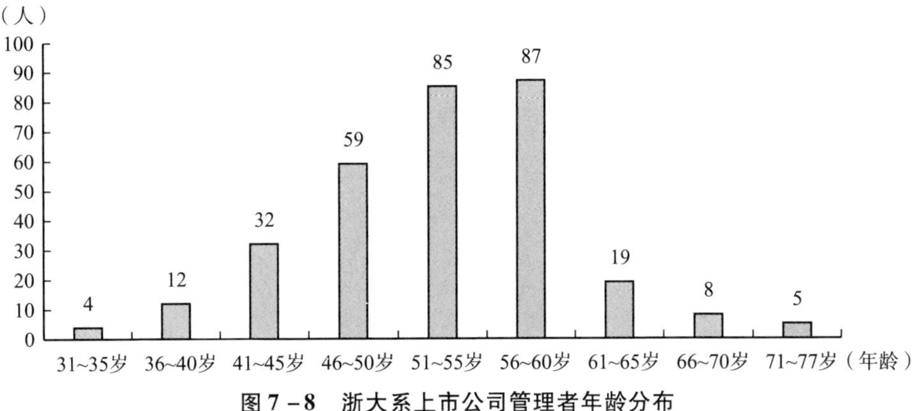

图7－8　浙大系上市公司管理者年龄分布

（6）从上市公司管理者学历来看，以硕士居多，高达51.96%（如图7－9所示）。“浙大系”上市公司管理者中在浙江大学就读的初始学历中，以硕士居多，高达51.96%，超过一半。其次是本科（26.47%）和博士（17.97%），部分资深创业者就读浙江大学专科（1990年以前）。

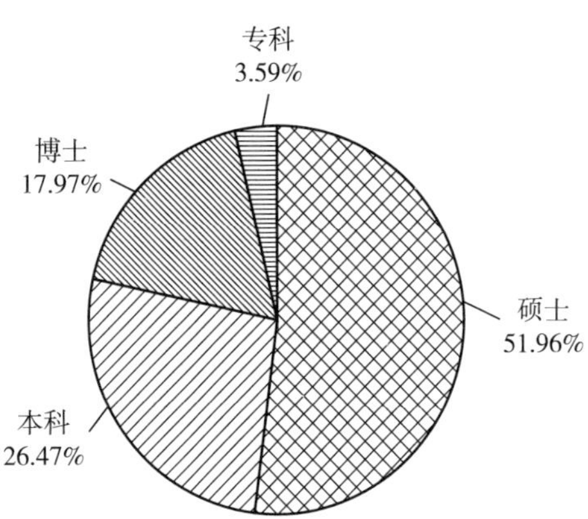

图7－9　浙大系上市公司管理者学历分布

（7）从上市公司管理者性别来看，以男性为主，但是女性开始涌现。女性创业者共有29人，占比9.32%。她们分别是：晶盛机电邱敏秀、万丰奥威陈爱莲、泰林生物倪卫菊、普利制药范敏华、万里扬吴月华、君亭酒店朱晓东、中简科技温月芳、安恒信息沈仁妹、信安世纪丁纯、建科院叶青、众合科技潘丽春、百诚医药楼金芳、江中药业卢小青、沛嘉医疗张叶萍、泰格医药曹晓春、中恒电气包晓茹、新湖中宝林俊波、万事利屠红燕、南都物业韩芳、江南布衣李琳、深蓝科技控股刘静、电魂网络陈芳、安旭生物姜学英、泽达易盛林应、杭州解百毕玲、江南布衣吴华婷、新锐医药王秋勤、海峡创新（原汉鼎宇佑）吴艳、H&H 国际控股李凤婷。

综上所述，“浙大系”的创业可以归纳为以下四个特征：其一，创业者为高学历者并以硕士居多，但是近年本科和博士也逐渐增多。其二，主要从事高技术领域的创业。以 2021 年 31 家上市公司的数据如表 7-5 所示。其三，创业所在地主要在浙江，尤其是杭州。这既与浙大校友在全国的分布有关，也与浙江、杭州的创业环境有关。根据杭州市创投协会联合微链发布的《2020 杭州独角兽与准独角兽企业榜单》显示，在杭州独角兽企业和准独角兽企业（估值 1 亿美元以上公司）分别有 31 家和 142 家，“浙大系”企业占比 30% 左右，分别为 11 家（如表 7-6 所示）和 49 家。其四，“浙大系”创业平均年龄在 44 岁左右，但是年轻化趋势明显。因为，从上市公司管理者年龄分布来看，平均年龄 53 岁，而公司从成立到上市的平均时间是 8.8 年，因此可推算创业平均年龄在 44 岁左右。

表 7-5　　　　2021 年度浙大校友的上市公司情况

序号	证券代码	股票简称	校友姓名	职务	浙大学习情况	公司主要产品
1	688317. SH	之江生物	邵俊斌	实际控制人	医学硕士、博士	分子诊断试剂及仪器设备
2	688819. SH	天能股份	张天任	实际控制人	EMBA	绿色储能电池、动力电池
3	9608. HK	宋都服务	俞建午	实际控制人	MBA	综合物业管理服务

续表

序号	证券代码	股票简称	校友姓名	职务	浙大学习情况	公司主要产品
4	SDH. O	师董会	胡海平	实际控制人	化自学士和化工硕士	互联网信息和知识共享服务
5	688677. SH	海泰新光	郑安民	实际控制人	光电信息工程学士	医用成像器械
6	605060. SH	联德股份	孙袁	实际控制人	材料科学与工程系校友	高精度、高难度机械零部件及精密型腔模
7	688079. SH	美迪凯	葛文志	实际控制人	EMBA	光学光电子设备
8	688092. SH	爱科科技	方小卫	实际控制人	计算机专业硕士	智能切割设备
9	688611. SH	杭州柯林	谢东	实际控制人	EMBA	电气设备
10	688682. SH	霍莱沃	周建华	实际控制人	电子与信息工程专业硕士	相控阵相关产品
11	688201. SH	信安世纪	丁纯	实际控制人	无线电技术学士	信息安全产品和解决方案
12	ZME. N	掌门教育	余腾	联合创始人	竺可桢学院	中小学在线一对一教育
13	603529. SH	爱玛科技	任勇	总经理	DBA	电动车
14	832885. BJ	星辰科技	吕虹	实际控制人	电力自动化专业学士	伺服电机、伺服驱动器、智能控制系统
15	601921. SH	浙版传媒	虞汉胤	总经理	应用电子技术专业学士	出版业
16	301046. SZ	能辉科技	罗传奎	实际控制人	热能动力工程专业学士	光伏电站设计、系统集成
17	688091. SH	上海谊众	周劲松	实际控制人	MBA	抗肿瘤药物
18	301065. SZ	本立科技	吴政杰	实际控制人	有机化学专业硕士	医药中间体
19	688707. SH	振华新材	侯乔坤	董事长	MBA	锂离子电池正极材料
20	301066. SZ	万事利	屠红燕	实际控制人	EMBA	丝绸相关产品
	301066. SZ	万事利	李建华	实际控制人	EMBA	丝绸相关产品

续表

序号	证券代码	股票简称	校友姓名	职务	浙大学习情况	公司主要产品
21	301073. SZ	君亭酒店	吴启元	实际控制人	有机合成专业学士	中高端精选服务连锁酒店
	301073. SZ	君亭酒店	从波	总经理	经济学硕士	中高端精选服务连锁酒店
22	2235. HK	微泰医疗	郑攀	实际控制人	机械工程专业硕士	糖尿病治疗及监测医疗器械
23	688211. SH	中科微至	李功燕	实际控制人	机电一体化专业硕士	智能物流分拣系统
24	301082. SZ	久盛电气	张建华	实际控制人	EMBA	防火类特种电缆
25	838924. BJ	广脉科技	赵国民	实际控制人	MBA	信息通信技术服务综合解决方案
26	688107. SH	安路科技	马玉川	董事长	半导体物理与器件专业学士	半导体和集成电路设计
27	688075. SH	安旭生物	姜学英	实际控制人	法学专业学士	POCT 试剂及仪器
	688075. SH	安旭生物	凌世生	实际控制人	遗传学专业硕士	POCT 试剂及仪器
28	688049. SH	炬芯科技	周正宇	董事长	信电专业硕士	中高端智能音频 SoC 芯片
29	2276. HK	康耐特光学	费铮翔	实际控制人	化学专业学士	树脂眼镜镜片制造
30	301096. SZ	百诚医药	楼金芳	实际控制人	药学专业硕士	药物研发与技术服务
31	688032. SH	禾迈股份	邵建雄	实际控制人	化学专业学士	电气成套设备
	688032. SH	禾迈股份	杨波	总经理	电力电子专业博士	电气成套设备

表 7-6　　“浙大系”独角兽企业名单

姓名	企业名称	职务
俞哲	婚礼纪	创始人 & CEO
叶安平	禾连健康	联合创始人 & 总裁

续表

姓名	企业名称	职务
朱一闻	网易云音乐	CEO
卢帅	PingPong 金融	创始人 & CMO
朱江明	领跑汽车	董事长
田宁	盘石	创始人 & 董事长
黄晓煌	酷家乐	联合创始人 & 董事长
陈航	酷家乐	联合创始人 & CEO
李海燕	执御信息	创始人 & CEO
陈峰	时空电动	董事长
章征宇	连连支付	董事长

资料来源：2020 杭州独角兽与准独角兽企业榜单。

7.2.4 "浙大系"创业成功与存在问题

7.2.4.1 成功的总结

总结"浙大系"的创业成功之道，可以归纳为以下四个方面。

第一，浙江良好的创业环境。"浙大系"创业成功首先离不开浙江的创业环境。浙江悠久的创新创业历史，杭州浓厚的"双创"氛围，为浙江大学培养高水平创业人才提供了良好的土壤。浙江已经成为精英创业、草根创业的福地，成为梦想的沃土，也正在努力打造全国最好的创业创新和营商环境。随着营商环境的持续改善和市场经济的蓬勃发展，和后 G20 时代的来临，创新人才、创新科技、全球资本、国际关注不断集聚，浙江具备了得天独厚的创业环境。

第二，浙江良好的创业政策。良好政策的支持也是"浙大系"发展的重要因素。浙江政府先后提出浙商回归、四换三名、特色小镇建设、万亿元产业发展战略，推动人才和产业集聚，推动创新驱动发展。同时，浙江也致力于加大改革力度，全面开展“五证合一、一照一码”登记制度等商事登记制度改革，特别以“最多跑一次”改革为突破口，撬动各领域全面改革，努力在提供最优制度供给上胜人一筹，在营造最佳发展环境上先人一拍，在最大程度地释放改革红利上快人一步。

第三，浙大的创业教育。能在创新创业路上一路披荆斩棘、破茧成蝶，“浙大系”的成功更离不开浙江大学的孕育。首先，浙江大学不以学术作为唯一考核要求，包容多种形态生命的诞生，为其提供适宜的环境。例如浙江大学一直坚持在强化学科、融合专业、深化辅修、普及通识、支撑实践上下功夫，全校22个部门开设100余门创新创业课程，还为学生提供近7 000平方米的创业实践场地。其次，浙江大学陆续出台《浙江大学教师科研成果转化政策》《浙江大学关于进一步加强学生创新创业教育的实施意见》《浙江大学国家级大学生创新创业训练计划项目管理办法》《浙江大学关于研究生在学期间停学创业的暂行规定》等一系列政策制度，为浙大人提供了创新的制度支撑。管理学院、本科生院、研究生院、浙大科技园、团委等部门都形成了各具特点的创新创业举措和项目。在智力支撑和资金支撑上，浙江大学同样连续发力。智力支撑方面，浙江大学聘请了200余名创业导师，形成导师带徒式的创业教育模式；资金支撑方面，浙江大学提供1亿元大学生创业孵化基金、20余项共计700万元创新创业奖学金和300万元创新创业教育发展中心建设基金，解决了众多受资金约束的创业者的燃眉之急。

第四，浙大追求“基于创新的创业”。浙江大学之所以能够成为“中国创业率最高的大学”，一个重要原因是浙江大学坚持以基于创新的创业教育为引领，深化科教融合与实践育人，汇聚学科和区域资源优势，扎实推进创业教育实践育人体系的构建与实施。其一，构建专业融合的教育机制。在学校层面成立创新创业教育工作领导小组，以创新创业学院为枢纽，建设专业融合的创新创业教育中心。明确创新创业必修学分，举办创新创业强化班，促进课堂教学、校内训练、校外实践和国际交流“四课堂"融通教育。深度联系地方政府、校友和企业，丰富学生创业教育资源，推进在技术、成果转化等方面的全方位合作。牵头成立由317所高校组成的众创空间联盟，招募专业化创业导师81位。其二，打造"全链条"式实践平台。成立创业类学生组织20余个，组建包含500余名导师的导师团。每年举办300余次"互联网+"创新创业大讲堂、论坛等活动，激发学生创新意识。建设国家级双创示范基地·三墩元空间、浙江大学紫金港科创小镇、e-WORKS等校外创客空间。打造创新创业实验室、紫金创业元空间、IBE双创实践基地等30余个校内创客平台，强化创业技能培育。与企业对接项目近百次，10 000余人次学生受益，与企业示范基地"揭榜"互动35次，带动数千万元投资和意向投资。其三，夯实以技术为支撑的创新成果。每年开展多层次、多类型学科竞赛140项，覆盖学生5 000余名。获得"互联网+"大学生创新创业大赛全国总冠军2次，金奖总数位列全国第一，学校连续6年获评全国先进集体。近三届"挑战杯"中国大学生创业计划竞赛金奖数位列全国第一，连续两年获得赛事集体最高奖"挑战杯"。

7.2.4.2 存在的问题

浙江大学作为世界一流学府，在创业方面取得了令世人瞩目的成就，但与此同时也存在一些问题。首先，浙大系创业缺乏突破式重大创新(Breakthrough Innovation)。如剑桥大学衍生的剑桥科技园，依托于剑桥大学独特的科学技术力量，从DNA分子结构的发现到最近Sanger中心在人类基因组项目方面的进展都体现该地区的生物科技实力：世界上医学和化学诺贝尔奖得主中有20%以上来自剑桥地区，此地集中了世界最具影响力的生物科技、制药、医疗器械公司。园区内还有些研究机构与公司大多数集中在计算机硬件和软件、科学仪器、通信业领域，剑桥科技园已成为名副其实的英国电子信息产业高技术中心，成为推动英国和欧盟电子信息产业成长的重要引擎之一。

同时，浙大系创业虽然已形成良好的创业导向文化，但是其产学研的闭环需要进一步得到完善。同样以剑桥科技园为例，其当前已拥有人口800万人，拥有100多所大学和研究中心，4 700家外资公司。本地区因其尖端的航空航天技术、高技术工程、电信、信息通信技术、生物工程技术和制药公司而闻名于世，许多世界领先的公司都在本地区有强大的阵容，不论是公司总部、销售和市场运作还是公司研发机构。该地区的研发资金投入量占英国研发投资总额的26%。科技园为剑桥学生创业创造了良好的技术、经济、商业的发展平台，形成了产学研为一体的闭环。

7.3 大学衍生企业创业更具创新性的解释

综上所述，基于创新的创业（innovation-based entrepreneurship，IBE）是经济高质量发展的关键动力，也是大学创业的生命力所在。研究表明：有别于以追求利润为首要目标的一般创业（如农民、个体户创业等），大学衍生企业创业普遍伴随着高度的科技创新，即更具有以创新为特征的创业（张晨宇等，2017）。如前文所述，正是由于斯坦福大学师生创立众多高科技企业（Intel、HP、IBM、Oracle、Apple和Yahoo等），最终才形成了集聚8 000多家电子科技和软件公司的美国“硅谷”。在国内，以清华、北大和中科院等为代表的一流大学和科研机构同样衍生和培育了如清华同方、北大方正、理想集团等著名的高科技企业。“浙大系”也主要分布于信息科技、机械设备、电子、医药生物等高技术领域。

那么大学衍生企业创业为何更具创新特征呢？其内在的机理是否应该应用到目前的大学创业教育？为探究上述命题，本书按照以下逻辑进行研究。首先，通过对创业学习、创业能力与企业成长相互关系的研究，构建“创业学习—创业能力—企业成长”模型；其次，基于上述模型，选择我国典型的大学衍生企业群体——“浙大系”为样本进行实证研究，以验证上述模型的科学性，并从创业能力的中介作用解释大学衍生企业创业为何更具创新性的原因；最后，根据研究的结论，提出推进创新驱动的创业教育的相关建议。

7.3.1 文献综述与研究假设

7.3.1.1 创业学习与创业能力

从20世纪末以来，创业研究范式从特质论转向过程论。创业首先被视为一个学习的过程（谢雅萍等，2014）。综观创业学习的研究，主要包括经验学习观、认知学习观和实践学习观三个流派。经验学习观认为，创业者的创业知识主要源于其以往的创业经验（Minniti，2001）；认知学习观认为，创业学习是创业者通过观察和了解其他创业者的创业行为，并将其转化为自有知识的过程（Chandler，2009）；实践学习观则认为，创业学习是一个动态学习的过程，它是创业者基于亲身实践基础上获取和整合创业知识的过程（Rae，2005）。在现实中，创业学习往往是经验、认知和实践三类学习共同作用的结果（单标安等，2014）。现有研究表明：创业过程中的上述三类学习均对创业能力存在正向的促进作用（张秀娥、赵敏慧，2017；谢雅萍等，2018）。另外，随着对创业能力研究的深入，目前较为一致的观点是将创业能力理解为"双元性"，即创业能力是由对现有资源的"资源整合开发能力"（resource exploitative ability）和对未来资源开拓利用的"创新探索能力"（innovation explorative ability）两者所构成的某种技能和能力（李雯、夏清华，2016）。基于此，我们提出：

假设1a：经验学习对创新探索能力有正向影响；

假设1b：经验学习对资源开发能力有正向影响；

假设2a：认知学习对创新探索能力有正向影响；

假设2b：认知学习对资源开发能力有正向影响；

假设3a：实践学习对创新探索能力有正向影响；

假设3b：实践学习对资源开发能力有正向影响。

7.3.1.2 创业能力与企业成长

在复杂动态环境下，只有通过企业创业能力的提升才能保证企业的持续成长。钱德勒（Chandler，2009）和奥布肖恩卡（Obschonka，2011）等研究认为，创业能力对企业成长绩效存在正向的影响关系。洛克特和赖特（Lockett & Wright，2005）认为，除了对现有资源的整合和开发利用能力外，创新探索能力对于高科技型企业的创业成功和成长发展尤为重要。基于此，我们提出：

假设4a：创新探索能力对企业成长绩效有正向影响；

假设4b：资源开发能力对企业成长绩效有正向影响。

7.3.1.3 创业能力在创业学习和企业成长绩效之间的中介作用

波利蒂斯（Politis，2005）和雷（Rae，2005）等研究发现，创业学习本身无法百分之百地直接作用于企业成长绩效，创业学习对企业成长绩效的影响必须通过某种媒介（机制）来实现：即通过创业学习提升创业者的创业能力，最终提升企业成长绩效（张秀娥、赵敏慧，2017）。基于此，我们提出：

假设5a：创新探索能力在创业学习和企业成长绩效间起中介作用；

假设5b：资源开发能力在创业学习和企业成长绩效间起中介作用。

综上所述，根据以上10个假设的内在逻辑关系，本书提出以下理论模型（如图7-10所示）。

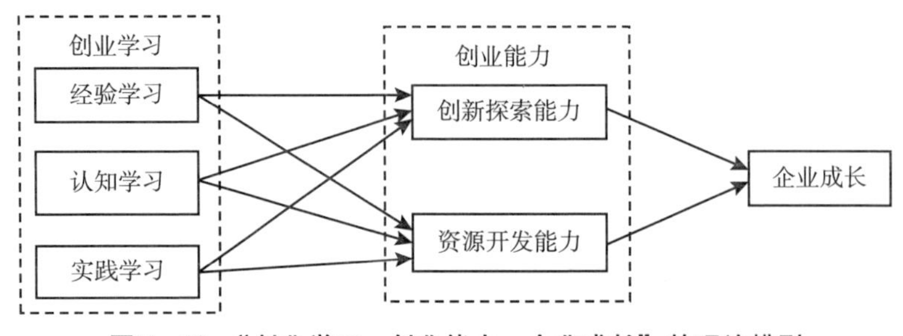

图7-10 “创业学习—创业能力—企业成长”的理论模型

7.3.2 实证研究

7.3.2.1 变量测量

在本书研究中，创业学习是解释变量，它包括3个变量。参考明尼蒂（Minniti，2001）、科普（Cope，2005）和单标安等（2014）的研究，经验学习设置3个题项进行测量。参考钱德勒（Chandler，2009）、霍尔科姆等（Holcomb et al.，2009）和伦普金（Lumpkin，2005）的研究，认知学习设置3个题项进行测量。参考伦普金（Lumpkin，2005）和单标安等（2014）的研究，实践学习也设置3个题项进行测量。双元创业能力是中介变量。参考李雯和夏清华（2016）的研究，资源开发能力和创新探索能力两个指标均设置4个题项进行测量。企业成长是被解释变量。参考派克（Parker，2008）和杨隽萍等（2013）的研究，设置5个题项进行测量（主要包括企业规模增长和企业创新能力提升两个方面）。本书研究对上述变量的度量均采用Likert5级量表打分法：1~5分别表示完全不同意到完全同意的程度。为了排除其他变量对结果的干扰，我们控制了企业规模（用企业员工数表示）和企业年龄（用成立时间的年限表示）。

7.3.2.2 样本描述

在数据收集之前，首先要对“大学衍生企业”（University spin-off company）进行科学的界定。目前对于“大学衍生企业”的界定主要有谢恩（Shane，2004）的“一要素论”（企业知识产权是否源于大学）、斯特芬森（Steffensen，1999）的“双要素论”（企业关键知识或核心技术是否源于大学及其创立者是否为大学的成员）以及庞文（2014）的“三要素论”（在Steffensen观点基础上增加“以校企合作的方式创办”）。本书采用庞文的观点进行界定。

本书研究以浙江大学衍生企业进行研究，数据收集通过问卷进行收集。

通过QQ、微信、网页等互联网途径向浙江大学衍生企业CEO或高级管理人员发放问卷。本次调查共发放问卷300份，回收有效问卷210份，回收率为70%。剔除非“浙大系”的65份问卷，有效问卷共145份。在145份有效样本中，就企业员工数量而言：小于等于100人的有66家（45.5%），101~500人的有57家（39.3%），大于500人的有22家（15.2%）；就企业年龄而言，小于等于5年的有72家（49.6%），6~10年的有42家（29.0%），大于10年的有31家（21.4%）；就行业分布而言，制造业有47家（32.4%），信息传输、软件和信息技术服务业有26家（17.9%），金融业有23家（15.9%），租赁和商务服务业有19家（13.1%），其他行业合计共30家（20.6%）。

7.3.2.3 信度与效度分析

（1）信度检验。信度是刻画观察变量对共同潜变量表达的程度。本书采用Cronbach's α系数对问卷中的三个量表进行信度分析，结果如表7-7所示。

表7-7 各变量的信度分析

变量	维度	题项数	Cronbach's α系数
创业学习	经验学习	3	0.895
	认知学习	3	0.755
	实践学习	3	0.809
创业能力	创新探索能力	4	0.932
	资源开发能力	4	0.908
企业成长	企业成长绩效	5	0.942

由表7-7可知，三个变量各个维度的Cronbach's α系数均达到了0.7的标准要求。各个变量内部均表现出良好的一致性，量表非常稳定，通过

了信度检验。

（2）效度检验。为进一步研究各个量表的聚合效度，采用验证性因素分析。验证性因素分析模型为多因素斜交的一阶验证性因素模型，本书采用 AMOS 23.0 软件建立。将收集到的 145 份样本输入 AMOS 23.0，获得变量验证性因素分析的拟合指标情况，拟合优度根据 RMSEA 值、GFI 值、AGFI 值、NFI、CFI、χ/df 等指标对模型进行评价，具体结果如表 7-8 所示。

表 7-8　验证性因素分析模型的适配度检验

拟合指标	CMIN/DF	GFI	AGFI	RMSEA	NFI	IFI	TLI（NNFI）	CFI
理想值	<2	>0.9	>0.9	<0.08	>0.9	>0.9	>0.9	>0.9
可接受值	3	>0.8	>0.8	<0.1	>0.8	>0.8	>0.8	>0.8
测量值	1.029	0.925	0.901	0.012	0.949	0.998	0.998	0.998
是否适配	是	是	是	是	是	是	是	是

从拟合结果来看，各个模型检验的指数均符合相关标准，说明各个量表测量的理论模型和数据相适配。

据验证性因素模型拟合结果整理量表的效度分析，采用平均变异抽取量 AVE 值进行聚合效度检验（如表 7-9 所示）。从测量模型的验证性因

表 7-9　验证性因素分析结果

维度	题项	AVE	C. R.
经验学习	3	0.744	0.897
认知学习	3	0.528	0.769
实践学习	4	0.589	0.811
创新探索能力	4	0.775	0.932
企业成长绩效	5	0.761	0.941

素分析结果来看，各个维度的组合信度 C. R. 在 0.75～0.95 之间，AVE 在 0.5～0.8 之间，组合信度大于 0.7，平均变异抽取量 AVE 大于阈值 0.5，说明潜变量可以解释测量变量的一半以上，具有良好的聚合效度。

7.3.2.4 假设检验

（1）模型构建。本书研究模型涉及多个二阶潜变量，并需考察潜变量（创业学习、创业能力和企业成长）三者之间的关系问题，本书采用结构方程模型（Structural Equation Model，SEM）并用统计软件 AMOS 23.0 来进行假设检验。考虑到企业规模与企业年龄的差别，本书研究将企业规模、企业年龄两者作为控制变量。初始结构方程模型如图 7－11 所示。

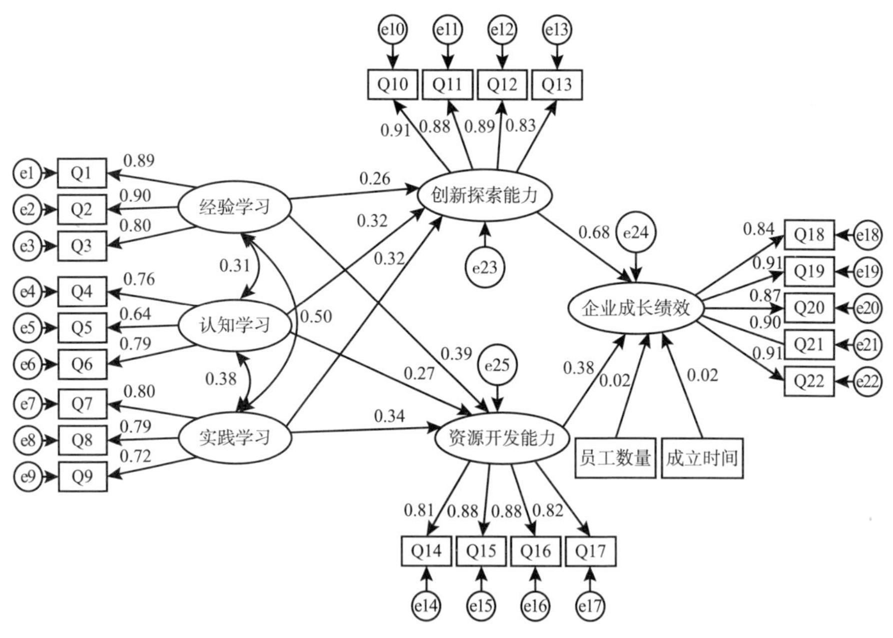

图 7－11　初始结构方程模型

对初始结构方程模型的适配度进行检验，结果如表 7－10 所示。结果显示 CMIN/DF、RMSEA、IFI、TLI（NNFI）、CFI 等指标均在理想的结果之内，但是 GFI、AGFI、NFI 3 个拟合指标的值均没有达到理想值。因此，为选择更适合的模型，需要对模型进行修正。

表 7-10　　初始结构方程模型的适配度检验

拟合指标	CMIN/DF	GFI	AGFI	RMSEA	NFI	IFI	TLI（NNFI）	CFI
理想值	<2	>0.9	>0.9	<0.08	>0.9	>0.9	>0.9	>0.9
可接受值	3	>0.8	>0.8	<0.1	>0.8	>0.8	>0.8	>0.8
测量值	1.939	0.846	0.810	0.067	0.876	0.936	0.926	0.935
是否适配	是	是	是	是	是	是	是	是

（2）模型的修正。初次拟合的模型中不存在不显著的路径，故无须删除路径。初次拟合模型中的 MI 指数如表 7-11 所示，从 MI 修正指数结构来看，员工数量与成立时间有较大的相关性，影响模型拟合，故建立上述因素之间的关系。同时建立 e18 和 e20、e15 和 e16 等误差变量的关系。进行上述修正措施后再运行，修正后的结构方程模型如图 7-12 所示。

表 7-11　　初次拟合模型中 MI 修正指数

关系			M. I.	Par Change
员工数量	←→	成立时间	79.561	1.002
e18	←→	e20	9.276	0.094
e16	←→	e15	10.138	0.095

（3）模型的拟合结果。修正后的拟合适配指标整理如表 7-12 所示。从结果来看，各个拟合优度指标均有显著的提高，说明修正措施优化了模

型，GFI 值和 AGFI 值虽然没有达到理想值，但是处于可接受值范围，其他指标均出于理想值状态，故模型的拟合优度可以接受，数据和模型是相适配的。GFI 值和 AGFI 值没有达到理想值的原因可能是加入控制变量，导致模型拟合优度变差。修正后的各研究路径拟合结果如表 7 - 13 所示。

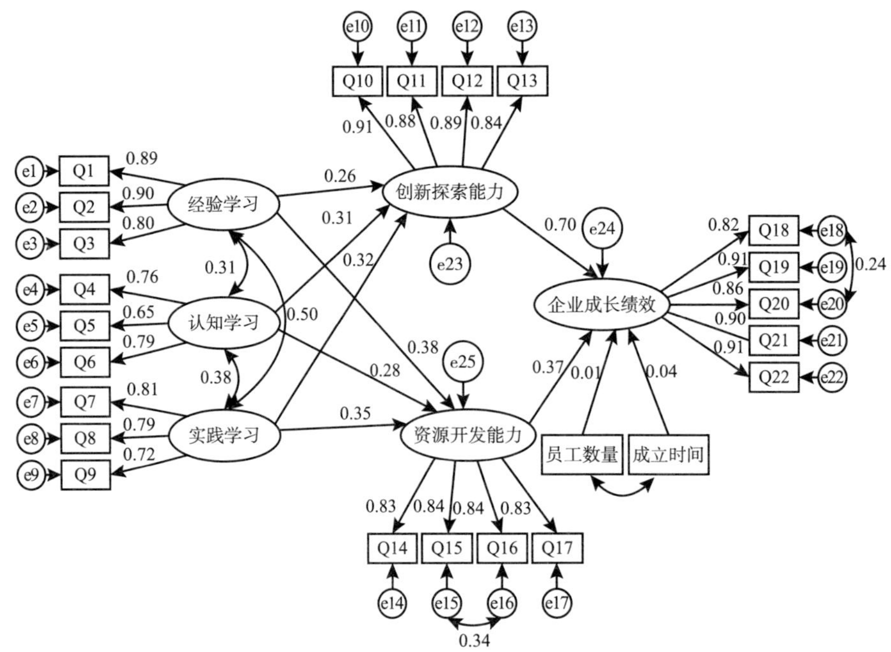

图 7 - 12　修正后的结构方程模型

表 7 - 12　　　结构方程模型第二次拟合的适配度检验

拟合指标	CMIN/DF	GFI	AGFI	RMSEA	NFI	IFI	TLI（NNFI）	CFI
理想值	<2	>0.9	>0.9	<0.08	>0.9	>0.9	>0.9	>0.9
可接受值	3	>0.8	>0.8	>0.8	>0.8	>0.8	>0.8	>0.8
测量值	1.432	0.884	0.855	0.045	0.910	0.971	0.966	0.935
是否适配	是	是	是	是	是	是	是	是

表7-13 模型中主要研究路径的拟合结果

因变量	影响	自变量	Estimate	Standardized Estimate	S. E.	C. R.	P
创新探索能力	←--	经验学习	0.230	0.263	0.064	3.618	***
资源开发能力	←--	经验学习	0.399	0.384	0.072	5.533	***
创新探索能力	←--	认知学习	0.390	0.314	0.092	4.256	***
资源开发能力	←--	认知学习	0.420	0.285	0.100	4.225	***
创新探索能力	←--	实践学习	0.424	0.317	0.109	3.905	***
资源开发能力	←--	实践学习	0.559	0.352	0.121	4.627	***
企业成长绩效	←--	创新探索能力	0.801	0.696	0.071	11.320	***
企业成长绩效	←--	资源开发能力	0.507	0.370	0.063	8.093	***

注：*** 表示显著性水平 $P<0.001$。

从表7-13可知，本书研究的10个假设全部通过了实证检验。

7.3.3 结论与讨论

综上所述，本书研究主要可归纳为以下四点结论。

首先，和一般创业相类似，大学衍生企业创业过程中也存在“创业学习—创业能力—企业成长”的一般规律。创业学习往往是经验、认知和实践三类学习共同作用的结果，它对创业能力具有正向影响。创业能力具有“资源整合开发能力”和“创新探索能力”的“双元性”，它对企业成长绩效具有正向影响，即在创业学习与企业成长间起中介作用。

其次，影响大学衍生企业创业成功的重要原因在于其创新能力。就直接影响而言，“创新探索能力”对于“企业成长绩效”的影响系数（0.7）远大于“资源开发能力”对于“企业成长绩效”的影响系数（0.37）。就间接影响而言，三类创业学习通过“创新探索能力”对“企业成长绩效”

的影响系数为0.707，而三类创业学习通过“资源开发能力”对企业成长的影响系数为0.329。这说明，现有资源的整合和开发对大学衍生企业创业成功的影响远小于对未来资源开拓利用的影响程度。

再次，大学衍生企业创业更具创新性的内在机理在于其拥有较高的认知学习。一方面，尽管实践学习对“创新探索能力”和“资源开发能力”均表现为最重要的因素（0.32和0.35），但在影响“创新探索能力”中，认知学习（0.31）的影响程度远高于经验学习（0.26）且与实践学习（0.32）基本相当。这是因为，创新探索能力，如新的创业机会的识别，往往是在对以往理论和实践总结基础之上（陈文沛，2016）并由创业者重新建构和改变认知而创造出来的（谢雅萍等，2014）。另一方面，由于大学衍生企业的创业者普遍拥有较高的教育水平，使其更有可能拥有较高的认知学习能力。受教育水平越高，其自我效能感和成就动机越强（Mitchell et al.，2007），因而其探索动机也越强；受教育水平越高，其越能接受新知识和增加创新投入（张琴，2018）。

最后，不同类型的群体适合不同的创业方式。综上所述，由于影响“创新探索能力”的关键因素是认知学习和实践学习，因此大学毕业生和大学教职工的创业，应该在加强实践学习的基础上充分发挥认知学习的优势，重点从事基于创新的创业。而影响“资源开发能力”的关键因素是经验学习和实践学习，因此对于文化程度相对较低者的创业，更应该发挥他们在经验学习方面的优势，着力提升其资源开发能力，重点从事现有资源整合类的创业活动。

7.3.4 研究启示

对于当下全面推进的大学创业教育，上述研究至少给我们提供了以下两个方面的启示。

不同大学的创业教育应有不同的定位：对数量众多的应用性大学（包括职业院校）的创业教育应更多地通过加强创业实践教育，不断提升创业经验，帮助学生获得对于现有市场和技术的应用和开发的创业能力。对于国家重点大学和正在建设的一流大学，其创业教育应更多通过加强创业的认知学习和实践学习，提升创业者的认知能力，帮助其获得对未来市场和技术开发和创新的创业能力，即强化基于创新的创业教育。

对于一流大学的创业教育实践一定要坚守“创新”这个关键点。浙江大学之所以被外界称为“中国创业率最高的大学”，其核心就是坚持独特的“创新驱动的创业教育”，将创业教育定位于培养中国最缺的“SEI型”人才，即具有长远的创业战略视野（strategy）、企业家精神（entrepreneurship）和追求颠覆性创新（innovation）的人才。除了上述创业教育定位外，浙江大学在推进创业教育实践和构筑创业生态方面也有独具魅力之处。在推进创业教育实践方面，浙江大学始终坚持创新教育，从1986年许庆瑞院士在国内率先从事创新管理研究与人才培养到1999年浙江大学管理学院吴晓波、陈劲和魏江三位教授共同创建“创新创业强化班”（ITP），一直到2006年浙江大学管理学院获批设立了全国首家（唯一）“创业管理”二级学科博士点和2011年获批自主增设“技术与创新管理”二级学科博士点，浙江大学始终把创新放在首位，让创业者不盲目创业，用创新增加创业的成功率。另外，浙江大学一直鼓励在学科交叉的环境下，让学生享受良好的创业生态。从创新创业课程（包括一般创业课程、每周五晚知名企业家或创业校友的“紫金创享·创业大讲堂”等）到大量的创业孵化空间，从海内外数百名校友组织的创业校友互助到各类创业服务平台兴起（包括创业培训、创业导师、市场开拓、融资服务、媒体推广和创业大赛等），浙大学子正是在这样浓厚的“创新创业”氛围中茁壮成长。

7.4 本章小结

基于创新的创业（IBE）是经济高质量发展的关键动力，也是大学创业的生命力所在。有别于以追求利润为首要目标的一般创业（如农民、个体户创业等），大学衍生企业创业普遍伴随着高度的科技创新，即更具有以创新为特征的创业。正是由于斯坦福大学师生创立众多高科技企业（Intel、HP、IBM、Oracle、Apple 和 Yahoo 等），最终才形成了集聚 8 000 多家电子科技和软件公司的美国“硅谷”。在国内，以清华、北大和中科院等为代表的一流大学和科研机构同样衍生和培育了如清华同方、北大方正、理想集团等著名的高科技企业。“浙大系”也主要分布于信息科技、机械设备、电子、医药生物等高技术领域。

目前，学术界对大学衍生企业的界定主要基于以下两个视角：一是从成员背景的角度，一般将大学衍生企业理解为在大学就读或任教的人员创办的企业；二是从技术来源的角度，一般认为大学衍生企业是利用大学产生的知识和技术成果而创办的企业。综合以上观点，我们可以将大学衍生企业定义为由大学的人员依靠在大学中产生的核心技术而创办的企业。与发端于 20 世纪 80 年代的国外大学衍生企业研究相比，国内研究起步相对较晚且数量较少，主要集中于最近几年。目前，国内外围绕大学衍生企业的研究主要聚焦于“大学衍生企业的内涵及类别”“大学衍生企业不同成长阶段的影响因素”及“大学衍生企业的价值创造功能”三个方面的研究，而从创业行为的特殊性视角研究大学衍生企业仍然是学术界的一个空白。

在大众创业、万众创新的浪潮之下，浙江大学涌现出一批以“创新驱动的创业”为特色的“浙大系”校友企业。通过对近年来“浙大系”上市公司的相关数据分析，我们发现“浙大系”的创业特征主要有以下四个方面：其一，创业者为高学历者以硕士居多，但是近年来本科和博士也逐渐增多；其二，主要从事高技术领域的创业，其主要原因与其所学专业相关；其三，创业所在地主要在浙江，尤其是杭州，这既与浙大校友在全国的分布有关，也与浙江、杭州的创业环境有关，“浙大系”已成为杭州创业中不可缺少的一支重要力量；其四，“浙大系”创业平均年龄在 44 岁左右，但是年轻化趋势明显。

基于浙江大学145个衍生企业样本，通过构建创业能力为中介的创业学习影响企业成长的理论模型，并运用结构方程模型进行实证分析，我们探讨了大学衍生企业创业为什么更具创新性的原因。实证研究发现了以下两个规律：第一，创业能力在创业学习与成长绩效间起到中介作用，即创业过程中存在“创业学习—创业能力—企业成长”的规律；第二，大学衍生企业创业更具创新性的重要原因在于其特殊的创业能力，即具有强大的创新探索能力，而影响创新探索能力的主要原因在于其在认知学习方面所具有的优势。因此，大学创业教育的重点在于推进创新驱动的创业教育，而推进创新驱动的创业教育的关键在于实施以创新为基础的创业教育定位、创业教育实践和创业生态构筑。

第 8 章
结论与展望

8.1 研究的主要结论

本书在梳理创业理论和派系理论的基础上，对创业派系的概念和内涵进行了探索性的研究。在对浙江经济进行较为深入分析的基础上，提出了创新创业是浙江经济社会高质量发展的重要动因。围绕浙江创业的四大派系的系统研究，探讨每个创业派系的形成基础、基本特征和创业行为。在此，将本书的主要研究结论归纳为以下六个方面。

第一，创业是创业者、机会和资源三者共同作用的结果。机会的识别和利用、资源的获取和组合是创业现象中两个最本质的过程，创业者只是这两个过程得以实现的驱动者。从经济转型的视角来看，制度、市场、技术等环境因素的一个或多个发生变化，就可能使经济体产生非均衡状态，从而涌现不同的创业机会：市场型创业机会、技术型创业机会和全球化创业机会。从现实的创业世界来看，创业活动并不是创业者个体随机和独立的活动，而是呈现某种类似“派系”的特征。创业派系就是以特定关系为纽带所形成的具有相似或相同创业行为的创业者群体。情感和理性共同影响着创业派系的形成和发展。在创业派系中，情感主要包括共同的文化和经营习惯，它们是影响具体个体从事相似或相同创业行为的最初因素。当个体成员从事相似或相同创业行为时，他们就自然而然地成为派系中一员。创业派系独特的资源、市场和影响力使得派系成员能比非派系成员获得更多利益，这些利益将吸引更多创业个体加入派系，也使得派系成员更持久地维持派系，从而强化了派系的存在和发展。因此，最终决定派系发展的主要动因还是派系所独有的风险规避和利益分配机制。创业派系具有以下三个重要特征：其一，创业派系内部成员之间存在着垂直和水平两种关系。前者主要是核心（平台）企业与一般企业的关系，后者主要是派系内部平等企业之间的关系。其二，派系形成初期往往是无组织或松散组织，成员之间更多的是平等关系。后期往往呈现内部核心企业和外部外围企业的特定组织架构，成员之间越来越多地呈现利益分配关系。其三，派系结构（派系规模、派系密度和中介中心性等）会影响派系整体的创业行为。另外，企业在派系内部所处的特定位置也会影响其创业行为。

第二，浙江经济之所以一直保持着高质量发展，从产业发展的角度而言，是由于浙江持续追求产业结构优化的结果。从经济发展的动力来看，主要源于能够保证政府改革与宏观调控（看得见的手）和企业创新创业（看不见的手）两者的有机统一，即地方政府的锐意改革和企业家的持续创新。政府政策的积极作为，使浙江经济实现了五次转型，从一个相对封闭的、传统农业经济社会发展成为开放的、以现代工业为主体的经济体，创造了令人瞩目的“浙江模式”和“浙江经验”。从地方政府政策来看，是历届政府领导重视非公有制经济（个体工商户和私企）的培育和发展，积极营造良好的营商环境并鼓励私营企业和个体工商户开展自主创业。从创新创业来看，改革开放以来浙江的持续创业是浙江经济长期保持快速发展的“密码”。经过40多年的发展，目前浙江已形成四支具有典型特色的创业创新力量，也可以称为创业四大派系，即以浙大师生创业为代表的“浙大系”、以阿里巴巴员工创业为代表的“阿里系”、以“千人计划”回国创业为代表的“海归系”及目前由“创二代”创业为代表的“浙商系”。

第三，综观中国经济发展历史，在一定程度上也是商帮发展历史。商帮一般是以地域为中心，以地缘或血缘为纽带，相互扶持帮助所形成的一种亲密团结的商业群体。不同的商帮有着不同的特征。随着经济社会的变迁，中国的商帮逐渐从由徽商和晋商为主导向由潮商与浙商为主导转变。所谓“浙商”，就是指富含“浙江精神”的在浙江或外地经商的所有商人，他不仅包括出生于浙江的商人还包括生于外地但是有浙江生活或学习经历的商人。我们将20世纪80年代初到90年代中期称为“一次创业”阶段，把20世纪90年代中期（尤其是“南方谈话”）至今称为“二次创业”阶段。研究发现，两代浙商的差异主要体现在个体差异性、机会差异性、资源差异性和行为差异性四个方面。就创业行为而言，“一次创业”时期的浙商主要是以“四千精神”为特征、主要追求物质财富、以家族式管理为主、进行专业化投资和主要岗位使用熟人和亲人，而在“二次创业”时期的浙商主要是以“新浙商精神”为特征、兼顾追求物质财富和承担社会责任、既有家族式管理也有职业管理、进行多领域投资和多领域选人用人。由于两代浙商存在众多方面的差异性，因此有可能引起“代际传承”过程中的矛盾与冲突。在“代际传承”中，我们需要处理好企业继任者人选、企业组织架构调整、企业发展战略和企业经营管理方式四大难题。从浙商的创业行为来看，尽管“创二代”与“创一代”的创业行为有着一定的差异，但是整体而言仍以市场型创业行为为主，缺乏技术型创业行为。所谓技术创业就是企业整合各种资源以识别、开发技术机会并将其商业化的过程。因此，要推进浙商的创业行为从市场型创业行为为主向技术型创业行为为主转变，不仅需要营造良好的商业环境，而且政府在政策制定中更应关注企业的技术创新。另外，政府要通过相关政策预防和治理集群内部企业之间的恶性竞争，以保护知识产权。

第四，浙江依托蓬勃发展的民营经济和传统创业文化，为怀抱爱国心和创业梦的海归群体提供了梦想落地的丰沃土壤与平台。研究发现，海归人员中有较高比例进入战略性新兴产业领域，海归企业拥有着较高比例的自主知识产权。与其他派系创业行为不一样的是，海归创业普遍存在着基于国内/国外双重创业网络，取得本土与全球双重创业资源，进而开拓国内外双重市场，最终实现良好创业绩效的内在成长逻辑。但同时要注意的是，随着海归人数的不断增加，与高层次科技型海归不同，大量"非科技型海归"利用国外先进知识和科技资源的作用并不明显，其创业仍主要依靠资产投入来实现。因此，并非所有类型的海归在其创业过程中都能实现"基于创新的创业"。

第五，阿里巴巴不仅是互联网的标杆企业，也是影响全国乃至世界的科技型公司。经过20多年的发展，阿里巴巴已从一个商户交易撮合者打造成为一个将电商、金融、本地生活、大健康、影视娱乐和智能终端融为一体的商业生态。随着阿里巴巴的快速发展及大量原来在阿里工作的员工离开阿里后创业，目前已形成以阿里集团和阿里四大板块（电子商务、生活服务、金融服务和社交娱乐）为核心业务的创业派系。从对曾经是全球最大独角兽企业——"蚂蚁金服"近八年的快速成长史、阿里的核心业务电商平台企业及"阿里系"整个创业企业三类对象的递进研究后，我们发现以下四个重要结论：其一，新创企业的快速成长主要受到地方创业生态体系和平台企业的影响。因此，除了营造良好的营商环境外，培育有竞争力的平台企业对于推进地方创新创业至关重要。其二，对电商平台上的创业企业而言，实践学习对机会能力的影响最大，而认知学习对运营管理能力的影响最大。因此，注重实践行动的学习所得更有利于创业者创业前期的能力提升，而认知学习更有利于创业者后期能力的提升。其三，新创企业在创业过程中遵循"创业学习—创业能力—创业成功"的规律。机会能力和运营管理能力在创业学习和创业成功之间起到了部分中介作用，但是机会能力对于创业成功的影响大于运营管理能力对于创业成功的影响。创业者的机会能力很大程度上受创业者的先前经验及其创业学习能力影响。其四，当创业派系形成后，"派系"对创业者创新的影响程度远大于网络规模的影响。

第六，基于创新的创业是经济高质量发展的关键因素，也是大学创业的生命力所在。有别于以追求利润为首要目标的生存性创业，大学衍生企业创业普遍伴随着明显的科技创新，即更具有以创新为特征的创业。大学衍生企业可理解为由大学的人员依靠在大学中产生的核心技术而创办的企业。在大众创业、万众创新的浪潮之下，浙江大学涌现出一批以“创新驱动的创业”为特色的“浙大系”校友企业。通过对近年来“浙大系”上市公司的相关数据分析，发现“浙大系”的创业特征主要包括以下四个方面：其一，创业者为高学历者以硕士居多，但是近年来本科和博士也逐渐增多；其二，主要从事高技术领域的创业，其主要原因与其学校的学科和专业设置有关；其三，创业所在地主要在浙江，尤其是杭州，这既与浙大校友在全国的分布有关，也与浙江、杭州的创业环境有关，“浙大系”已成为杭州创业中不可缺少的一支重要力量；其四，目前，“浙大系”创业平均年龄在44岁左右，但是年轻化趋势明显。基于浙江大学衍生企业大样本的实证研究后，我们发现以下两个规律：其一，大学创业企业在创业过程中同样存在“创业学习—创业能力—企业成长”的规律；其二，大学衍生企业创业更具创新性的重要原因在于其特殊的创业能力，即具有强大的创新探索能力，而影响创新探索能力的主要原因在于其在认知学习方面所具有的优势。因此，大学创业教育的重点在于推进创新驱动的创业教育，而推进创新驱动的创业教育的关键在于实施以创新为基础的创业教育定位、创业教育实践和创业生态构筑。

8.2 不同派系的创业政策

社会科学研究的一个重要目的就是根据研究的发现提出相应的政策建议。基于此，我们围绕进一步促进浙江“创业新四军”发展提出相关政策建议。

综上所述，尽管创业派系的形成有其一般的规律，但同时更有其特殊的机理。所以，我们从浙江“创业新四军”每个派系形成的条件分析出发，研究该派系形成后的创业特征，即该派系创业行为的优势和劣势，进而围绕发挥其优势和避免其劣势，提出以下主要的政策建议。

(1)“浙商系”。“浙商系”形成的主要条件包括文化环境、政策环境、生存环境和经济环境。就文化环境而言，“浙商系”的形成主要源于浙东学派的“经世致用”思想，由此形成了以“四千精神”为代表的传统浙江精神并演化为当代“坚忍不拔的创业精神、敢为人先的创新精神、兴业报国的担当精神、开放大气的合作精神、诚信守法的法治精神和追求卓越的奋斗精神”的新浙商精神。就政策环境而言，主要体现在以党的十一届三中全会为标志的国家全面改革开放和“南方谈话”对民营经济的积极支持，以及浙江各级政府对发展经济的重视程度和对民营经济的呵护。就生存环境而言，浙江自然资源的匮乏和土地缺少，使得农村工业化成为当时浙江人民致富的唯一途径。就经济环境而言，浙江蓬勃发展的民营经济是浙商形成的基础条件。基于上述条件形成的浙商，使其具有抱团经营以努力降低交易成本、专注低技术利基市场实施低成本战略、通过发展产业集群获得专业化分工红利的主要经营优势，由此也产生了以生存型创业为主具有阶段性创业动力、多以从事低技术的市场型创业为主及面临代际传承挑战等劣势。因此，对于未来“浙商系”的进一步发展，应该重点关注以下四个方面：首先，继续优化创业环境，降低创业成本，让“浙商系”的规模再上一个等级；其次，进一步做强民营经济，尤其要大力发展科技型民营企业，实现从低技术行业的市场型创业向高技术行业的科技型创业转变；再次，不仅要实现代际传承，更需要培育新一代浙商，努力实现传统产业的转型升级；最后，鼓励浙商投资现代制造业，积极发展实体经济，发挥浙江产业集群的传统优势，努力打造世界级产业集群。

(2)“海归系”。浙江“海归系”形成的主要条件包括政策环境、经济环境和科技环境等。就政策环境而言，我国全面推进改革开放是海归群体形成的根本原因。当然，国家和各级地方政府出台的各类具有吸引力的人才政策，也是吸引海外留学人才回国创业的一个重要因素。就经济环境来看，随着民营经济和国家整体经济水平的快速发展，既使得部分先富裕起来的群体能够进行自费留学，从而使海归规模进一步增加，同时也使得对海归的需求大幅度提升。就科技环境而言，西方科技水平与我国科技水平的“势差”使得海归具有独特的社会价值，而我国近年来整体科技水平的提升，也使得海归回国有了用武之地。“海归系”创业的最大优势在于他们凭借国内和国外的双重创业网络，利用本土与全球双重创业资源，进而开拓国内外双重市场，最终实现良好创业绩效。而近年来随着越来越多的“非科技型海归”回国创业，他们越来越多地从事“市场型创业”而非“科技型创业”，从而使得其创业优势正在逐步消失。基于此，我们应从以下三个方面进一步推进和完善“海归系”的创业政策：首先，要继续推进改革开放，优化创业环境和人才政策，吸引大量高水平海归回国创业；其次，未来重点是要引进科技型高水平海归回国创业，针对创业项目而非海归身份出台相关优惠政策，助力基于创新的科技型创业；最后，通过科技型高水平海归回国创业，培育和发展高技术产业，打造我国经济发展的新竞争优势。

(3)“阿里系”。浙江“阿里系”形成的主要条件包括文化环境、经济环境、科技环境及特有的组织环境等。从文化环境来看，浙东学派思想及由此形成的传统浙江精神和当代的新浙商精神，同样深刻地影响着以马云为代表的一大批阿里人的创新创业行为。但是阿里的商业生态及由此产生的阿里文化对“阿里系”的创业行为有着更为重要的影响。就经济环境而言，浙江大量中小企业的存在为“阿里系”的核心业务——电子商务及其电商平台的发展提供了强大的需求支撑，“蚂蚁金服”近八年的快速成长也得益于这些中小企业的快速发展。另外，21世纪以来，国家对新经济的重视也为“阿里系”的发展提供了良好的外部环境。从科技环境来看，随着海量数据不断涌现、信息技术广泛应用及人们对传统经济增长疲态的深刻反思，推动了人类快速进入数字经济时代。数字产业化和产业数字化为“阿里系”的发展提供了难得的科技环境。从组织环境来看，以电商平台为代表的众多平台的打造，为“阿里系”的企业衍生提供了组织保障。由于“阿里系”的业务布局过于集中使得其受到宏观政策的影响较大。基于此，我们应从以下三个方面进一步推进和完善“阿里系”的创业政策：首先，要加快从数字产业化向产业数字化转型或融合，虽然中国数字经济规模已位居全球第二，但是我国产业数字化水平明显落后英国、美国、法国、日本等发达国家水平；其次，要积极打造新平台，孵化新生态，促进新经济高质量发展；最后，要围绕中小城市、中小企业开拓新市场，发展新业务。

（4）“浙大系”。浙江“浙大系”形成的主要条件包括文化环境、经济环境和组织环境等。从文化环境来看，“浙大系”的形成源于浙江创业文化和浙大创新基因融合的结果；从经济环境来看，“浙大系”的形成和发展是由于浙江大量中小企业需要转型升级及由此引发的科技型创业的巨大市场；从组织环境来看，浙大学科专业的独特布局和浙大持续推进的基于创新的创业教育为“浙大系”独特的创业行为形成奠定了技术上的支持。因此，“浙大系”的创业优势主要体现在技术型创业特征明显和创业生态系统已初步形成，但是由于缺乏突破式重大创新项目，所以难以解决国家“卡脖子”工程也已成为其眼下的劣势。基于此，未来应在进一步鼓励浙江大学师生持续创新创业的基础上，重点鼓励博士生和教师进行创新创业。在强化和完善基于创新的创业教育体系基础上，围绕解决国家“卡脖子”工程积极孵化和培育以突破式重大创新为目标的创业项目。

上述思想可用表8-1简要归纳表示。

表8-1　促进浙江"创业新四军"发展的相关政策建议

派系	形成条件	创业特征	主要政策建议
浙商系	（1）文化环境 ——传统文化（浙东学派，经世致用） ——传统浙江精神（四千精神） ——新浙江精神 （2）政策环境 ——改革开放 ——地方政策 （3）生存环境 ——自然资源匮乏 ——土地缺少 （4）经济环境 ——民营经济	（1）优势 ——抱团经营，降低交易成本 ——利基市场，低成本战略 ——产业集群，专业化分工 （2）劣势 ——生存型创业，阶段性动力 ——市场型创业，低技术行业 ——代际传承挑战	（1）继续优化创业环境，降低创业成本 （2）做强民营经济，大力发展科技型民营企业 （3）培育新一代浙商，实现产业转型升级 （4）鼓励现代制造业，打造世界级集群
海归系	（1）政策环境 ——改革开放 ——人才政策 （2）经济环境 ——民营经济 ——人民富裕 （3）科技环境 ——西方先进科技 ——国内发展科技	（1）优势 ——两种网络，两种资源 ——两种网络，两种市场 ——科技创业，特征明显 （2）劣势 ——越来越多的"非科技型海归"，从事"市场型创业"	（1）继续推进改革开放，优化创业环境和人才政策 （2）大力引进科技型高水平海归，助力基于创新的科技型创业 （3）培育高技术产业，打造新竞争优势
阿里系	（1）文化环境 ——浙江创业文化 ——阿里文化 （2）经济环境 ——大量中小企业 ——国家对新经济重视 （3）科技环境 ——新一代信息技术 ——产业数字化 （4）组织环境 ——平台企业	（1）优势 ——新经济特征明显 ——创业生态系统已形成 ——网络规模 （2）劣势 ——受政策影响较大 ——受经济影响较大	（1）从数字产业化向产业数字化转型或融合 （2）打造新平台，孵化新生态 （3）开拓新市场，发展新业务

续表

派系	形成条件	创业特征	主要政策建议
浙大系	（1）文化环境 ——浙江创业文化 ——浙大的创新基因 （2）经济环境 ——浙江大量企业需要转型升级 ——科技型创业市场巨大 （3）组织环境 ——浙大学科专业的发布 ——浙大创业教育	（1）优势 ——技术型创业特征明显 ——创业生态系统已形成 （2）劣势 ——缺乏突破式重大创新项目 ——解决国家“卡脖子”工程仍较少	（1）鼓励浙江大学师生进一步创新创业，尤其是博士生和教师的创新创业 （2）强化和完善基于创新的创业教育体系 （3）以突破式重大创新为目标，解决国家“卡脖子”问题

8.3 未来研究的展望

尽管本书在对创业理论和创业派系理论综述的基础上，对浙江“创业新四军”，即浙江创业的四大派系的形成、特征、优劣势和相应的政策进行了较为深入的研究。而且在研究过程中也尽可能地避免纯粹的理论阐述，在每个部分结合实证研究进行了科学性的研究，但是综观本书的研究成果，仍有以下四个方面需要在未来的工作中作进一步的深入研究。

8.3.1 四大派系形成的深层次原因和机理的研究

尽管本书从理论上已系统研究和总结了四大派系形成的主要原因，即文化、政策、经济、科技、自然和组织六大因素，但上述六大因素在每个创业派系中的作用和内在机理仍需要我们去探索。从派系理论来看，派系形成是先情感后理性，在上述六个因素中，如果文化属于情感因素，那么其他五个可归纳为理性因素。未来，我们可以通过大样本数据去验证和完善“派系形成和发展的内在机理模型”（如图 8-1 所示）。

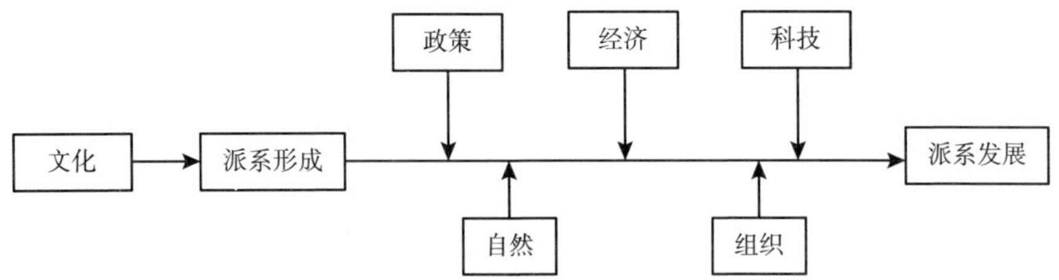

图 8－1　派系形成和发展的内在机理模型

8.3.2　四大派系资源获取对其创业行为的影响研究

前文所述，创业是创业者、机会和资源三者共同作用的结果。创业资源直接影响创业机会的开发，进而影响创业行为的形成。由于派系的形成，不同派系将拥有不同的资源。从单个新创企业的创业行为来看，其创业行为既受到创业者个体资源的影响，也受到创业派系资源（组织资源）的影响，两者共同影响着创业行为。另外，随着数字经济时代的到来，创业的情景发生了根本性的改变，其势必影响上述资源的获取方式和对创业行为的影响（如图 8－2 所示）。

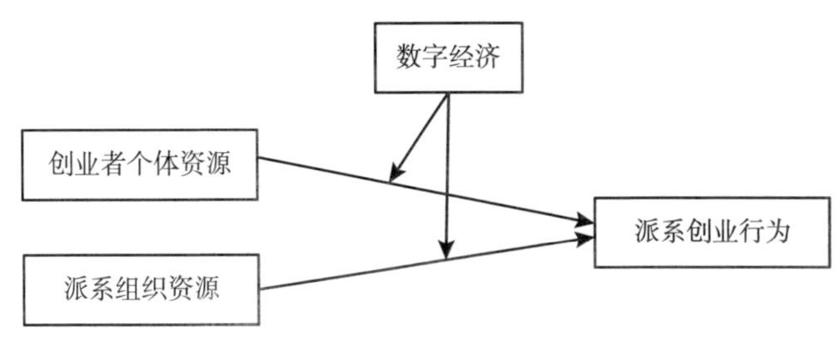

图 8－2　资源对派系创业行为的影响机理模型

8.3.3　四大派系组织特征对其创业行为的影响研究

创业派系是创业网络中的一种特殊现象，它是基于某种特定关系的网络成员之间相互选择而形成紧密结合的群体。尽管已有学者探讨了派系结构对于企业创新绩效的影响，但是派系结构对于企业创业行为的影响机理仍需我们去探究。如果用派系规模和派系结构（联系密度和联系均度）来反映派系特征，用市场型创业行为和技术型创业行为来度量创业行为，那么未来我们可以进一步去探索“派系特征对其创业行为影响机理”（如图8-3所示）。

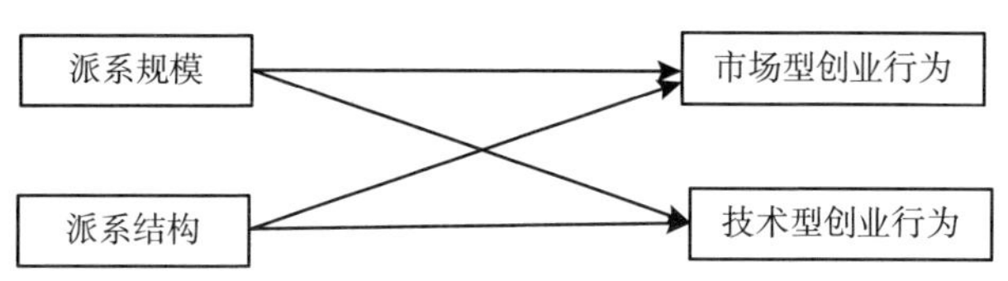

图8-3 派系特征对其创业行为影响机理模型

8.3.4 四大派系创业行为对其创业绩效的影响研究

由于四大派系创业行为在很大程度上受到派系资源和派系特征的影响，而派系行为最终又会影响其创业绩效。因此，未来我们可以构建如下模型（如图8-4所示）来探究四大派系创业行为对其创业绩效的影响的内在机理。

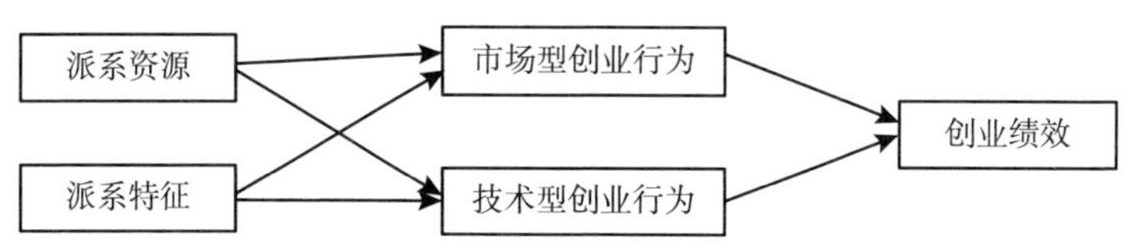

图8-4 “派系特征—创业行为—创业绩效”的影响机理模型

附录　浙大校友上市公司名录

（数据统计时间为 2022 年 6 月 30 日）

上海证券交易所主板上市 78 人，70 家

序号	证券代码	股票简称	姓名	职务
1	600050. SH	中国联通	陈忠岳	总裁
2	600052. SH	东望时代	赵云池	总经理
3	600055. SH	万东医疗	谢宇峰	董事长
4	600070. SH	浙江富润	江有归	总经理
5	600071. SH	凤凰光学	陈宗年	董事长
6	600071. SH	凤凰光学	刘翔	总裁
7	600077. SH	宋都股份	俞建午	实际控制人
8	600113. SH	浙江东日	杨澄宇	总经理
9	600173. SH	卧龙地产	陈建成	实际控制人
10	600187. SH	国中水务	张彦	董事长
11	600208. SH	新湖中宝	林俊波	董事长
12	600288. SH	大恒科技	鲁勇志	董事长
13	600330. SH	天通股份	潘建清	实际控制人
14	600363. SH	联创光电	孙宁	总裁
15	600366. SH	宁波韵升	竺韵德	实际控制人
16	600383. SH	金地集团	凌克	董事长

续表

序号	证券代码	股票简称	姓名	职务
17	600410. SH	华胜天成	王维航	董事长
18	600415. SH	小商品城	王栋	总经理
19	600422. SH	昆药集团	汪力成	实际控制人
20	600460. SH	士兰微	范伟宏	实际控制人
21	600460. SH	士兰微	郑少波	实际控制人
22	600477. SH	杭萧钢构	单银木	实际控制人
23	600477. SH	杭萧钢构	单际华	总裁
24	600537. SH	亿晶光电	唐骏	总经理
25	600556. SH	天下秀	李洁	总经理
26	600570. SH	恒生电子	彭政纲	董事长
27	600570. SH	恒生电子	刘曙峰	总经理
28	600571. SH	信雅达	郭华强	实际控制人
29	600571. SH	信雅达	林路	总裁
30	600572. SH	康恩贝	胡季强	董事长
31	600593. SH	* ST 圣亚	毛崴	总经理
32	600596. SH	新安股份	吴建华	董事长
33	600640. SH	号百控股	陈之超	总经理
34	600705. SH	中航资本	赵宏伟	总经理
35	600750. SH	江中药业	卢小青	董事长
36	600761. SH	安徽合力	薛白	总经理
37	600763. SH	通策医疗	吕建明	实际控制人
38	600776. SH	东方通信	郭端端	总裁
39	600797. SH	浙大网新	史烈	董事长
40	600797. SH	浙大网新	沈越	总裁

续表

序号	证券代码	股票简称	姓名	职务
41	600798. SH	宁波海运	胡敏	董事长
42	600804. SH	鹏博士	杨学平	实际控制人
43	600814. SH	杭州解百	毕铃	总经理
44	600865. SH	百大集团	王水福	实际控制人
45	600875. SH	东方电气	俞培根	董事长
46	600875. SH	东方电气	徐鹏	总裁
47	601018. SH	宁波港	毛剑宏	董事长
48	601113. SH	ST 华鼎	丁军民	实际控制人
49	601579. SH	会稽山	傅祖康	总经理
50	601777. SH	力帆科技	徐志豪	董事长
51	601778. SH	晶科科技	李仙德	实际控制人
52	601921. SH	浙版传媒	虞汉胤	总经理
53	603039. SH	泛微网络	韦利东	实际控制人
54	603081. SH	大丰实业	丰华	实际控制人
55	603095. SH	越剑智能	孙剑华	实际控制人
56	603258. SH	电魂网络	陈芳	实际控制人
57	603297. SH	永新光学	毛磊	总经理
58	603300. SH	华铁应急	胡丹锋	实际控制人
59	603399. SH	吉翔股份	杨峰	董事长
60	603488. SH	展鹏科技	杨一农	实际控制人
61	603506. SH	南都物业	韩芳	实际控制人
62	603529. SH	爱玛科技	任勇	总经理
63	603567. SH	珍宝岛	陈海	总经理
64	603602. SH	纵横通信	吴海涛	总经理

续表

序号	证券代码	股票简称	姓名	职务
65	603611. SH	诺力股份	丁毅	实际控制人
66	603659. SH	璞泰来	梁丰	实际控制人
67	603806. SH	福斯特	周光大	总经理
68	603816. SH	顾家家居	顾江生	实际控制人
69	603822. SH	嘉澳环保	沈健	实际控制人
70	603893. SH	瑞芯微	励民	实际控制人
71	603893. SH	瑞芯微	黄旭	实际控制人
72	603896. SH	寿仙谷	李振皓	实际控制人
73	603918. SH	金桥信息	金国培	实际控制人
74	603977. SH	国泰集团	熊旭晴	董事长
75	605060. SH	联德股份	孙袁	实际控制人
76	605068. SH	明新旭腾	庄君新	实际控制人
77	605179. SH	鸣食品	朱立科	实际控制人
78	605376. SH	博迁新材	陈钢强	总经理

上海交易所科创板上市 34 人，29 家

序号	证券代码	股票简称	姓名	职务
1	688008. SH	澜起科技	斯笑岷	共同创始人
2	688023. SH	安恒信息	沈仁妹	联合创始人
3	688027. SH	国盾量子	程大涛	实际控制人
4	688027. SH	国盾量子	柳志伟	实际控制人
5	688027. SH	国盾量子	费革胜	实际控制人
6	688032. SH	禾迈股份	邵建雄	实际控制人

续表

序号	证券代码	股票简称	姓名	职务
7	688032. SH	禾迈股份	杨波	总经理
8	688039. SH	当虹科技	孙彦龙	实际控制人
9	688049. SH	炬芯科技 - U	周正宇	董事长
10	688075. SH	安旭生物	姜学英	实际控制人
11	688075. SH	安旭生物	凌世生	实际控制人
12	688079. SH	美迪凯	葛文志	实际控制人
13	688091. SH	上海谊众 - U	周劲松	实际控制人
14	688092. SH	爱科科技	方小卫	实际控制人
15	688107. SH	安路科技 - U	马玉川	董事长
16	688201. SH	信安世纪	丁纯	实际控制人
17	688211. SH	中科微至	李功燕	实际控制人
18	688213. SH	思特威	马伟剑	联合创始人
19	688270. SH	臻镭科技	郁发新	实际控制人
20	688277. SH	天智航 - U	马敏	总裁
21	688288. SH	鸿泉物联	何军强	实际控制人
22	688290. SH	景业智能	来建良	实际控制人
23	688317. SH	之江生物	邵俊斌	实际控制人
24	688365. SH	光云科技	谭光华	实际控制人
25	688368. SH	晶丰明源	胡黎强	实际控制人
26	688536. SH	思瑞浦	应峰	联合创始人
27	688555. SH	泽达易盛	刘雪松	实际控制人
28	688555. SH	泽达易盛	林应	实际控制人
29	688611. SH	杭州柯林	谢东	实际控制人
30	688677. SH	海泰新光	郑安民	实际控制人

续表

序号	证券代码	股票简称	姓名	职务
31	688682. SH	霍莱沃	周建华	实际控制人
32	688707. SH	振华新材	侯乔坤	董事长
33	688777. SH	中控技术	褚健	实际控制人
34	688819. SH	天能股份	张天任	实际控制人

深圳证券交易所上市 141 人，118 家

序号	证券代码	股票简称	姓名	职务
1	000009. SZ	中国宝安	陈政立	董事会主席
2	000025. SZ	特力 A	富春龙	董事长
3	000066. SZ	中国长城	徐建堂	总裁
4	000166. SZ	申万宏源	黄昊	总经理
5	000403. SZ	派林生物	袁华刚	总经理
6	000739. SZ	普洛药业	祝方猛	董事长
7	000836. SZ	富通信息	王建沂	实际控制人
8	000906. SZ	浙商中拓	袁仁军	董事长
9	000913. SZ	钱江摩托	徐志豪	董事长
10	000925. SZ	众合科技	潘丽春	董事长，CEO
11	000953. SZ	*ST 河化	熊续强	实际控制人
12	000955. SZ	欣龙控股	王林江	实际控制人
13	000981. SZ	*ST 银亿	熊续强	实际控制人
14	000999. SZ	华润三九	赵炳祥	总裁
15	002001. SZ	新和成	胡柏藩	实际控制人
16	002001. SZ	新和成	胡柏剡	实际控制人

续表

序号	证券代码	股票简称	姓名	职务
17	002011. SZ	盾安环境	姚新义	实际控制人
18	002032. SZ	苏泊尔	苏显泽	创始人
19	002050. SZ	三花智控	王大勇	总裁
20	002061. SZ	浙江交科	董星明	总经理
21	002085. SZ	万丰奥威	陈爱莲	实际控制人
22	002133. SZ	广宇集团	王轶磊	实际控制人
23	002133. SZ	广宇集团	江利雄	总裁
24	002135. SZ	东南网架	郭明明	实际控制人
25	002164. SZ	宁波东力	宋济隆	实际控制人
26	002173. SZ	创新医疗	马建建	总裁
27	002182. SZ	云海金属	梅小明	实际控制人
28	002206. SZ	海利得	高王伟	总经理
29	002221. SZ	东华能源	吴银龙	总经理
30	002236. SZ	大华股份	傅利泉	实际控制人
31	002269. SZ	美邦服饰	周成建	实际控制人
32	002273. SZ	水晶光电	林敏	董事长
33	002332. SZ	仙琚制药	张宇松	董事长
34	002338. SZ	奥普光电	高劲松	总经理
35	002364. SZ	中恒电气	朱国锭	实际控制人
36	002364. SZ	中恒电气	赵大春	总经理
37	002364. SZ	中恒电气	包晓茹	董事长
38	002385. SZ	大北农	邵根伙	实际控制人
39	002415. SZ	海康威视	陈宗年	董事长
40	002415. SZ	海康威视	胡杨忠	总经理

续表

序号	证券代码	股票简称	姓名	职务
41	002430. SZ	杭氧股份	毛绍融	董事长
42	002434. SZ	万里扬	黄河清	实际控制人
43	002434. SZ	万里扬	吴月华	实际控制人
44	002434. SZ	万里扬	顾勇亭	总裁
45	002472. SZ	双环传动	吴长鸿	实际控制人
46	002534. SZ	杭锅股份	王水福	实际控制人
47	002558. SZ	巨人网络	史玉柱	实际控制人
48	002570. SZ	贝因美	谢宏	实际控制人
49	002575. SZ	*ST 群兴	范晓东	董事长
50	002586. SZ	*ST 围海	王掌权	实际控制人
51	002590. SZ	万安科技	陈锋	实际控制人
52	002613. SZ	北玻股份	高理	总经理
53	002615. SZ	哈尔斯	吴子富	总裁
54	002625. SZ	光启技术	刘若鹏	实际控制人
55	002634. SZ	棒杰股份	陶建伟	实际控制人
56	002648. SZ	卫星石化	杨卫东	实际控制人
57	002699. SZ	美盛文化	赵小强	实际控制人
58	002709. SZ	天赐材料	徐金富	实际控制人
59	002725. SZ	跃岭股份	林仙明	实际控制人
60	002849. SZ	威星智能	黄文谦	实际控制人
61	002851. SZ	麦格米特	童永胜	实际控制人
62	002896. SZ	中大力德	岑国建	实际控制人
63	002989. SZ	中天精装	张安	总经理
64	003026. SZ	中晶科技	徐一俊	实际控制人

续表

序号	证券代码	股票简称	姓名	职务
65	200025. SZ	特力 B	富春龙	董事长
66	300029. SZ	* ST 天龙	张良	董事长
67	300033. SZ	同花顺	易峥	实际控制人
68	300050. SZ	世纪鼎利	王耘	董事长
69	300061. SZ	旗天科技	费铮翔	实际控制人
70	300068. SZ	南都电源	周庆治	实际控制人
71	300068. SZ	南都电源	王海光	董事长
72	300168. SZ	万达信息	胡宏伟	总裁
73	300203. SZ	聚光科技	王健	实际控制人
74	300203. SZ	聚光科技	叶华俊	董事长
75	300234. SZ	开尔新材	邢翰学	实际控制人
76	300234. SZ	开尔新材	郑根土	总经理
77	300237. SZ	美晨生态	李荣华	总经理
78	300268. SZ	佳沃股份	汤捷	董事长
79	300270. SZ	中威电子	石旭刚	实际控制人
80	300300. SZ	海峡创新	王麒诚	创始人
81	300300. SZ	海峡创新	吴艳	创始人
82	300301. SZ	长方集团	王敏	实际控制人
83	300306. SZ	远方信息	潘建根	实际控制人
84	300309. SZ	吉艾科技	郭明杰	总经理
85	300316. SZ	晶盛机电	曹建伟	实际控制人
86	300316. SZ	晶盛机电	邱敏秀	实际控制人
87	300323. SZ	华灿光电	俞信华	董事长
88	300347. SZ	泰格医药	曹晓春	实际控制人

续表

序号	证券代码	股票简称	姓名	职务
89	300357. SZ	我武生物	胡赓熙	实际控制人
90	300360. SZ	炬华科技	丁敏华	实际控制人
91	300360. SZ	炬华科技	郭援越	总经理
92	300360. SZ	炬华科技	杨光	总经理
93	300416. SZ	苏试试验	钟琼华	实际控制人
94	300426. SZ	唐德影视	蒋强	总经理
95	300435. SZ	中泰股份	章有虎	实际控制人
96	300439. SZ	美康生物	邹炳德	实际控制人
97	300439. SZ	美康生物	邹继华	总经理
98	300451. SZ	创业慧康	葛航	实际控制人
99	300459. SZ	金科文化	朱志刚	实际控制人
100	300488. SZ	恒锋工具	陈尔容	实际控制人
101	300490. SZ	华自科技	黄文宝	实际控制人
102	300512. SZ	中亚股份	史正	实际控制人
103	300521. SZ	爱司凯	唐晖	实际控制人
104	300548. SZ	博创科技	丁勇	实际控制人
105	300548. SZ	博创科技	朱伟	实际控制人
106	300550. SZ	和仁科技	杨一兵	实际控制人
107	300553. SZ	集智股份	楼荣伟	实际控制人
108	300558. SZ	贝达药业	丁列明	实际控制人
109	300571. SZ	平治信息	郭庆	实际控制人
110	300582. SZ	英飞特	华桂潮	实际控制人
111	300604. SZ	长川科技	赵轶	实际控制人
112	300627. SZ	华测导航	赵延平	实际控制人

续表

序号	证券代码	股票简称	姓名	职务
113	300627. SZ	华测导航	朴东国	总经理
114	300630. SZ	普利制药	范敏华	实际控制人
115	300637. SZ	扬帆新材	李耀土	总经理
116	300642. SZ	透景生命	姚见儿	实际控制人
117	300675. SZ	建科院	叶青	董事长
118	300738. SZ	奥飞数据	黄展鹏	总经理
119	300743. SZ	天地数码	韩琼	实际控制人
120	300743. SZ	天地数码	刘建海	实际控制人
121	300743. SZ	天地数码	潘浦敦	实际控制人
122	300746. SZ	汉嘉设计	岑政平	实际控制人
123	300766. SZ	每日互动	方毅	实际控制人
124	300768. SZ	迪普科技	郑树生	实际控制人
125	300777. SZ	中简科技	温月芳	实际控制人
126	300813. SZ	泰林生物	倪卫菊	实际控制人
127	300813. SZ	泰林生物	叶大林	实际控制人
128	300817. SZ	双飞股份	周引春	实际控制人
129	300842. SZ	帝科股份	史卫利	实际控制人
130	300853. SZ	申昊科技	黎勇跃	总经理
131	300853. SZ	申昊科技	陈如申	实际控制人
132	300897. SZ	山科智能	王雪洲	实际控制人
133	300897. SZ	山科智能	钱炳炯	实际控制人
134	301046. SZ	能辉科技	罗传奎	实际控制人
135	301065. SZ	本立科技	吴政杰	实际控制人
136	301066. SZ	万事利	屠红燕	实际控制人

续表

序号	证券代码	股票简称	姓名	职务
137	301066. SZ	万事利	李建华	实际控制人
138	301073. SZ	君亭酒店	吴启元	实际控制人
139	301073. SZ	君亭酒店	朱晓东	总经理
140	301082. SZ	久盛电气	张建华	实际控制人
141	301096. SZ	百诚医药	楼金芳	实际控制人
142	301218. SZ	华是科技	叶建标	实际控制人
143	301218. SZ	华是科技	俞永方	实际控制人

香港证券交易所上市 59 人，54 家

序号	证券代码	股票简称	姓名	职务
1	0164. HK	中国宝力科技	张依	董事会主席
2	0269. HK	中国资源交通	曹忠	董事会主席
3	0365. HK	芯成科技	夏源	行政总裁
4	0378. HK	五龙动力	曹忠	实际控制人
5	0418. HK	方正控股	邵行	总裁
6	0439. HK	光启科学	刘若鹏	实际控制人
7	0468. HK	纷美包装	洪钢	董事会主席
8	0576. HK	浙江沪杭甬	俞志宏	董事长
9	0762. HK	中国联通	陈忠岳	总裁
10	0771. HK	自动系统	王维航	董事会主席
11	0815. HK	中国白银集团	陈万天	董事会主席
12	0819. HK	天能动力	张天任	实际控制人
13	1020. HK	赛伯乐国际控股	朱敏	董事会主席

续表

序号	证券代码	股票简称	姓名	职务
14	1072. HK	东方电气	徐鹏	总裁
15	1072. HK	东方电气	俞培根	董事长
16	1080. HK	胜利管道	张必壮	行政总裁
17	1103. HK	大生农业金融	王立国	行政总裁
18	1112. HK	H&H 国际控股	李凤婷	首席执行官
19	1119. HK	创梦天地	关嵩	联合创始人
20	1140. HK	华科资本	柳志伟	董事会主席
21	1158. HK	开元酒店	陈妙强	总裁
22	1159. HK	星光文化	方军	董事会主席
23	1315. HK	允升国际	周哲	董事会主席
24	1335. HK	顺泰控股	曾向阳	行政总裁
25	1527. HK	天洁环境	边宇	实际控制人
26	1561. HK	联洋智能控股	顾中立	董事会主席
27	1575. HK	慕容控股	邹格兵	实际控制人
28	1582. HK	华营建筑	管满宇	董事会主席
29	1613. HK	协同通信	韩卫宁	行政总裁
30	1673. HK	华章科技	王爱燕	首席执行官
31	1701. HK	途屹控股	虞丁心	实际控制人
32	1732. HK	象兴国际	邱长武	行政总裁
33	1860. HK	汇量科技	段威	实际控制人
34	1901. HK	飞扬集团	何斌锋	实际控制人
35	1916. HK	江西银行	罗焱	行长
36	1950. HK	深蓝科技控股	刘静	董事会主席
37	1996. HK	弘阳地产	何捷	行政总裁

续表

序号	证券代码	股票简称	姓名	职务
38	2142. HK	和铂医药－B	廖迈菁	联合创始人
39	2235. HK	微泰医疗－B	郑攀	实际控制人
40	2276. HK	康耐特光学	费铮翔	实际控制人
41	2280. HK	慧聪集团	刘军	董事会主席
42	2696. HK	复宏汉霖	姜伟东	联合创始人
43	2772. HK	中梁控股	黄春雷	首席执行官
44	2869. HK	绿城服务	寿柏年	实际控制人
45	2869. HK	绿城服务	宋卫平	实际控制人
46	2869. HK	绿城服务	吴志华	行政总裁
47	3306. HK	江南布衣	李琳	实际控制人
48	3306. HK	江南布衣	吴健	实际控制人
49	3306. HK	江南布衣	吴华婷	行政总裁
50	3347. HK	泰格医药	曹晓春	实际控制人
51	3738. HK	阜博集团	王扬斌	创始人
52	3989. HK	首创环境	黎青松	总经理
53	6108. HK	新锐医药	刘杨	董事会主席
54	6108. HK	新锐医药	王秋勤	主席
55	6806. HK	申万宏源	黄昊	总经理
56	8249. HK	瑞远智控	何铿	实际控制人
57	8271. HK	环球数码创意	何铿	董事会主席
58	9608. HK	宋都服务	俞建午	实际控制人
59	9979. HK	绿城管理控股	李军	行政总裁
60	9996. HK	沛嘉医疗－B	张一	实际控制人
61	9996. HK	沛嘉医疗－B	张叶萍	实际控制人

其他证券交易所上市14人，13家

序号	证券代码	股票简称	姓名	职务
1	832885. BJ	星辰科技	吕虹	实际控制人
2	838924. BJ	广脉科技	赵国民	实际控制人
3	6415. TW	硅力－KY	陈伟	实际控制人
4	BEKE. N	贝壳（KE）	彭永东	CEO
5	EBON. O	亿邦通信	胡东	实际控制人
6	JKS. N	晶科能源	李仙德	董事长
7	MOGU. N	蘑菇街	陈琪	联合创始人 & CEO
8	MOGU. N	蘑菇街	魏一博	联合创始人 & COO
9	PDD. O	拼多多	黄峥	创始人
10	SDH. O	师董会	胡海平	实际控制人
11	TIGR. O	老虎证券	董明	联合创始人
12	WEI. N	微贷网	朱华彬	联合创始人
13	ZME. N	掌门教育	余腾	联合创始人
14	094860. KQ	KORNICGLORY	陈博	董事长

参考文献

[1] [美] 阿伦·拉奥，皮埃罗·斯加鲁菲．硅谷百年史 [M]．北京：人民邮电出版社，2014.

[2] 白雪．中国生产性服务业经济效应的时空分异及协调性研究 [D]．长春：东北师范大学，2019.

[3] 蔡莉，彭秀青，Satish Nambisan，王玲．创业生态系统研究回顾与展望 [J]．吉林大学社会科学学报，2016，56 (1)：5 - 16 + 187.

[4] 蔡莉，汤淑琴，马艳丽．创业学习、创业能力与新企业绩效的关系研究 [J]．科学学研究，2014，32 (8)：1189 - 1197.

[5] 车维汉．“雁行形态”理论及实证研究综述 [J]．经济学动态，2004 (11)：102 - 106.

[6] 陈阿兴，徐德云．中国商帮 [M]．上海：上海财经大学出版社，2015.

[7] 陈宝胜，任宗强．温州人经济：历史演进、理论逻辑与研究意义 [J]．技术经济，2015，34 (8)：123 - 129.

[8] 陈刚．管制与创业——来自中国的微观证据 [J]．管理世界，2015 (5)：89 - 99 + 187 - 188.

[9] 陈海忠，杨一琼．浙商文化教程 [M]．杭州：浙江工商大学出版社，2018.

[10] 陈寒松，陈金香．创业网络与新企业成长的关系研究——以动态能力为中介变量 [J]．经济与管理评论，2016，32 (2)：76 - 83.

[11] 陈宏胜，王光平，夏菁．供给侧改革背景下传统开发区社会化转型的理念、内涵与路径 [J]．城市规划学刊，2016 (5)：66 - 72.

[12] 陈建安. 创业成长抱负：研究综述与展望 [J]. 经济管理，2019 (2)：191-208.

[13] 陈建林，李晓杰. 代际传承、培养模式与私募股权投资 [J]. 南京审计大学学报，2020 (4)：73-81.

[14] 陈文沛. 关系网络与创业机会识别：创业学习的多重中介效应 [J]. 科学学研究，2016，34 (9)：1391-1396.

[15] 陈星星，李平. 国内技术经济学研究前沿——兼述中国技术经济2015年（南京）论坛 [J]. 数量经济技术经济研究，2016，33 (1)：156-161.

[16] 陈怡安. 中国海外人才回流的国际知识溢出与技术进步研究 [D]. 北京：首都经济贸易大学，2014.

[17] 楚天骄，宋韬. 中国独角兽企业的空间分布及其影响因素研究 [J]. 世界地理研究，2017，26 (6)：101-109.

[18] 戴维奇，林巧，魏江. 集群内外网络嵌入与公司创业——基于浙江省四个产业集群的实证研究 [J]. 科学学研究，2011，29 (4)：571-581.

[19] 戴维奇. 网络嵌入、公司创业与绩效对集群背景下企业创业行为的一个解释 [D]. 杭州：浙江大学，2010.

[20] 单标安，蔡莉，陈彪，鲁喜凤. 中国情境下创业网络对创业学习的影响研究 [J]. 科学学研究，2015，33 (6)：899-906.

[21] 单标安，蔡莉，鲁喜凤，刘钊. 创业学习的内涵、维度及其测量 [J]. 科学学研究，2014，32 (12)：1867-1875.

[22] 丁伟标. 一位海归学者的国内“缘分” [J]. 人才开发，2007 (6)：54-55.

[23] 杜尔玏，吉猛. 科技创业、创新经济与经济增长——基于国家高新区视角的证据 [J]. 求是学刊，2020，47 (6)：78-88.

[24] 杜运周，刘秋辰，程建青. 什么样的营商环境生态产生城市高创业活跃度？——基于制度组态的分析 [J]. 管理世界，2020，36 (9)：

141 - 155.

[25] 樊天，樊春良．社会资本视角下大学衍生企业的创业发展——对科大讯飞的案例研究 [J]. 中国科技论坛，2021 (9)：62 - 70.

[26] 范金民．明代地域商帮的兴起 [J]. 中国经济史研究，2006 (3)：93 - 103.

[27] 方杰，温忠麟，张敏强，任皓．基于结构方程模型的多层中介效应分析 [J]. 心理科学进展，2014，22 (3)：530 - 539.

[28] 冯志军．网络关系对企业创新能力的影响研究 [D]. 哈尔滨：哈尔滨工业大学，2006.

[29] 傅吉青，黄洪琳．2019 年浙江经济运行情况 [J]. 政策瞭望，2020 (2)：28 - 31.

[30] 干春晖，郑若谷，余典范．中国产业结构变迁对经济增长和波动的影响 [J]. 经济研究，2011 (5)：4 - 16 + 31.

[31] 高晟，王世权．大学衍生企业：研究述评与展望 [J]. 外国经济与管理，2020，42 (10)：107 - 124.

[32] 高洋．生产性服务业与制造业技术关联研究 [D]. 西安：西北大学，2018.

[33] [意] 格鲁特尔特，贝斯特纳尔．社会资本在发展中的作用 [M]. 成都：西南财经大学出版社，2004.

[34] 管舒瑶，裴一蕾．浙江省民营企业“走出去”战略研究 [J]. 价值工程，2018，37 (26)：70 - 71.

[35] 郭钢．创业能力对创业绩效影响的实证研究 [D]. 西安：西北大学，2016.

[36] 郭细根．创新型企业空间分布及其影响因素研究——来自全国 676 家创新型试点企业的数据分析 [J]. 科技进步与对策，2016，33 (15)：62 - 67.

[37] 韩义雷．“独角兽创业营”：培育十亿美元创业公司 [N]. 科技日报，第 003 版，2015 - 06 - 03.

[38] 何会涛，袁勇志. 海外人才跨国创业研究现状探析与未来展望——基于双重网络嵌入视角 [J]. 外国经济与管理，2012，34 (6)：1－8.

[39] 何建洪，贺昌政，罗华. 创新型企业的形成：基于网络能力与战略创新导向影响的研究 [J]. 中国软科学，2015 (2)：127－137.

[40] 贺小刚，朱丽娜，杨婵，王博霖. 经营困境下的企业变革："穷则思变"假设检验 [J]. 中国工业经济，2017 (1)：135－154.

[41] 侯佳薇，柳卸林，陈健. 海归创业网络、资源获取与企业绩效的关系研究 [J]. 科学学与科学技术管理，2018，39 (1)：168－180.

[42] 胡宏伟. 东方启动点：浙江改革开放史 [M]. 杭州：浙江人民出版社，2018.

[43] 胡洪浩. 海归创业研究前沿与展望 [J]. 科技进步与对策，2014，31 (17)：151－155.

[44] 黄勇. 创新引领转型改革促进转型 [J]. 浙江经济，2015 (9)：34－36.

[45] 嵇发根."湖商" 源流考——兼论"湖商" 的地域特征与士商现象 [J]. 湖州职业技术学院学报，2018，16 (3)：58－62＋86.

[46] 贾国雄. 中国转型的内涵及相关问题的经济学分析 [J]. 青海社会科学，2006 (1)：34－37.

[47] 江山，叶钢强，金立山. 荣耀与梦想60年风雨历练的中国杭商 [J]. 杭州通讯 (下半月)，2009 (8)：38－42.

[48] 蒋师，罗强，叶盛，殷其亮. 2017年中国独角兽企业专利申请状况研究 [J]. 中国发明与专利，2018，15 (6)：58－64.

[49] 蒋天颖，王峥燕，张一青. 网络强度、知识转移对集群企业创新绩效的影响 [J]. 科研管理，2013，34 (8)：27－34.

[50] 康达，王积建. 产业差异、结构优势与区位竞争力——基于SSM测度的浙江省11个地市第三产业实证研究 [J]. 经济论坛，2020 (7)：59－66.

［51］兰建平．高质量建设全球先进制造业基地［J］．浙江经济，2020（4）：6－8.

［52］郎咸平．中国商帮［M］．北京：东方出版社，2018.

［53］李长江．关于数字经济内涵的初步探讨［J］．电子政务，2017（9）：84－92.

［54］李春成．城市创新创业评价新指标与实证研究［J］．科研管理，2018，39（3，专刊）：95－99＋159.

［55］李瑊．旅沪宁波帮企业家的营销韬略［J］．宁波职业技术学院学报，2006（3）：27－31.

［56］李剑平．杭州未来科技城引进三千多名海归创新创业［N/OL］．2018－12－19［2019－01－18］．http：//www. liuxuehr. com/news/haigui-chuangye/2018/1219/35141. html.

［57］李晶．创业生态系统视角的区域创业环境形成机理研究——基于扎根理论的案例分析［J］．苏州大学学报（哲学社会科学版），2019，40（2）：90－98.

［58］李梦云，廖理，王正位．城市创业对经济增长的影响探究［J］．经济学报，2021，8（1）：1－28.

［59］李培根．2018～2019中国制造业及智能制造十大热点——李培根院士一席谈［J］．工业工程，2019（4）：56＋66.

［60］李乾文，蔡慧慧．海归创业研究现状与未来研究方向探析［J］．南京审计大学学报，2016，13（5）：30－36.

［61］李燃，王立平，刘琴琴．地理距离与经济距离对创业知识溢出影响的实证分析［J］．科技进步与对策，2012，29（10）：113－118.

［62］李雯，夏清华．大学知识溢出驱动的双元创业能力构建研究［J］．科学学研究，2016，34（12）：1847－1855.

［63］李心斐，程宝栋，恒许，等．高管“海归”背景有助于企业社会责任履行吗？——基于A股上市公司的经验数据［J］．经济管理，2020（11）：56－72.

[64] 李新春，何轩，陈文婷．战略创业与家族企业创业精神的传承——基于百年老字号李锦记的案例研究［J］．管理世界，2008（10）：127－140＋188.

[65] 李志军，张世国，李逸飞，单珊．中国城市营商环境评价及有关建议［J］．江苏社会科学，2019（2）：30－42＋257.

[66] 连远强．国外创新网络研究评述与区域共生创新战略［J］．人文地理，2016（1）：26－32.

[67] 林嵩．创业生态系统：概念发展与运行机制［J］．中央财经大学学报，2011（4）：58－62.

[68] 林亚清，赵曙明．政治网络战略、制度支持与战略柔性——恶性竞争的调节作用［J］．管理世界，2013（4）：82－93.

[69] 林跃勤．经济转型与和谐发展［J］．科学决策，2007（3）：33－35.

[70] 刘春济，冯学钢，高静．中国旅游产业结构变迁对旅游经济增长的影响［J］．旅游学刊，2014（8）：37－49.

[71] 刘刚．浙新增境外经贸合作区中小企集群式走出去［EB/OL］．http：//zjnews.zjol.com.cn/05zjnews/system/2007/12/08/009036314.shtml．2007－12－08.

[72] 刘桂菊．浙江省产业结构分析研究［D］．上海：华东师范大学，2005.

[73] 刘书瀚，于化龙．城市群生产性服务业集聚对经济增长的空间溢出效应——基于长三角、珠三角和京津冀城市群的比较分析［J］．预测，2020（4）：83－89.

[74] 刘田田．互动导向、创业学习与新创企业绩效关系研究［D］．秦皇岛：燕山大学，2016.

[75] 刘文利．我国经济增长与产业结构的关系初探［J］．时代金融，2006（12）：39－40.

[76] 刘晓敏．隐性知识获取、机会能力与创业绩效［J］．科技管理

研究，2017，37（20）：117－123.

［77］吕福新．浙商的崛起与挑战：改革开放30年［M］．北京：中国发展出版社，2009.

［78］吕佳，郭元源，程聪．创业活动有效性：一项关于创业者的Meta分析检验［J］．外国经济与管理，2018，40（6）：29－43.

［79］罗家德，周超文，郑孟育．组织中的圈子分析——组织内部关系结构比较研究［J］．现代财经，2013，33（10）：4－16.

［80］马德功，滕磊．数字金融、创业活动与包容性增长［J］．财经论丛，2020（9）：54－63.

［81］毛小芳，杨剑飞．制度创新与我国转型期的经济增长［J］．价值工程，2006（9）：28－31.

［82］毛祖棠．百年浙商：引领时代潮流的杰出商帮［J］．中国中小企业，2015（9）：64－67.

［83］梅强，花文超．产业集群内的创业网络研究［J］．企业经济，2012（3）：21－24.

［84］苗丹国．出国留学六十年：当代中国出国留学政策与引导在外留学人员回国政策的形成、改革与发展［M］．北京：中央文献出版社，2010.

［85］木志荣．国外创业研究综述及分析［J］．中国经济问题，2007（6）：53－62.

［86］［美］尼古拉·尼葛洛庞帝（Nicholas Negroponte）著．胡泳，范海燕译．数字化生存［M］．北京：电子工业出版社，2017.

［87］欧美同学会·中国留学人员联谊会．21世纪中国留学人员状况蓝皮书［M］．北京：华文出版社，2017.

［88］潘建林．网络平台创业能力的内涵、维度及测量［J］．高等工程教育研究，2017（1）：48－54.

［89］庞文，丁云龙．大学衍生企业创生及其成功的政策原则［J］．科研管理，2014，35（11）：171－177.

[90] 彭伟. 基于双重网络嵌入的海归创业企业成长机制研究 [M]. 北京：经济科学出版社，2017.

[91] 彭新敏. 企业网络对技术创新绩效的作用机制研究：利用性—探索性学习的中介效应 [D]. 杭州：浙江大学，2009.

[92] 彭学兵，王乐，刘玥伶，陈胜男. 创业网络、效果推理型创业资源整合与新创企业绩效关系研究 [J]. 科学学与科学技术管理，2017，38 (6)：157 -170.

[93] 任声策，胡迟. 独角兽企业培育绩效的创业生态系统建设路径 [J]. 技术经济，2019 (7)：46 -55 +70.

[94] 沙德春，孙佳星. 创业生态系统40年：主体—环境要素演进视角 [J]. 科学学研究，2020 (4)：663 -672 +695.

[95] 尚晓燕，王丽，李慧巍. 硅谷“生态系统”式创新集群：“天然”还是“人造”? [J]. 经营与管理，2016 (5)：25 -26.

[96] 邵光，卫桂玲. 古代帝王托孤的悲剧对现代家族企业传承的鉴戒 [J]. 领导科学，2019 (12)：72 -74.

[97] 沈祖炜. 近代浙商的兴起 [J]. 世纪，2017 (2)：1.

[98] 盛世豪. 经济转型与发展方式转变：主要特征与政策取向 [J]. 商业经济与管理，2008 (7)：68 -75.

[99] 盛世豪，张伟明. 特色小镇：一种产业空间组织形式 [J]. 浙江社会科学，2016 (3)：36 -38.

[100] 施雨岑. 2018 年度我国出国留学人员总数达 66.21 万人 [N/OL]. 新华网，2019 -03 -27 [2019 -04 -27]. http：//www.xinhuanet.com/politics/2019 -03/27/c_1124291948.htm.

[101] 斯晓夫，吴晓波，陈凌，等. 创业管理：理论与实践 [M]. 杭州：浙江大学出版社，2016.

[102] 宋英华，庄越，张乃平. 创新型企业成长的内部影响因素实证研究 [J]. 科学学研究，2011，29 (8)：1274 -1280.

[103] 宋增基，王宏军，张宗益. 高科技企业创始人特征、持股和公

司业绩关系研究［J］. 科技进步与对策，2013，30（7）：90－96.

［104］苏楠，宋来胜. 产业结构变化背景下创业对经济增长的影响——基于2000～2015年省际面板数据的GMM分析［J］. 湖北经济学院学报（人文社会科学版），2019，16（10）：45－47.

［105］苏屹，林周周. 区域创新活动的空间效应及影响因素研究［J］. 数量经济技术经济研究，2017，34（11）：63－80.

［106］孙科柳，刘鹏. 商帮传奇［M］. 北京：电子工业出版社，2011.

［107］孙善根. 宁波帮史略［M］. 宁波：宁波出版社，2013.

［108］孙善根，张逸龙. "宁波帮"：情系桑梓共兴甬［J］. 宁波通讯，2019（21）：59－62.

［109］唐鹏程，朱方明. 创业机会的发现与创造［J］. 外国经济与管理，2009（5）：15－22.

［110］田傲云. 国外特色小镇案例［J］. 城市开发，2017（4）：47－49.

［111］万炜，曾德明，冯科，周昕. 产业创新网络派系演进及其对技术创新的影响［J］. 湖南大学学报（自然科学版），2013，40（11）：120－124.

［112］王弟海. 三次产业增长和产业价格结构变化对中国经济增长的影响：1952～2019年［J］. 经济研究，2021（2）：22－38.

［113］王桂军，张辉，金田林. 中国经济质量发展的推动力：结构调整还是技术进步［J］. 经济学家，2020（6）：59－67.

［114］王辉耀. 创新中国百年海归［M］. 北京：人民出版社，2014.

［115］王辉耀. 改革开放40年的海归贡献［J］. 世界教育信息，2019，32（6）：24－27.

［116］王辉耀，苗绿. 中国留学发展报告（2020～2021年）［M］. 北京：社会科学文献出版社，2021.

［117］王秀峰. 创业者行为研究文献综述——连接创业者个体因素与创业过程及结果［J］. 科学学与科学技术管理，2016，37（8）：3－19.

［118］王智毓. 创新驱动背景下科技服务业对经济增长的影响研究

[D]. 北京：北京交通大学，2020.

[119] 韦棋. 让“宁波帮”精神在新时代熠熠生辉 [J]. 宁波通讯，2019 (21)：63.

[120] 魏江，勾丽. 集群企业的模仿特征及模仿方式探析 [J]. 科学学与科学技术管理，2008 (2)：142-146.

[121] 温婷. 生产性服务业集聚、空间溢出与区域异质性——基于经济增长和产业结构升级的双视角 [J]. 中国流通经济，2020 (9)：119-127.

[122] 邬爱其，魏江. 集群企业成功创新的网络模式及其动态匹配：浙江省的实证考察 [J]. 中大管理研究，2007 (4)：72-92.

[123] 邬爱其，许斌，史煜筠. 浙江缘何能成为“单项冠军之省”[J]. 浙江经济，2021 (1)：38-41.

[124] 巫彬. 那些成功的高新区 [J]. 商周刊，2013 (13)：37-39.

[125] 吴晓波. 新时代的浙商精神 [J]. 浙江社会科学，2018 (4)：69-71.

[126] 项国鹏，宁鹏，罗兴武. 创业生态系统研究述评及动态模型构建 [J]. 科学学与科学技术管理，2016，37 (2)：79-87.

[127] 肖旭，戚聿东. 产业数字化转型的价值维度与理论逻辑 [J]. 改革，2019 (8)：61-70.

[128] 谢文辉. 天下浙商 [M]. 北京：民主与建设出版社，2006.

[129] 谢雅萍，陈睿君，王娟. 直观推断调节作用下的经验学习、创业行动学习与创业能力 [J]. 管理学报，2018，15 (1)：57-65.

[130] 谢雅萍，黄美娇，陈小燕. 国外创业学习研究综述——基于认知、经验、网络和能力视角的比较与融合 [J]. 技术经济，2014，33 (1)：75-82+124.

[131] 谢雅萍，黄美娇. 创业学习、创业能力与创业绩效——社会网络研究视角 [J]. 经济经纬，2016，33 (1)：101-106.

[132] 谢雅萍，黄美娇. 社会网络、创业学习与创业能力——基于小

微企业创业者的实证研究［J］. 科学学研究，2014，32（3）：400－409＋453.

［133］谢永珍，袁菲菲. 中国商帮边界划分与文化测度——“和而不同”的商业文化［J］. 外国经济与管理，2020，42（9）：76－93.

［134］辛璐，罗守贵. 科技创新促进经济增长的滞后效应研究——基于省际面板数据的检验［J］. 管理现代化，2020（3）：45－48.

［135］辛薇. 杭商与杭州经济竞争力［M］. 杭州：浙江工商大学出版社，2012.

［136］徐梦周，包浩斌，盛世豪. 培育生态型组织的杭州实践［J］. 浙江经济，2015（3）：32－35.

［137］杨芳娟，刘云，梁正. 高端科技人才归国创业的特征和影响分析［J］. 科学学研究，2018，36（8）：1421－1431.

［138］杨隽萍，唐鲁滨，于晓宇. 创业网络、创业学习与新创企业成长［J］. 管理评论，2013，25（1）：24－33.

［139］杨俊. 基于创业行为的企业家能力研究——一个基本分析框架［J］. 外国经济与管理，2005（4）：28－35.

［140］杨俊，张玉利，刘依冉. 创业认知研究综述与开展中国情境化研究的建议［J］. 管理世界，2015（9）：158－169.

［141］杨卫忠，孔冬. 第二代浙商价值观与企业社会责任行为的关系研究［J］. 社会科学战线，2017（11）：255－259.

［142］杨轶清. 浙商简史［M］. 杭州：浙江人民出版社，2013.

［143］姚凯，王亚娟. 海归高管与企业国际化——基于我国高科技上市公司的实证研究［J］. 经济理论与经济管理，2020（11）：55－71.

［144］叶峥，郑健壮. 集群企业网络特征与创业行为：基于创业能力的实证研究［J］. 科研管理，2014，35（1）：58－65.

［145］佚名. 茅理翔的“创二代”探索［J］. 新商刊，2012（10）：44－47.

［146］易蓉蓉. 留学百年归国史［J］. 科学新闻，2012（12）：26－35.

[147] 尹苗苗，蔡莉. 创业网络强度、组织学习对动态能力的影响研究 [J]. 经济管理，2010，32 (4)：180 - 186.

[148] 袁晓辉，高建. 寻找独角兽企业 [J]. 清华管理评论，2016 (Z2)：28 - 38.

[149] 张晨宇，刘慧敏，韩特. 产学研深度融合的重要模式：大学衍生企业 [J]. 中国科技产业，2017 (12)：76 - 77.

[150] 张东亚. 希望"富二代"变成"创二代" [J]. 中国企业家，2012 (24)：118.

[151] 张方华. 资源获取与技术创新绩效关系的实证研究 [J]. 科学学研究，2006 (4)：635 - 640.

[152] 张钢，谢妙娟. 我国家族式企业创业者的构成与特征分析 [J]. 科技进步与对策，2003 (9)：90 - 92.

[153] 张国良. 新时代浙江小微企业发展态势与创新经营对策研究 [J]. 社会科学前沿，2020，9 (4)：537 - 543.

[154] 张佳音，罗家德. 组织内派系形成的网络动态分析 [J]. 社会，2007 (4)：152 - 163 + 209.

[155] 张剑，李精精，张莹. 创业激情：情绪视角的创业研究综述 [J]. 科技进步与对策，2017，34 (2)：153 - 160.

[156] 张琴. 技术背景 CEO、技术创新与企业绩效——基于民营高科技企业的实证研究 [J]. 经济问题，2018 (5)：82 - 87.

[157] 张素平. 企业家社会资本影响企业创新能力的内在机制研究 [D]. 杭州：浙江大学，2014.

[158] 张婷. 创业网络对创业能力的影响研究——学习模式的中介作用 [J]. 科技创业月刊，2012，25 (5)：19 - 20 + 38.

[159] 张香美. 从建构主义看浙商代际传承 [J]. 合作经济与科技，2014 (10)：134 - 135.

[160] 张秀娥，王超. 创新驱动下我国创业生态环境优化研究——基于 GEM 数据分析 [J]. 经济问题探索，2018 (5)：45 - 52.

[161] 张秀娥，赵敏慧．创业成功的内涵、维度及其测量［J］．科学学研究，2018，36（3）：474－483.

[162] 张秀娥，赵敏慧．创业学习、创业能力与创业成功间关系研究——经典模型及相关研究评价与展望［J］．外国经济与管理，2017，39（7）：51－64.

[163] 张云伟．上海培育“独角兽”企业对策［J］．科学发展，2018（9）：29－34.

[164] 赵晶，祝丽敏．家族企业代际传承与资本市场反应［J］．中国人民大学学报，2018（2）：90－103.

[165] 赵敏慧．创业学习对创业成功的作用机制研究［D］．长春：吉林大学，2018.

[166] 赵文红，王玲玲，魏泽龙．过程视角的创业能力形成研究综述［J］．科学进步与对策，2016，33（13）：155－160.

[167] 赵炎，冯薇雨，郑向杰．联盟网络中派系与知识流动的耦合对企业创新能力的影响［J］．科研管理，2016，3（37）：51－58.

[168] 赵炎，韩笑，栗铮．派系及联络企业的创新能力评价［J］．科研管理，2019，40（1）：61－75.

[169] 赵炎，栗铮．适度站队：派系视角下创新网络中企业创新与结派行为研究［J］．研究与发展管理，2019，31（2）：102－109.

[170] 赵炎，孟庆时．创新网络中基于结派行为的企业创新能力评价［J］．科研管理，2014，35（7）：35－43.

[171] 赵炎，王琦，郑向杰．网络邻近性、地理邻近性对知识转移绩效的影响［J］．科研管理，2016，37（1）：128－136.

[172] 赵炎，王燕妮．越强越狭隘？企业间联盟创新网络的证据——基于资源特征与结构特征的视角［J］．科学学与科学技术管理，2017，38（5）：117－127.

[173] 赵炎，徐悦蕾．蛇足再强也无益——派系度，外接企业与团体创新绩效［J］．科研管理，2018，39（4）：32－42.

[174] 赵炎，姚芳．创新网络动态演化过程中企业结盟的影响因素研究——基于中国汽车行业创新联盟的分析 [J]．研究与发展管理，2014，26 (1)：70－77.

[175] 浙江省经济研究中心．浙江省情 (1949～1984) [M]．杭州：浙江人民出版社，1986.

[176] 郑健壮．独角兽企业：现状、特征及发展对策 [J]．企业经济，2019 (12)：29－36.

[177] 郑健壮，靳雨涵．集群内师徒制企业间的创业传导——基于新塘羽绒产业集群的案例研究 [J]．技术经济，2015，34 (8)：22－29.

[178] 郑健壮，靳雨涵．两种典型师徒制企业集群特征的比较：基于浙江两个案例的研究 [J]．阅江学刊，2016 (4)：44－53＋146.

[179] 郑健壮，靳雨涵．师徒制企业网络：知识传导与创新绩效 [M]．北京：经济科学出版社，2020.

[180] 郑健壮，朱婷婷，郑雯好．高技术产业中的企业衍生、关系网络与创业行为：以硅谷为例 [J]．企业经济，2018 (3)：94－101.

[181] 郑明波．高管海外经历、专业背景与企业技术创新 [J]．中国科技论坛，2019 (10)：137－144＋153.

[182] 郑玮，沈睿，林道谧，路江涌．海归创业者本土适应对企业绩效的影响机制研究 [J]．管理学季刊，2016，1 (Z1)：92－109.

[183] 郑向杰．"拉帮结派" 有利于企业创新吗？[J]．华东经济管理，2017，31 (8)：146－152.

[184] 郑馨，周先波，张麟．社会规范与创业——基于62个国家创业数据的分析 [J]．经济研究，2017 (11)：59－73.

[185] 郑燕女，程文婷，陈衍泰．海归创业者：信核数据科技创始人任永坚的求索之路 [R]．中国管理案例共享中心案例库，2020.

[186] 周浩，龙立荣．共同方法偏差的统计检验与控制方法 [J]．心理科学进展，2004 (6)：942－950.

[187] 周金平．创业者先前经验、创业能力与创业绩效的实证研究

[D]. 合肥：安徽财经大学，2015.

[188] 周明宝. 浙商文化的历史轨迹及其传承发展 [R]. 浙江伦理学论坛，2015.

[189] 周阳敏，王前前. 国家自创区政策效应、产业结构合理化与高级化实证研究 [J]. 中国科技论坛，2020 (12)：41-53.

[190] 周瑛，朱玲. 基于创业者视角的创业退出研究综述与展望 [J]. 复旦学报（自然科学版），2021，60 (6)：817-824.

[191] 周育彬，张玉臣，廖凯诚. 创业叛逃：内涵特征、理论框架及研究展望 [J]. 外国经济与管理，2021，43 (8)：19-50.

[192] 周跃辉. 浙江民营经济为什么连续20年居全国首位 [N]. 成都日报，2018-11-28 (007).

[193] 朱承亮，雷家骕. 中国创业研究70年：回顾与展望 [J]. 中国软科学，2020 (1)：11-20.

[194] 朱婧，胡品平. 广东独角兽企业发展特点与趋势——基于《2016中国独角兽企业发展报告》[J]. 科技创业月刊，2018，31 (2)：47-50.

[195] 朱明. 经济新常态下企业创业和区域经济增长分析——以西南地区面板数据分析为例 [J]. 环渤海经济瞭望，2021 (11)：134-136.

[196] 朱秀梅，李明芳. 创业网络特征对资源获取的动态影响——基于中国转型经济的证据 [J]. 管理世界，2011 (6)：105-115+188.

[197] 朱燕空，郑炳章，贾东水. 基于系统理论的创业环境研究框架 [J]. 河北工程大学学报（社会科学版），2008 (2)：14-16.

[198] 子航. 新浙商 [M]. 北京：时事出版社，2017.

[199] 邹环，于亚申. 哪些因素影响了中国的创业活动水平——基于探索性的空间数据分析 [J]. 经济研究参考，2018 (26)：52-62.

[200] Adamcsek B, Palla G, Farkas I J et al. CFinder: Locating cliques and overlapping modules in biological networks [J]. Bioinformatics, 2006, 22 (8): 1021-1023.

[201] Adler P S, Kwon Seok – Woo. Social capital: Prospects for a new concept [J]. Academy of Management Review, 2002, 27 (1): 17 –40.

[202] Agarwal R, Helfat C E. Strategic renewal of organizations [J]. Organization Science, 2009, 20 (2): 281 –293.

[203] Alarez S A, Busenitz L W. The entrepreneurship of resource-based theory [J]. Journal of Management, 2001, 27 (6): 755 –775.

[204] Antoncic B, Prodan I. Alliances, corporate technological entrepreneurship and firm performance: Testing a model on manufacturing firms [J]. Technovation, 2008, 28 (5): 257 –265.

[205] Atsan N. Failure experiences of entrepreneurs: Causes and learning outcomes [J]. Procedia – Social and Behavioral Sciences, 2016, 235 (2): 435 –442.

[206] Awa H O, Nwibere B M, Inyang B J. The uptake of electronic commerce by SMEs: A meta theoretical framework expanding the determining constructs of TAM and TOE frameworks [J]. Journal of Global and Business Technology, 2010, 6 (1): 1 –27.

[207] Barney J. Firm resources and sustained competitive advantage [J]. Journal of Management, 1991, 17 (1): 99 –120.

[208] Barney J, Mike Wright, David J. Ketchen. The resource based view of the firm: The years after 1991 [J]. Journal of Management, 2001 (27): 625 –641.

[209] Barney J. Resource-based theories of competitive advantage: A ten-year retrospective on the resource-based view [J]. Journal of Management, 2001 (27): 643 –650.

[210] Barney J. The resource-based theory of the firm [J]. Organization Science, 1996, 7 (5): 469.

[211] Baron R A. The cognitive perspective: A valuable tool for answering entrepreneurship's basic "why" questions [J]. Journal of Business Venturing,

2004, 19 (2): 221 -239.

[212] Baron R A. The role of affect in the entrepreneurial process [J]. Academy of Management Review, 2008, 33 (2): 328 -340.

[213] Baum J R, Locke E A, Smith K G. A multidimensional model of venture growth [J]. Academy of Management Journal, 2001, 44 (2): 292 -303.

[214] Bentler P M, Stein J A. Structural equation models in medical research [J]. Statistical Methods in Medical Research, 1992, 1 (2): 159 -181.

[215] Beugelsdijk S, Noorderhaven N. Entrepreneurial attitude and economic growth: A cross-section of 54 regions [J]. The Annals of Regional Science, 2004, 38 (2): 199 -218.

[216] Bourdieu P. The Forms of Capital. Richardson J G. Hand book of Theory and Research for the Sociology of Education [M]. New York: Greenwood Inc. , 1985: 241 -258.

[217] Breugst N, Domurath A, Patzelt H et al. Perceptions of entrepreneurial passion and employees' commitment to entrepreneurial ventures [J]. Entrepreneurship Theory and Practice, 2012, 36 (1): 171 -192.

[218] Burt R S. Structural holes: The social structure of competition [M]. Boston: Harvard University Press, 1992: 302 -305.

[219] Busenitz L W, Barney J B. Differences between entrepreneurs and managers in large organizations: Biases and heuristics in strategic decision-making [J]. Journal of Business Venturing, 1997, 12 (1): 9 -30.

[220] Capaldo A. Network structure and innovation: The leveraging of a dual network as a distinctive relational capability [J]. Strategic Management Journal, 2007, 28 (6): 585 -608.

[221] Cardon M S, Wincent J, Singh J et al. The nature and experience of entrepreneurial passion [J]. Academy of Management Review, 2009, 34

(3): 511-532.

[222] Chandler G N, Hanks S H. Founder competence, the environment, and venture performance [J]. Entrepreneurship Theory and Practice, 1994, 18 (3): 77-89.

[223] Chandler G N, Lyon D W. Involvement in knowledge acquisition activities by venture team members and venture performance [J]. Entrepreneurship Theory and Practice, 2009, 33 (3): 571-592.

[224] Chenery H B. Three decades of industrialization [J]. The World Bank Economic Review, 1989, 3 (2): 145-181.

[225] Ciavarella M A, Buchholtz A K, Riordan C M. The big five and venture survival: Is there a linkage? [J]. Journal of Business Venturing, 2004, 19 (4): 465-483.

[226] Cohen B. Sustainable valley entrepreneurial ecosystems [J]. Business Strategy and the Environment, 2006, 15 (1): 1-14.

[227] Coleman, James. Foundations of social theory [M]. Belknap Press of Harvard University Press, 1990.

[228] Coleman J C. Social capital in the creation of human capital [J]. American Journal of Sociology, 1988, 94 (1): 95-120.

[229] Cope J. Toward a dynamic learning perspective of entrepreneurship [J]. Entrepreneurship Theory and Practice, 2005, 29 (4): 373-397.

[230] David L Rogers. The digital transformation playbook: Rethink your business for the digital age [M]. New York: Columbia Business School Press, 2016.

[231] Davidsson P. Entrepreneurship - And After? A study of growth willingness in small firms [J]. Journal of Business Venturing, 1989, 4 (3): 211-226.

[232] Derényi I, Palla G, Vicsek T. Clique percolation in random networks [J]. Physical Review Letters, 2005, 94 (16): 160202.

[233] Detienne D R. Entrepreneurial exit as a critical component of the entrepreneurial process: Theoretical development [J]. Journal of Business Venturing, 2010, 25 (2): 203 - 215.

[234] Dunn K. The entrepreneurship ecosystem [J]. MIT Technology Review, 2005 (1): 46 - 50.

[235] Efring T, Hulsink W. Networks in entrepreneurship: The case of high-technology firms [J]. Small Business Economics, 2003 (4): 409 - 422.

[236] Eisenhardt K M, Martin J A. Dynamic capabilities: What are they? [J]. Strategic Management Journal, 2000, 21 (10 - 11): 1105 - 1121.

[237] Eisingericha B A, Bell J S, Tracey P. How can clusters sustain performance? The role of network strength, network openness, and environmental uncertainty [J]. Research Policy, 2010, 39 (2): 239 - 253.

[238] Erik Brynjolfsson, Brian Kahin. Understanding the digital economy: Data, tools, and research [M]. Cambridge, CA: MIT Press, 2000.

[239] Fagerberg J. The Oxford handbook of innovation [M]. Oxford: Oxford University Press, 2005.

[240] Fang C, Lee J, Schilling M A. Balancing exploration and exploitation through structural design: The isolation of subgroups and organizational learning [J]. Organization Science, 2010, 21 (3): 625 - 642.

[241] Foss K, Foss N J, Klein P G, Klein S K. The entrepreneurial organization of heterogeneous capital [J]. Journal of Management Studies, 2007, 44 (7): 1165 - 1186.

[242] Freeman L C. Centrality in social networks: Conceptualizations and clarifications [J]. Social Networks, 1979 (1): 215 - 239.

[243] Galambos L, Sturchio J L. The pharmaceutical industry in the twentieth century: A reappraisal of the sources of innovation [J]. History and Technology, 1996, 13 (2): 83 - 100.

[244] Gao S, Xu K, Yang J. Managerial ties, absorptive capacity, and

innovation [J]. Asia Pacific Journal of Management, 2008, 25 (3): 395 - 412.

[245] Gartner W B. A conceptual framework for describing the phenomenon of new venture creation [J]. Academy of Management Review, 1985, 10 (4): 696 - 706.

[246] Gartner W B. Is there an elephant in entrepreneurship? Blind assumptions in theory development [J]. Entrepreneurship Theory and Practice, 2001, 25 (4): 27 - 40.

[247] Gartner W B. Who is an entrepreneur? Is the wrong question [J]. American Journal of Small Business, 1988, 12 (4): 11 - 32.

[248] Gerschewski S, Xiao S S. Beyond financial indicators: An assessment of the measurement of performance for international new ventures [J]. International Business Review, 2015, 24 (4): 615 - 629.

[249] Glaeser, Edward L, Sari Pekkala Kerr, William R Kerr. Entrepreneurship and urban growth: An empirical assessment with historical mines [J]. Review of Economics and Statistics, 2015, 97 (2): 498 - 520.

[250] Granovetter M. The strength of weak tie: A network theory revisited [J]. Sociological Theory, 1983 (1): 201 - 223.

[251] Granovetter M. The strength of weak ties [J]. Social Networks, 1977, 78 (6): 347 - 367.

[252] Grant R M. The resource based theory of competitive advantage: implications for strategy formulation [J]. California Management Review, Spring, 1991 (33): 114 - 135.

[253] Gundry L K, Welsch H P. The ambitious entrepreneur: High growth strategies of women-owned enterprises [J]. Journal of Business Venturing, 2001, 16 (5): 453 - 470.

[254] Hallen B L, Katila R, Rosenberger J D. How do social defenses work? A resource-dependence lens on technology ventures, venture capital in-

vestors, and corporate relationships [J]. Academy of Management Journal, 2014, 57 (4): 1078 - 1101.

[255] Hall R. The strategic analysis of intangible resources [J]. Strategic Management Journal, 1992, 13 (2): 135 - 144.

[256] Hammarfjord M O, Roxenhall T. The relationships between network commitment, antecedents, and innovation in strategic innovation networks [J]. International Journal of Innovation Management, 2017, 21 (3): 1 - 36.

[257] Havens P A, Senneseth K. A panel study of firm growth among SMEs in networks [J]. Small Business Economics, 2003, 21 (4): 409 - 422.

[258] Holcomb T R, Ireland R D, Holmes Jr. R M, et al. Architecture of entrepreneurial learning: Exploring the link among heuristics, knowledge, and action [J]. Entrepreneurship Theory and Practice, 2009, 33 (1): 167 - 192.

[259] Ho V T, Pollack J M. Passion isn't always a good thing: Examining entrepreneurs' network centrality and financial performance with a dualistic model of passion [J]. Journal of Management Studies, 2014, 51 (3): 433 - 459.

[260] Isenberg D J. How to start an entrepreneurial revolution [J]. Harvard Business Review, 2008, 86 (12): 107 - 111.

[261] Isenberg D J. The entrepreneurship ecosystem strategy as a new paradigm for economic policy: Principles for cultivating entrepreneurship [R]. Presentation at the Institute of International and European Affairs, 2011.

[262] Kenney M, Breznitz D, Murphree M. Coming back home after the sun rises: Returnee entrepreneurs and growth of high tech industries [J]. Research Policy, 2013, 42 (2): 391 - 407.

[263] Kirzner I M. Creativity and/or alertness: A reconsideration of the Schumpeterian entrepreneur [J]. Review of Austrian Economics, 1999, 11 (1): 5 - 17.

[264] Knickrehm M, Berthon B, Daugherty P. Digital disruption: The

growth multiplier [M]. Dublin: Accenture, 2016.

[265] Kogut B, Zander U. Knowledge of the Firm, Combinative Capabilities, and the Replication of Technology [J]. Organization Science, 1992, 3 (3): 383 -397.

[266] Kyndt E, Baert H. Entrepreneurial competencies: Assessment and predictive value for entrepreneurship [J]. Journal of Vocational Behavior, 2015 (9): 13 -25.

[267] Lafuente, Esteban, László Szerb, Zoltan J Acs. Country level efficiency and national systems of entrepreneurship: A data envelopment analysis approach [J]. The Journal of Technology Transfer, 2016, 41 (6): 1260 - 1283.

[268] Landry R, Amara N et al. Does social capital determine innovation? To what extent? [J]. Technological Forecasting & Social Change, 2002 (69): 681 -701.

[269] Lechner C, Dowling M. Firm networks: External relationships as sources for the growth and competitiveness of entrepreneurial firms [J]. Entrepreneurship & Regional Development, 2003, 15 (1): 1 -26.

[270] Leenders R, Gabbay S M. Corporate Social Capital and Liability [M]. Boston: Kluwer Inc., 1999.

[271] Lichtblauk, Stichv, Bertenrathr, et al. Industrie 4.0: Readiness [M]. Frankfurt: VDMA's Impuls - Stiftung, 2015.

[272] Li H, Zhang Y. The role of managers' political networking and functional experience in new venture performance: Evidence from China's transition economy [J]. Strategic Management Journal, 2007, 28 (8): 791 -804.

[273] Lisa Harris, AnneMarie Coles, Keith Dickson. Building innovation networks: Issues of strategy and expertise [J]. Technology Analysis & Strategic Management, 2000, 12 (2): 229 -241.

[274] Lockett A, Wright M. Resources, capabilities, risk capital and the

creation of university spinout companies [J]. Research Policy, 2005, 34 (7): 1043 -1057.

[275] Low M B, Macmillan I C. Entrepreneurship: Past research and future challenges [J]. Journal of Management, 1988, 14 (2): 139 -161.

[276] Low M B. The adolescence of entrepreneurship research: Specification of purpose [J]. Entrepreneurship: Theory and Practice, 2001, 25 (4): 17 -26.

[277] Lumpkin G T, Lichtenstein B B. The role of organizational learning in the opportunity recognition [J]. Entrepreneurship Theory and Practice, 2005, 29 (4): 451 -472.

[278] Manuel Au - Yong - Oliveira et al. The rise of the Unicorn: Shedding light on the creation of technological enterprises with exponential valuations [R]. Portugal: Advances in Intelligent Systems and Computing, 2018.

[279] Marek Ehrenberger, Petra Koudelková L, Wadim Strielkowski. Factors influencing innovation in small and medium enterprises in the Czech Republic [J]. Social and Management, 2015, 23 (2): 73 -83.

[280] Marsden P V, Campbell K E. Measuring tie strength [J]. Social Forces, 1984, 63 (2): 482 -501.

[281] Matlay H, Thomas W Y M. Exploring the behavioral patterns of entrepreneurial learning: A competency approach [J]. Education and Training, 2006, 48 (5): 309 -321.

[282] Mcevily B, Marcus A. Embedded ties and the acquisition of competitive capabilities [J]. Strategic Management Journal, 2005, 26 (11): 1033 -1055.

[283] Mesenbourg T L. Measuring the digital economy [ED/OL]. https://www.census.gov/econ/estats/papers/umdigital.pdf. 2017 -02 -28.

[284] Minniti M, Bygrave W. A Dynamic model of entrepreneurial learning [J]. Entrepreneurship Theory and Practice, 2001, 25 (3): 5 -16.

[285] Mitchell R K, Busenitz L, Bird B et al. The central question in entrepreneurial cognition research [J]. Entrepreneurship Theory and Practice, 2007, 31 (1): 1 - 27.

[286] Mitchell R K, Busenitz L, Lant T et al. Toward a theory of entrepreneurial cognition: Rethinking the people side of entrepreneurship research [J]. Entrepreneurship Theory and Practice, 2002, 27 (2): 93 - 104.

[287] Mitchelmore S, Rowley J. Entrepreneurial competence: A literature review and development agenda [J]. International Journal of Entrepreneurial Behaviour & Research, 2010, 16 (2): 92 - 111.

[288] Moruku, Robert Kemepade. Does entrepreneurial orientation predict entrepreneurial behaviour? [J]. International Journal of Entrepreneurship, 2013 (17): 41 - 51.

[289] Mulder M, Lans T, Verstegen J. Competence development of entrepreneurs in innovative horticulture [J]. Journal of Workplace Learning, 2007, 19 (1): 32 - 44.

[290] Nahapiet J, Ghoshal S. Social capital, intellectual capital and the creation of value in firms [R]. Academy of Management Best Paper Proceedings, 1997.

[291] Nunnally J C. Psychometric theory [M]. New York: McGraw - Hill, 1978.

[292] Obschonka M, Silbereisen R K, Schmitt - Rodermund E et al. Nascent entrepreneurship and the developing individual: Early entrepreneurial competence in adolescence and venture creation success during the career [J]. Journal of Vocational Behavior, 2011, 79 (1): 121 - 133.

[293] Obstfeld D. Social networks, the tertius iungens orientation, and involvement in the innovation [J]. Administrative Science Quarterly, 2005, 50 (1): 100 - 130.

[294] Osiyevskyy O, Meyer M, Zargarzadeh M A. Exploring the impact

of an external crisis on R&D expenditures of innovative new ventures [J]. Journal of Business and Entrepreneurship, 2015, 26 (3): 1 -36.

[295] Palla G, Derényi I, Farkas I, et al. Uncovering the overlapping community structure of complex networks in nature and society [J]. Nature, 2005, 435 (7043): 814 -818.

[296] Parker S C. The Economics of formal business networks [J]. Journal of Business Venturing, 2008, 3 (6): 627 -640.

[297] Pasinetti L L. Structural change and economic growth - A theoretical essay on the dynamics of the wealth of nations [M]. Cambridge: Cambridge University Press, 1983.

[298] Penrose E. The theory of the growth of the firm [M]. New York: Wiley, 1959.

[299] Penrose E. The theory of the growth of the firm (3rd ed.) [M]. Oxford: Oxford University Press, 1995.

[300] Petti C, Zhang S. Factors influencing technological entrepreneurship in Chinese firms: Evidence from Guangdong [J]. International Journal of Technology Management, 2014, 65 (1): 70 -95.

[301] Politis D. The process of entrepreneurial learning: A conceptual framework [J]. Entrepreneurship Theory and Practice, 2005, 29 (4): 399 - 424.

[302] Prahalad C K, Gary Hamel. The core competence of the corporation [J]. Harvard Business Review, May - June 1990: 79 -91.

[303] Priyanto S H, Sandjojo I. Relationship between entrepreneurial learning, entrepreneurial competencies and venture success: Empirical study on SMEs [J]. International Journal of Entrepreneurship and Innovation Management, 2005, 5 (5): 454 -468.

[304] Radulefebvre M, Rediencollot R. "How to do things with words": the discursive dimension of experiential learning in entrepreneurial mentoring dy-

ads [J]. Journal of Small Business Management, 2013, 51 (3): 370 - 393.

[305] Rae D. Entrepreneurial learning: A narrative-based conceptual model [J]. Journal of small Business and Enterprise Development, 2005, 12 (3): 323 - 335.

[306] Rahman S A, Amran A, Ahmad N H. Supporting entrepreneurial business success at the base of pyramid through entrepreneurial competencies [J]. Management Decision, 2015, 53 (6): 195 - 216.

[307] Richard Rose. Parties, factions and tendency in Britain [J]. Political Studies, 1964, 12 (1): 33 - 46.

[308] Roberts S et al. Exploring variation in active network size: Constraints and ego characteristics [J]. Social Networks, 2009, 31 (2): 138 - 146.

[309] Rumelt R P. Toward a strategic theory of the firm, In R. B. Lamb (ed.), Competitive Strategic Management [M]. Prentice - Hall, Englewood Cliffs, NJ, 1984.

[310] Saini A, Johnson J. Organizational capabilities in e-commerce: An empirical investigation of e-brokerage service providers [J]. Journal of the Academy of Marketing Science, 2005, 33 (3): 360 - 375.

[311] Salazar A, Gonzalez J M H, Duysters G, Sabidussi A, Allen M. The value for innovation of inter-firm networks and forming alliances: A meta-analytic model of indirect effects [J]. Computers in Human Behavior, 2016, 64: 285 - 298.

[312] Satish Nambisan, Mike Wright, Maryann Feldman. The digital transformation of innovation and entrepreneurship: Progress, challenges and key themes [J]. Research Policy, 2019, 148 (5): 1 - 9.

[313] Schilling M A, Phelps C C. Interfirm collaboration networks: The impact of large-scale network structure on firm innovation [J]. Management Science, 2007, 53 (7): 1113 - 1126.

[314] Schuh G, Aaderl R, Gausemeier J et al. Industrie 4.0 maturity index: Managing the digital transformation of companies (ACATECH Study) [M]. Munich: Herbert Utz Verlag, 2017.

[315] Shane S. Academic entrepreneurship: university spin-offs and wealth creation [M]. Cheltenham: Edward Elgar, 2004.

[316] Shane S, Locke E A, Collins C J. Entrepreneurial motivation [J]. Human Resource Management Review, 2003, 13 (2): 257-279.

[317] Shane S. Reflections on the 2010 AMR Decade Award: Delivering on the promise of entrepreneurship as a field of research [J]. Academy of Management Review, 2012, 37 (1): 10-20.

[318] Shane S, Venkataraman S. Guest editors' introduction to the special issue on technology entrepreneurship [J]. Research Policy, 2003, 32 (2): 181-184.

[319] Shane S, Venkataraman S. The promise of entrepreneurship as a field of research [J]. Academy of Management Review, 2000, 25 (1): 217-226.

[320] Sheng S, Zhou K Z, Li J J. The effects of business and political ties on firm performance: Evidence from China [J]. Journal of Marketing, 2011, 75 (1): 1-15.

[321] Shu C, Page A L, Gao S. Managerial ties and firm innovation: Is knowledge creation a missing link? [J]. Journal of Product Innovation Management, 2012, 29 (1): 125-143.

[322] Singer, Slavica, José Ernesto Amorós, Daniel Moska. Global Entrepreneurship Monitor (GEM) 2014 global report [R]. London: Global Entrepreneurship Research Association, 2015.

[323] Sorenson O, Audia P G. The social structure of entrepreneurial activity: Geographic concentration of footwear production in the united states, 1940-1989 [J]. American Journal of Sociology, 2000, 106 (2): 424-

462.

[324] Starr A S, Macmillan I C. Resource cooptation via social contracting resource acquisition strategies for new resources [J]. Strategic Management Journal, 1990, 11 (1): 79 –92.

[325] Steffensen M, Rogers E M, Speakman K. Spin-offs from research centers at a research university [J]. Journal of Business Venturing, 1999, 15 (1): 93 –111.

[326] Stevenson H H, Jarillo J C. A paradigm of entrepreneurship: Entrepreneurial management [J]. Strategic Management Journal, 1990, 11 (5): 17 –27.

[327] Suresh, Jayshree, Raj Ramraj. Entrepreneurial ecosystem: Case study on the influence of environmental factors on entrepreneurial success [J]. European Journal of Business and Management, 2012, 16 (4): 95 –101.

[328] Tallman S, Jenkins M, Henry N, Pinch S. Knowledge, clusters and competitive advantage [J]. Academy of Management Review, 2004, 29 (2): 258 –271.

[329] Timmons J A. New venture creation [M]. Singapore: Mc – Graw – Hill, 1999.

[330] Timmons J A, Spinelli S. New venture creation: Entrepreneurship for the 21st Century [M]. Bostom: McGraw – Hill/Irwin, 2004.

[331] Timons J A, Muzyka D F, Stevenson H H, Bygrave W D. Opportunity recognition: The core of entrepreneurship. Paper presented at the Frontiers of Entrepreneurship Research [R]. Babson College, Wellesley, MA. , 1987.

[332] Tsai W, Ghoshal S. Social Capital and Value Creation: The Role of Intrafirm Networks [J]. Academy of Management Journal, 1998, 41 (4): 464 –476.

[333] Tseng C. Connecting self-directed learning with entrepreneurial learning to entrepreneurial performance [J]. International Journal of Entrepre-

neurial Behavior and Research, 2013, 19 (4): 425 - 446.

[334] Uzzi B. Social structure and competition in inter-firm networks: The paradox of embeddedness [J]. Administrative Science Quarterly, 1997, 42 (1): 35 - 67.

[335] Uzzi B. The sources and consequences of embeddedness for economic performance of organizations [J]. American Sociological Review, 1996: 674 - 698.

[336] Van Der Heijden H. Measuring IT core capabilities for electronic commerce [J]. Journal of Information Technology, 2001, 16 (1): 13 - 22.

[337] Venkataraman S, Sarasvathy S D, Dew N, et al. Reflection on the 2010 AMR Dedcade Award: Whither the promise? Moving forward with entrepreneurship as a Science of the artifical [J]. Academy of Management Review, 2012, 37 (1): 21 - 33.

[338] Vicente A, López. An overview review of the resource-based view (RBV) of the firm, drawing on recent Spanish management [J]. The Irish Journal of Management, 2001 (10): 105 - 120.

[339] Vogel P. The employment outlook for youth: Building entrepreneurial ecosystems as a way forward [R]. Conference Proceedings of the G20 Youth Forum, 2013.

[340] Wang C L. Entrepreneurial Orientation, Learning Orientation, and Firm Performance [J]. Entrepreneurship Theory and Practice, 2008, 32 (4): 635 - 656.

[341] Wernerfelt B. The resource based view of the firm [J]. Strategic Management Journal, 1984 (5): 171 - 180.

[342] Wiklund J, Shepherd D. Knowledge based resources, entrepreneurial orientation, and the performance of small and medium-sized businesses [J]. Strategic Management Journal, 2003, 24 (13): 1307 - 1314.

[343] Wincent J, Thorgren S, Anokhin S. Entrepreneurial orientation and

network board diversity in network organizations [J]. Journal of Business Venturing, 2014, 29 (2): 327 -344.

[344] Yin R K. Case study research: Design and methods [M]. London: Sage Publications, 2013.

[345] Yiu W, Lau C M. Corporate entrepreneurship as resource capital configuration in emerging market firms [J]. Entrepreneurship Theory and Practice, 2008 (32): 37 -57.

[346] Yli - Renko H, Autio E, et al. Social capital, knowledge acquisition, and knowledge exploitation in young technology-based firms [J]. Strategy Management Journal, 2001 (22): 587 -613.

[347] Zaheer A, Gulati R, Nohria N. Strategic network [J]. Strategic Management Journal, 2000 (21): 203 -215.

[348] Zahr S A. Corporate entrepreneurship and financial performance: The case of management leveraged buyouts [J]. Journal of Business Venturing, 1995, 10 (3): 225 -247.

[349] Zhang B. The Impact of Industrial Structure Adjustment on Economic Growth in Japan [J]. International Business and Management, 2015, 10 (2): 57 -63.

后　　记

撰写这本专著主要有以下两个动机。其一，要完成教育部人文社会科学规划基金项目（企业衍生、创业网络和创业行为：基于集群视角的研究；项目编号：17YJA630142）的终期研究成果。其实，从结题的要求而言，笔者在进行上述课题研究过程中，已公开发表了10余篇学术论文并于2020年初在经济科学出版社公开出版了郑健壮和靳雨涵合著的《师徒制企业网络：知识传导与创新绩效》一书。因此，按照课题申请时的目标，可以算是“超额完成”任务了。《师徒制企业网络：知识传导与创新绩效》一书，是基于S－C－P范式从企业衍生视角探索了“企业衍生—创业网络结构—企业创业行为—企业创业绩效”的内在规律，试图回答创业网络如何形成，企业衍生对创业网络形成的作用机理是什么，创业网络的特征如何刻画，以及它是如何影响企业的创业行为等问题。但是随着研究的深入，我发现，创业派系与企业衍生之间既存在某种内在的联系，在性质、范围等方面两者又存在显著的差异。也就是说，企业衍生只是创业派系形成的一种成因，企业衍生理论只能解释创业派系及其创业行为某个方面的现象。因此，对于创业派系及由创业派系形成的创业行为成为笔者近两年科研中关注的课题。这也是笔者撰写《创业群体与创业行为：基于浙江的研究》一书的一个重要原因。因此，《师徒制企业网络：知识传导与创新绩效》和《创业群体与创业行为：基于浙江的研究》两部专著综合起来，不仅可以作为上述课题结题的代表性成果，也是笔者近几年来创业理论研究的主要学术成果。其二，得益于我的导师吴晓波教授“踏踏实实做人，潇潇洒洒做事”的教诲，我一直希望每过一段时间，自己能在学术研究上有所提升。因此，出版本专著可以理解为是“自我鞭策”的一个成果。基于创业派系目前仍是一个新的概念，可参考的研究成果相对较少，尽管我在书后罗列了主要的参考文献，但是难免存在遗漏之处，敬请相关专家多多包涵。另外，由于自己的学术水平有限，专著中如存在错误之处，抛砖引玉，恳请大家批评和指正。

本专著的整体构思和设计由郑健壮完成，具体撰写和分工如下：第 1 章、第 2 章由郑健壮撰写完成，第 3 章由郑健壮和赵博文撰写完成，第 4 章由郑健壮和徐凌峰撰写完成，第 5 章由毛丽娜和郑健壮撰写完成，第 6 章由郑健壮撰写完成，第 7 章由郑健壮撰写完成，第 8 章由郑健壮撰写完成。朱婷婷老师、王真博士和我的学生邵蕾臻和余美芮参与了部分资料收集、图表制作和参考文献整理。全书最后的校对和审查由郑健壮完成。

当今社会处于一个急剧变革的时代，正由相对稳定的环境向“乌卡”（VUCA）时代转变。但是不管外部环境如何变化，我们仍要保持“初心”，正所谓“宠辱不惊，闲看庭前花开花落。去留无意，漫随天外云卷云舒”。从课题申请成功到课题结题的四年多时间里，全球经历了新冠肺炎疫情的肆虐，给我们的生活和工作带来了前所未有的挑战。另外，我就职的单位和我自己也都发生了重大的变化。学校从浙江大学独立学院（浙江大学城市学院）转设成了公办大学——浙大城市学院，学校在新的起点上开始了新的征途。我本人也因身体原因在去年年底辞去了商学院院长一职，从七年的“双肩挑”状态终于让自己回归到了单纯的科学研究和教书育人的工作状态。就本专著写作而言，也有了更多的时间去打磨和完善。

最后，在本专著出版过程中，得到了中国财经出版传媒集团经济科学出版社刘莎女士的大力帮助，她对本书付印提供了大量的帮助和指导，在此表示衷心的感谢。

郑健壮

2022 年 6 月于杭州